생수의 강이 흐르는

52주 가정예배서

하나님 백성의 세대 계승

생수의 강이 흐르는 52주 가정예배서

하나님 백성의 세대 계승(신명기 묵상)
(A Textbook for the Succession of God's People)

2023년 12월 23일 처음 펴냄

지은이 | 유요한
펴낸이 | 김영호
펴낸곳 | 도서출판 동연
등 록 | 제1-1383호(1992년 6월 12일)
주 소 | 서울시 마포구 월드컵로 163-3
전 화 | (02) 335-2630
팩 스 | (02) 335-2640
이메일 | yh4321@gmail.com
블로그 | https://blog.naver.com/dong-yeon-press

ISBN 978-89-6447-975-9 03230

신명기
묵상

생수의 강이 흐르는 **52주 가정예배서**
가정예배가 **회복**되면 **가정**이 **회복**됩니다.

하나님 백성의
세대 계승

유요한 지음

동연

프롤로그

하나님 백성의 세대 계승

코로나가 바꾼 세상

지난 3년간 코로나 팬데믹을 겪으면서 세상이 참 많이 달라졌습니다. 이제부터 인류의 역사는 코로나 이전인 B.C.(Before Corona)와 코로나 이후인 A.C.(After Corona)로 구분될 것이라고 합니다. 더러는 '코로나' 대신 아예 '질병'(Disease)이라는 단어를 사용하여 코로나 이후를 A.D.(After Disease)로 부르기도 합니다. 그만큼 코로나 사태가 우리의 삶에 엄청난 변화를 가져왔다는 뜻입니다.

만일 우리가 예전의 삶으로 되돌아갈 수 없다면, 단지 일상생활의 불편함이나 경제적인 어려움을 어떻게든 참고 견디어 내는 소극적인 대응 방식으로는 충분하지 않습니다. 코로나 이후에 급격히 변화하고 있는 사회 구조에 어떻게든 발 빠르게 적응해야 합니다. 그러지 않으면 살아남을 수가 없습니다. 신앙 공동체인 교회도 역시 마찬가지입니다. 문제는 코로나 팬데믹이 교회에 남긴 상처가 너무나 깊다는 사실입니다.

코로나의 높은 파고를 넘지 못하고 문을 닫은 소형 교회가 적지 않습니다. 중대형 교회라고 하더라도 현장 예배의 출석률을 완전히 회복한 교회는 잘 보이지 않습니다. 가뜩이나 절대 인구의 감소로 그동안 내리막길을 걸어오던 교회학교가 이번에 치명상을 입게 되었다는 것이 무엇보다 가장 심각한 문제입니다. 이제 바야흐로 교회의 생존을 염려해야 하는 시대가 도래한 것입니다.

그러나 진짜 문제는 다른 곳에 있습니다. 코로나 팬데믹은 그동안 대중 집회와 설교 중심의 패러다임에 갇혀 있던 교회의 취약한 구조를 적나라하게 드러냈습니다. 교회에 모여서 예배할 수 없게 되니까 다른 일은 아무것도 못 하게 된 것이지요. 코로나에 대응하는 교회의 서투른 방식도 문제였습니다. 기껏해야 온라인으로 예배를 송출하는 일에만 매달리는 게 전부였으니 말입니다.

물론 처음으로 경험하는 일이라고 핑계할 수 있습니다. 그렇지만 온라인 예배를 '뉴노멀'(new normal)로 받아들이기 전에 그것이 가져올 결과를 충분히 예견해야 했습니다. '드리는 예배'가 아니라 '보는 예배'에 익숙해지면서 성도들의 신앙생활이 자연스레 느슨해질 것을 예견해야 했습니다. 미디어 인프라(media infra)가 잘 갖추어진 다른 교회의 온라인 예배를 기웃거리면서 점점 자기 교회에 대한 애착이나 소속감이 줄어들 것을 예견해야 했습니다. 지금 우리는 그 결과를 보고 있는 것입니다.

그렇다면 어떻게 해야 할까요? 부득이한 상황에서 어쨌든 '온라인 예배'가 새로운 일상으로 자리 잡았으니 그에 발맞추어 온라인 목회 콘텐츠를 서둘러 개발해야 할까요? 이참에 아예 방향을 바꾸어 사람들이 몰려드는 '메타버스'(metaverse)라는 가상공간에 '메타처치'(met-achurch)를 세워서 보다 적극적으로 복음을 전하는 일을 시작해 보아야 할까요? 실제로 그런 방식을 대안으로 생각하는 사람들이 있습니다. 온라인(on line)과 오프라인(off line)을 합한 '올라인'(all line)이라는 신조어가 만들어지기도 합니다.

하나님 백성의 과제

물론 개교회의 상황에 따라 적용할 수 있는 새로운 방식을 찾는 노력이 필요할 것입니다. 그러나 문제의 핵심은 사실 코로나에 대한 적절한 대응이 아닙니다. 지금까지 인류 역사상 존재해 온 모든 세대의 하나님 백성이 직면했던 가장 심각한 문제는 바로 '믿음의 세대 계승'이었습니다. 신앙 공동체로서 교회의 생존은 다음 세대를 믿음의 세대로 세우는 과제를 얼마나 잘 해내느냐에 달려 있습니다. 어떤 상황에서도 그 핵심을 놓치면 안 됩니다.

코로나로 인해 급격히 달라진 세상 속에서 예전 방식으로 신앙생활하는 일이 힘들게 되었다고 해서 문제의 핵심이 달라진 건 아닙니다. 문제를 풀더라도 오히려 교회의 정체성을 바로 세우는 방식으로 풀어내야 합니다. 신앙 공동체로서 교회가 이 땅에 존재하는 이유와 하나님이 정해 놓으신 본래의 양식을 회복하는 일에서 출발해야 합니다. 그러지 않으면 문제의 해결은 또 다른 문제의 원인이 될 뿐입니다.

우리 교회가 '가정예배'의 회복에 관심을 기울이는 이유가 바로 그 때문입니다. 신앙 공동체를 지탱하는 가장 기초적인 단위는 바로 '가정'이고, 신앙 교육의 일차적인 책임은 바로 '부모'에게 있습니다. 하나님은 이스라엘이라는 '하나님의 백성'을 만드실 때부터 '믿음의 세대 계승'에 특별한 관심을 기울이셨습니다. 교회나 교회학교가 생기기 훨씬 전부터 하나님은 다음 세대를 믿음의 세대로 세워가는 가장 좋은 방법을 우리에게 알려주셨습니다.

그것은 바로 가장(家長)이 각 가정에서 제사장의 역할을 감당하는 것입니다. 가정을 하나님께 예배하는 자리로 만드는 것입니다. 가정에서 자녀들이 부모를 통해서 신앙 훈련을 받게 하는 것입니다. 만일 가정예배의 기초가 든든하게 세워져 있다면 신앙 공동체에 어떤 종류의 어려움이 닥쳐온다고 하더라도 걱정할 것이 하나도 없습니다. 기본으로 돌아가서 다시 시작하면 됩니다.

우리 교회는 그와 같은 가정예배의 유익을 충분히 경험했습니다. 함께 교회에 모여 예배하기 힘든 상황에서 가정예배의 진가가 드러났지요. 대부분 교회가 온라인 예배를 덥석 받아들일 때 우리는 그렇게 하지 않았습니다. 예배의 본질은 우리의 몸을 산 제물로 드리는 것이라 확신했기 때문입니다. 그래서 가능한 방법을 찾아 어떻게든 함께 모여 예배하려고 애썼습니다. '인터렉티브 워십'(interactive worship) 시스템을 도입하게 된 것도 바로 그 때문입니다.

그러나 타의에 의해서 어쩔 수 없이 현장 예배를 중단해야 했을 때 우리는 주저하지 않고 '가정 돌단예배'로 주일예배를 대신했습니다. 그것은 그동안 우리 교회가 꾸준히 가정예배 드리기 운동을 펼쳤기에 가능한 일이었습니다. 가장이 '52주 가정예배서'에 따라서 예배를 인도하고, 교회에서 영상으로 제작하여 보내준 담임목사의 목회서신과 교회소식과 축도를 마지막 순서에 삽입함으로써 '가정 돌단예배'를 완성할 수 있었지요. 그 후에 현장 예배가 빨리 회복된 것도 모두 가정예배를 통해 믿음의 자리를 지킨 성도님들 덕분이었습니다.

세대 계승의 교과서

'가정예배'에서 가장 중요한 것은 물론 '말씀 묵상'입니다. 가족 구성원들의 삶을 솔직하게 드러내는 대화와 함께 하나님의 말씀을 통해 그 답을 찾아가는 '말씀 묵상'이 필요합니다. 마땅한 교재를 찾지 못해서 제가 직접 '52주 가정예배서'를 만들기 시작한 것은 지난 2019년이었습니다. 『주 안에서 기뻐하는 삶』(빌립보서 묵상), 『삶으로 풀어내는 믿음』(야고보서 묵상), 『예수만 섬기는 우리 집』(에베소서 묵상) 그리고 『인생 사용설명서』(잠언 묵상)가 매년 출판되었습니다.

올해는 "하나님 백성의 세대 계승"(A Textbook for the Succession of God's People)이라는 제목으로 '신명기' 말씀을 묵상해 보려고 합니다. 신명기는 모세가 죽기 전에 마지막으로 남긴 고별 설교의 형식으로 기록되었습니다. '출애굽 세대'가 시내산에서 하나님으로부터 받은 말씀을 약속의 땅으로 들어가기 바로 직전에 '광야 세대'에게 새롭게 풀어서 설명해 준 내용입니다.

그 이후로 신명기는 하나님에 대한 신앙을 다음 세대에게 가르치는 가장 좋은 교과서로 사용됐습니다. 우리 주님도 기회가 있을 때마다 신명기 말씀을 인용하셨습니다. 어렸을 때부터 귀에 박히도록 들어온 익숙한 말씀이기 때문입니다. 지금도 유대인은 만 13세가 된 그 다음 날 성인식을 거행하면서 신명기를 통째로 암송하게 한답니다. 신명기 말씀을 온전히 배우지 않고서는 성인이 될 수 없다는 뜻입니다.

성인식을 치른 남자를 '바르 미츠바'(bar mitzvah)로 부르고, 여자를 '바트 미츠바'(bat mitzvah)로 부릅니다. 히브리어 '미츠바'는 계명(commandment)이라는 뜻이고, '바르'와 '바트'는 각각 '아들'과 '딸'을 의미합니다. 그러니까 그들은 '계명의 아들(딸)'로서 이제부터 하나님의 말씀대로 살아갈 주체(主體)가 되었다는 뜻입니다. 따라서 성인식을 치른 자녀는 부모의 간섭을 받을 필요가 없습니다. 그전까지는 자녀에 대한 책임을 부모에게 물으셨지만, 이제부터는 하나님이 계약 당사자인 자녀에게 직접 책임을 물으실 것이기 때문입니다.

이제 겨우 사춘기가 시작될 그런 나이인데 어떻게 자유롭게 의사를 결정할 수 있는 독립된 성인으로 인정한다는 것인지 사실 우리로서는 받아들이기가 쉽지 않습니다. 그러나 어렸을 때부터 이미 가정에서 충분하게 신앙 교육과 말씀 교육이 이루어진 것을 고려한다면 조금도 이상한 일이 아닙니다. 오히려 유대인의 자신감이 물씬 풍기는 대목입니다. 왜 우리는 그렇게 하지 못하는 것일까요? 어디에서부터 시작해야 할까요?

'가정예배'가 답입니다. 크고 작은 신앙 공동체를 지탱하는 마지막 보루는 가정입니다. 올 한 해 동안 우리는 가정예배를 통해서 신명기 말씀을 묵상하게 될 것입니다. 신명기는 부모 세대가 자녀 세대에게 하나님에 대한 바른 신앙을 가르칠 수 있는 가장 좋은 교과서입니다. 물론 자신의 부족함을 고백하는 부모도 있을 것입니다. 그동안 말씀대로 제대로 살지 못했는데 어떻게 자녀에게 바른 신앙을 가르칠 수 있을지 쑥스럽습니다.

그러나 다 알고 나서 가르치는 사람은 이 세상에 하나도 없습니다. 무엇이든 가르치면서 배우는 법입니다. 그렇게 배우면 배운 대로, 가르치면 가르친 대로 하나님의 말씀에 따라서 살기 시작하면 됩니다. 그러다 보면 우리의 가정이 '믿음의 가정'이 되고 또한 '생수의 강이 흐르는 가정'으로 바뀔 것입니다. 말씀의 능력이 우리의 자녀를 믿음의 세대로 든든히 세워나갈 것입니다.

P. S. 이 가정예배서는 2024년도의 월력에 따라서 편집되었습니다.

2023년 12월
생수의 강이 흐르는 가정을 꿈꾸며
그리스도의 종 한강중앙교회 담임목사
유 요 한

52주 가정예배서 활용법

■ 가족들과 함께 일주일에 한 번 모이는 가정예배 시간을 정하고, 특별한 일이 없는 한 반드시 그 시간을 지킬 것을 약속하십시오.

■ 가정예배서는 가족들의 숫자만큼 준비하는 것이 좋습니다. 그래야 모두 예배에 집중할 수 있습니다.

■ 가정예배의 시간은 최소 30분에서 길게는 한 시간 정도가 필요합니다. '은혜 나누기'에 따라서 더 길어지거나 짧아질 수 있습니다.

■ 가장(家長)이 예배 인도를 독점하는 것보다 부부가 번갈아 가면서 하는 것이 좋습니다. 장성한 자녀가 있다면 또한 맡겨도 좋습니다.

■ 예배 인도자는 아래의 순서를 충분히 익혀두십시오.

1. 주님의 기도

52주 가정예배서는 반드시 '주님의 기도'로부터 시작합니다.

주님은 "너희는 먼저 그의 나라와 그의 의를 구하라"(마 6:33)고 가르쳐주셨습니다. '내 나라'가 아니라 '하나님의 나라'를, '내 소원'보다는 '하나님의 소원'을 먼저 구하라는 가르침입니다. 그리고 그 본보기로 '주님의 기도'를 가르쳐주셨습니다.

따라서 우리는 '주님의 기도'를 예배를 마치는 기도가 아니라 예배를 여는 기도가 되게 해야 합니다. 그럴 때 가정예배가 하나님의 나라와 그의 의를 구하는 예배가 될 수 있을 것입니다.

2. 찬송 부르기

말씀 묵상의 내용과 연관된 찬송을 선곡했습니다. 자녀들은 CCM에 더 익숙하겠지만, 주어진 찬송을 같이 부르도록 하는 것이 믿음의 대를 이어가는 데 반드시 필요한 과정입니다.

3. 성경 읽기

개역개정판과 함께 메시지성경(유진 피터슨) 혹은 표준새번역 성경을 수록했습니다. 개역개정판은 부모님 중의 한 분이, 나머지는 자녀가 읽게 하는 것도 좋습니다.

4. 말씀 나누기

신명기 전체의 말씀을 52주 동안 차례대로 묵상해나갑니다. 인도자는 가정예배를 드리기 전에 미리 묵상 자료를 읽어보는 것이 좋습니다. 설명을 붙이지 않더라도 차근차근 읽어나가는 것으로 충분히 이해될 수 있을 것입니다.

5. 은혜 나누기

말씀 묵상의 내용을 기초로 하여 가족들끼리 함께 나눌 질문거리를 적어 놓았습니다. 어떤 이야기가 나오더라도 끝까지 들어줄 수 있어야 합니다. 자녀들의 이야기에 부모가 섣불리 교훈하려고 덤벼들지 마십시오. 인도자는 모든 가족에게 골고루 기회가 돌아가도록 배려해야 합니다.

6. 공동 기도

'은혜 나누기'를 충분히 한 후에 적혀 있는 공동 기도를 한목소리로 읽어나 갑니다. 곧바로 "예수님의 이름으로 기도합니다"를 덧붙여서 예배를 마칠 수도 있고, 필요에 따라서 인도자가 더 길게 마침 기도를 이어갈 수도 있습니다.

■ 간식거리를 먹으면서 가정예배를 드리지 않도록 하십시오. 오히려 예배를 마친 후에 먹을 것을 나누면서 자연스럽게 이야기를 이어가는 것이 더 좋습니다.

■ 다음 가정예배 시간을 확인하고 예배를 마칩니다.

차 례

하나님 백성의 출발

(1~3월)

1월 첫째주 신명기라는 책

- 주님의 기도 주님이 가르쳐주신 기도로 가정예배를 시작합니다.
- 찬송 부르기 204장(주의 말씀 듣고서)
- 성경 읽기 신명기 1:1; 17:18-20

  ※ 개역개정판

  1:1 이는 모세가 요단 저쪽 숩 맞은편의 아라바 광야 곧 바란과 도벨과 라반과 하세롯과 디사합 사이에서 이스라엘 무리에게 선포한 말씀이니라.

  17:18 그가 왕위에 오르거든 레위 사람 제사장 앞에 보관한 이 율법서를 등사하여 19 평생에 자기 옆에 두고 읽어서 그 하나님 여호와 경외하기를 배우며 이 율법의 모든 말과 이 규례를 지켜 행할 것이라. 20 그리하면 그의 마음이 그 형제 위에 교만하지 아니하고 이 명령에서 떠나 좌로나 우로나 치우치지 아니하리니 이스라엘 중에서 그와 그의 자손의 왕위에 있는 날이 장구하리라.

  ※ 메시지성경

  이것은 요단강 동쪽 아라바 광야에서 모세가 온 이스라엘 백성에게 전한 설교다….

  왕이 해야 할 일은 이러합니다. 왕위에 오른 사람이 맨 먼저 할 일은, 레위인 제사장들의 감독 아래 이 계시의 말씀을 두루마리에 직접 기록하는 것입니다. 왕은 그것을 늘 곁에 두고 날마다 연구하여 하나님을 경외하는 것이 무슨 뜻인지 배우고, 이 규례와 법도를 성심껏 따르고 지키면서 살아야 합니다. 그는 자만하거나 교만해서도 안되고, 자기 좋을 대로 하거나 자기 생각을 내세우기 위해 기분에 따라 계명을 고쳐서도 안됩니다. 그와 그의 자손이 이 계명을 읽고 배우면, 이스라엘에서 오랫동안 왕으로 다스리게 될 것입니다.

□ 말씀 나누기

올해 우리는 가정예배 시간마다 신명기 말씀을 묵상하려고 합니다. 오늘은 그 첫 번째 시간으로, 신명기가 어떤 성격의 책인지 먼저 살펴보겠습니다.

모세의 고별 설교

'신명기'의 특징은 이미 그 이름에 잘 표현되어 있습니다. 신명기(申命記)의 한자어를 풀이하면, 거듭 신(申)과 명령할 명(命)과 기록할 기(記)자로 되어 있습니다. 그러니까 하나님의 명령을 거듭해서 선포한 이야기를 기록으로 남긴 책이라는 뜻입니다. 이전에 선포한 말씀이 있었는데, 그 말씀을 나중에 다시 선포한 것이지요. 그렇다면 하나님의 말씀을 왜 다시 선포했는지 또한 그것을 왜 굳이 기록으로 남겨두어야 했는지 그 이유가 궁금해집니다.

신명기는 이렇게 시작됩니다. "이것은 요단강 동쪽 아라바 광야에서 모세가 온 이스라엘 백성에게 전한 설교다"(1:1a, 메시지). 여기에서 우리는 신명기에 대한 아주 중요한 정보를 확인할 수 있습니다. 신명기는 모세가 이스라엘 백성에게 선포한 '설교'(sermons)입니다. 이미 잘 알고 있듯이 모세는 대부분의 출애굽 세대처럼 약속의 땅에 들어가지 못했습니다. 죽기 직전에 '요단강 동쪽 아라바 광야', 즉 '모압 평지'(민 36:13)에서 마치 유언처럼 고별 설교를 남긴 것입니다. 그 설교를 들었던 사람들은 누구였을까요? 가나안 땅에 들어가려고 준비하고 있던 광야 세대 이스라엘 백성이었습니다.

그런데 신명기에 기록된 모세의 설교를 자세히 살펴보면 40년 전에 시내산에서 하나님이 출애굽 세대 이스라엘 백성과 계약을 맺으실 때 모세를 통해 선포하신 말씀과 크게 다르지 않습니다. 예를 들어서 출애굽 세대에 주신 십계명 말씀(출 20:3-17)과 광야 세대에 주신 십계명 말씀(신 5:7-21)이 거의 똑같습니다. 그 밖의 다른 계명들도 마찬가지입니다. 그래서 거듭(申) 명령한(命) 기록(記)입니다. 단지 말씀을 듣는 대상이 달라졌을 뿐, 그들에게 주어진 하나님의 말씀은 그대로이기 때문입니다.

자, 그렇다면 똑같은 내용의 말씀을 왜 굳이 재차 기록으로 남겨두려고 했을까요? 왜냐면 앞으로 새로운 세대가 등장할 때마다 이와 같은 일이 반복되어야 한다는 사실을 가르쳐주기 위해서입니다. 다시 말해서 다음 세대가 하나님에 대한 바른 신앙을 이어가기 위해서는 이전 세대에게 선포된 하나님의 말씀을 재확인하는 과정을 반드시 거쳐야 한다는 것이지요. 바로 그것이 지금도 유대인이 성인식을 거행하면서 신명기를 암송하게 하는 가장 큰 이유입니다.

율법의 복사본

히브리어 성경에는 본래 책의 이름이 붙어 있지 않았습니다. '신명기'라는 이름은 주전 3백 년쯤에 히브리어를 헬라어로 번역한 이른바 '칠십인역'(LXX) 때부터 생겨났습니다. 신명기를 영어로는 '듀트로노미'(the book of Deuteronomy)라고 부르는데, 이 이름이 바로 칠십인역에서 사용하기 시작한 헬라어 '듀테로노미온'(Deuternomion)이라는 이름에서 나온 것입니다. '율법의 복사본'(a copy of the law)이라는 뜻입니다.

하나님은 먼 훗날 이스라엘에 왕이 세워질 것을 미리 아시고 왕이 해야 할 일에 대해서 자세히 가르쳐주셨습니다. "왕위에 오른 사람이 맨 먼저 할 일은, 레위인 제사장들의 감독 아래 이 계시의 말씀을 두루마리에 직접 기록하는 것입니다"(신 17:18, 메시지). 개역개정판에는 "율법서를 등사하라"고 되어 있는데, 여기에서 '등사'(謄寫)란 '베끼다' 혹은 '복사하다'라는 뜻입니다.

물론 당시에는 등사기나 복사기가 없었습니다. 따라서 누군가가 일일이 손으로 필사(筆寫)해야 했습니다. 그렇다고 왕이 율법서를 직접 필사하지는 않았을 것입니다. 여하튼 왕은 율법의 복사본을 반드시 가지고 있어야 했습니다. 그리고 그 말씀을 늘 가까이에 두고 연구하면서 하나님을 경외하는 방법을 배워야 했고 또한 그 말씀에 따라서 살아야 했습니다. 그래야 이스라엘의 왕으로서 하나님의 백성을 올바르게 이끌어갈 수 있기 때문입니다.

그런데 왕이 평생토록 지참해야 할 율법은 구체적으로 어떤 책을 가리키는 것일까요? 물론 '신명기'입니다. 이스라엘 역사에 등장하는 왕 중에 훌륭한 왕으로 평가받는 사람들의 공통점은 모두 신명기 말씀을 가까이했다는 사실입니다. '요시야(Josiah)왕'이 그 대표적인 인물입니다. 그는 예루살렘 성전을 새롭게 단장하다가 우연히 벽 속에 감추어져 있던 율법의 복사본을 발견합니다. 그리고 그 말씀에 기초하여 대대적인 종교개혁을 단행합니다(왕하 22:13). 그 복사본이 바로 '신명기'였습니다.

이 대목에서 우리는 요시야가 선친으로부터 그 말씀을 받은 것이 아니었다는 사실에 주목해야 합니다. 사실 요시야의 아버지 아몬(Amon)은 왕으로 즉위한 후 얼마 지나지 않아 암살당했습니다. 어린 요시야가 엉겁결에 왕이 되었는데, 그것은 그의 나이 8세 때의 일입니다. 그로부터 18년이 지난 후에 성전에서 말씀의 복사본을 발견한 것입니다. 만일 이때 신명기를 발견하지 못했다면 요시야는 그의 할아버지

므낫세처럼 악한 왕이 되었을지도 모릅니다. 그는 성전에서 발견한 복사본의 말씀을 읽자마자 옷을 찢으며 회개했습니다(왕하 22:11). 그동안 얼마나 엉터리로 왕 노릇을 해왔는지 깨닫게 되었기 때문입니다.

율법의 복사본은 왕들만을 위한 필독서가 아닙니다. 모든 하나님 백성의 필독서입니다. 특별히 다음 세대를 믿음의 세대로 세워가기를 원하는 사람에게 신명기는 더없이 좋은 교과서입니다. 이제부터 매주 신명기를 묵상하면서 우리 모두 하나님의 백성으로 빚어지기를 기대합니다. 또한 그러는 가운데 우리 가정에 믿음의 세대 계승이 자연스럽게 이루어지기를 간절히 소망합니다.

☐ 은혜 나누기

올해의 가정예배를 통해서 개인적으로 기대하는 것이 있다면 이 시간 함께 나누어 봅시다.

☐ 공동 기도

하나님 아버지, 오늘부터 신명기 말씀을 묵상하기 시작합니다. 부모가 마땅히 가르쳐야 할 말씀과 자녀가 마땅히 배워야 할 말씀을 이 책에서 발견하게 해주시고, 그 말씀을 통해 우리 가정이 날마다 든든히 세워지도록 도와주세요. 예수님의 이름으로 기도합니다. 아멘.

1월 둘째주 하나님의 명령과 약속

- 주님의 기도 주님이 가르쳐주신 기도로 가정예배를 시작합니다.
- 찬송 부르기 545장(이 눈에 아무 증거 아니 뵈어도)
- 성경 읽기 신명기 1:6-8(1:2-5)

※ 개역개정판

6이는 우리 하나님 여호와께서 호렙 산에서 우리에게 말씀하여 이르시기를 너희가 이 산에 거주한 지 오래니 7방향을 돌려 행진하여 아모리 족속의 산지로 가고 그 근방 곳곳으로 가고 아라바와 산지와 평지와 네겝과 해변과 가나안 족속의 땅과 레바논과 큰 강 유브라데까지 가라. 8내가 너희의 조상 아브라함과 이삭과 야곱에게 맹세하여 그들과 그들의 후손에게 주리라 한 땅이 너희 앞에 있으니 들어가서 그 땅을 차지할지니라.

※ 메시지성경

전에 호렙 산에서, 하나님 우리 하나님께서 우리에게 이렇게 말씀하셨습니다. "너희는 이 산에서 꽤 오래 머물렀다. 이제 길을 떠나라. 어서 출발하여라. 아모리 사람의 산지로 가거라. 아라바, 산지들, 작은 언덕들, 네겝 지역, 바닷가 등 사람이 살고 있는 곳이면 어디로든 나아가거라. 또 가나안 사람의 땅과 레바논을 거쳐 멀리 큰 강 유프라테스까지 나아가거라. 보아라, 내가 이 땅을 너희에게 주었다. 이제 너희는 그 땅에 들어가서 그 땅을 차지하여라. 그 땅은 하나님이 너희 조상 아브라함과 이삭과 야곱과 그 자손에게 주겠다고 약속한 땅이다."

신명기는 약속의 땅에 들어가기 직전에 모압 평지에서 광야 세대 이스라엘 백성에게 주신 하나님의 말씀입니다. 그 내용을 살펴보면 40년 전 시내산에서 출애굽 세대 이스라엘 백성과 계약을 맺으실 때 주신 말씀과 별로 다르지 않습니다. 그래서 신명기, 즉 거듭(申) 명령한(命) 기록(記)입니다. 말씀을 듣는 대상이 달라졌을 뿐, 그 내용은 하나도 달라지지 않았다는 사실은 신앙의 세대 계승에 결정적인 단서를 제공합니다.

새로운 세대가 등장할 때마다 매번 이와 같은 일이 반복되어야 합니다. 다음 세대가 이전 세대에 주어진 하나님의 말씀을 자기 것으로 받아들이지 않고서는 하나님에 대한 바른 신앙을 이어갈 수 없기 때문입니다. 그런 의미에서 신명기는 하나님 백성의 세대 계승을 위한 가장 좋은 교과서입니다. 올해 우리가 가정예배를 통해서 신명기를 묵상하는 이유입니다.

호렙산을 떠날 때

신명기는 모세가 유언처럼 남긴 고별 설교라고 했습니다. 그는 호렙산(시내산)을 떠날 때 받은 하나님의 명령을 가장 먼저 회상합니다. "너희는 이 산에서 꽤 오래 머물렀다. 이제 길을 떠나라. 어서 출발하여라. 아모리 사람의 산지로 가거라." 이스라엘 백성은 이집트 땅을 떠난 지 3개월 만에 호렙산에 다다랐습니다(출 19:1). 그리고 그다음 해 '둘째 달 스무날'에 그곳을 떠났으니까(민 10:11) 거의 1년 가까이 머문 셈입니다. 그러나 그들의 최종 목적지는 본래 약속의 땅 가나안이었습니다. 호렙산에 잠시 머물렀던 것은 하나님의 백성이라는 정체성을 확실하게 다지기 위해서였습니다.

이제는 준비가 다 되었습니다. 하나님과 계약을 맺었고 하나님이 주시는 말씀을 받았습니다. 하나님의 백성으로 어떻게 살아가야 할지 분명히 알게 된 것입니다. 그렇다면 이제는 약속의 땅으로 가야 합니다. 물론 당시 가나안 땅에는 사람이 살고 있었습니다. 아모리 사람을 비롯하여 일곱 족속이 이미 터를 잡고 있었습니다(신 7:1). 그들이 순순히 물러서지는 않을 것입니다. 하나님의 명령에 순종하기는 절대로 쉬운 일이 아닙니다.

그러나 이스라엘 백성은 약속의 땅을 향해 담대히 나아갔습니다. 그럴 수 있었던 것은 하나님께서 "가라"는 명령의 말씀과 함께 "그 땅을 주겠다"는 약속의 말씀을 해주셨기 때문입니다. "보아라, 내가 이 땅을 너희에게 주었다. 이제 너희는 그 땅에 들어가서 그 땅을 차지하여라. 그 땅은 하나님이 너희 조상 아브라함과 이삭과 야곱과 그 자손에게 주겠다고 약속한 땅이다."

여기에서 우리가 주목해야 할 것은 하나님의 약속이 '미래형'이 아니라 '현재 완료형'이라는 사실입니다. "내가 이 땅을 너희에게 줄 것이다"(I will give you this land)가 아니라 "내가 이 땅을 너희에게 주었다"(I've given you this land. MSG)입니다. 하나님의 약속은 너무나 확실하기에 이미 주어진 것이나 조금도 다름이 없다는 뜻입니다. 이스라엘 백성은 하나님의 약속을 믿었고 하나님의 명령에 순종하여 약속의 땅을 향해 호기롭게 출발했습니다.

불필요한 광야 생활

그러나 우리가 잘 알고 있듯이 그들은 곧바로 약속의 땅에 들어가지 못했습니다. 광야에서 40년 세월을 방황하며 지내야 했고, 그러는 동안 출애굽 세대는 대부분 생애를 마감하고 말았습니다. 지금 모압 광야에서 모세의 고별 설교를 듣고 있는 사람들은 바로 그다음 세대입니다. 모세는 그들에게 출애굽 세대가 약속의 땅에 들어가지 못한 이유를 설명해야 할 필요가 있었습니다.

그 이유가 무엇일까요? 호렙산에서 가나안 땅까지 가는 길이 너무나 멀었기 때문일까요? 아닙니다. 신명기는 분명히 기록합니다. 호렙(Horeb)에서 세일산(the mount Seir)을 지나 가나안 땅 최남단에 있는 가데스 바네아(Kadesh Barnea)까지는 겨우 '열하루 길'이었다고 말입니다(신 1:2). 그렇다면 거기까지 가는 도중에 어떤 어려운 일이 생겼던 것일까요? 그래서 40년이라는 세월이 걸려야 했던 것일까요?

물론 사건이 전혀 없었던 것은 아닙니다. 성경은 두 가지 일을 기록합니다. 첫 번째는 매일 천막을 접었다가 폈다가 하는 고단한 삶에 대해서 불평하는 사람들이 생겨났고, 그들에 대한 심판으로 하나님의 불이 진영을 불살랐던 다베라(Taberah) 사건입니다(민 11:1-3). 또한 고기에 대한 탐욕을 부리다가 하나님의 심판을 받아서 많은 사람이 죽었던 기브롯 핫다아와(Kibroth Hattaavah) 사건이 벌어지기도 했습니다(민 11:33-34). 그러느라 조금 지체하기는 했겠지만, 그래 보아야 며칠 정도였을 뿐입니다.

그렇다면 도대체 무슨 일이 있었던 것일까요? 그들은 왜 곧바로 가나안 땅에 들어가지 못하고 불필요한 광야 생활을 40년 동안이나 이어가야 했을까요? 모세는 앞으로 과거의 일들을 회상하며 그 이유를 자세하게 설명할 것입니다. 그러나 그 답은 오늘 말씀 속에 이미 등장합니다. 하나님의 약속을 믿지 않았던 것입니다.

이스라엘 백성이 호렙산을 떠나서 약속의 땅을 향해 출발할 때만 해도 그들은 하나님의 현재 완료형 약속을 믿었습니다. 만일 하나님의 약속을 믿지 않았다면 하나님의 명령에 순종하여 약속의 땅으로 출발하지 못했을 것입니다. 그런데 가데스 바네아에 도착했을 때 어찌 된 일인지 그들의 믿음이 흔들리게 되었습니다. 하나님의 약속에 대한 믿음이 흔들리니까 가나안 땅에 들어가라는 하나님의 명령에 순종할 수 없었던 것이지요.

하나님의 명령에는 반드시 약속이 따릅니다. 약속 없이 주어지는 명령이란 없습니다. 그러나 하나님의 말씀에 순종하여 직접 믿음의 발걸음을 옮기기 전까지는 그 약속이 이루어지는 것을 확인할 길이 없습니다. 그래서 히브리서 기자는 "믿음은 바라는 것들의 실상이요 보이지 않는 것들의 증거"(히 11:1)라고 말씀합니다. 메시지성경의 표현처럼 "믿음은 볼 수 없는 것을 볼 수 있게 하는 단서"입니다.

믿음의 세대는 하나님의 말씀에 온전히 순종하여 따릅니다. 그래서 눈에 보이지 않던 약속의 말씀이 실제로 이루어지는 것을 직접 확인합니다.

□ 은혜 나누기

하나님의 약속을 믿고 말씀에 순종함으로써 받은 은혜의 경험이 있다면 이 시간 함께 나누어 봅시다.

□ 공동 기도

하나님 아버지, 하나님의 백성은 약속의 말씀을 믿고 순종하여 따르는 사람이라는 사실을 깨닫게 하시니 감사합니다. 그동안 우리 생각이나 판단을 앞세워 하나님의 말씀에 온전히 순종하지 못했음을 회개합니다. 이제부터는 어떤 경우에도 하나님의 말씀보다 앞서는 일이 없도록 우리를 다스려 주세요. 예수님의 이름으로 기도합니다. 아멘.

1월 셋째주 가데스 바네아 사건 회상

- □ 주님의 기도 주님이 가르쳐주신 기도로 가정예배를 시작합니다.
- □ 찬송 부르기 347장(허락하신 새 땅에)
- □ 성경 읽기 신명기 1:22(19-33)

  ※ 개역개정판

  너희가 다 내 앞으로 나아와 말하기를 우리가 사람을 우리보다 먼저 보내어 우리를 위하여 그 땅을 정탐하고 어느 길로 올라가야 할 것과 어느 성읍으로 들어가야 할 것을 우리에게 알리게 하자 하기에,

  ※ 메시지성경

  그러나 그때 여러분은 모두 나에게 와서 말했습니다. "우리보다 먼저 몇 사람을 보내어 그 땅을 정탐하게 한 다음, 어느 길로 가는 것이 가장 좋은지, 우리가 차지할 만한 성읍은 어떤 곳이 있는지 보고하게 합시다."

- □ 말씀 나누기

  이스라엘을 향한 하나님의 계획은 본래 1년 정도 시내산에서 머물면서 하나님의 백성으로 훈련받은 후에 곧바로 약속의 땅에 들어가는 것이었습니다. 실제로 호렙산에서 가나안 땅 최남단의 가데스 바네아(Kadesh Barnea)까지는 겨우 '열하루 길'이었습니다(신 1:2). 그러나 결과적으로는 '40년 길'이 되고 말았지요(신 1:3). 그 이유가 무엇이라고 했습니까?

  지난 시간에 언급했던 다베라(Taberah) 사건(민 11:1-3)이나 기브롯

핫다아와(Kibroth Hattaavah) 사건(민 11:33-34)으로 인해 조금 지체되기는 했지만, 그것 때문은 아니었습니다. 그들은 하나님이 주신 현재완료형의 약속을 믿지 못했습니다. 그래서 가나안 땅에 들어가서 차지하라는 하나님의 명령에 순종하지 못했던 것이지요. 정말 그렇습니다. 말씀에 순종하여 직접 믿음의 발걸음을 옮기기 전까지는 그 약속이 이루어지는 것을 확인할 길이 없습니다.

오늘 본문에서 모세는 출애굽 세대가 약속의 땅에 들어가지 못했던 결정적인 순간을 회상합니다. 그것을 우리는 '가데스 바네아 사건'이라고 부릅니다.

하나님의 결정

이스라엘 백성이 가데스 바네아에 이르렀을 때 모세는 다음과 같이 말했습니다. "하나님 여러분의 하나님께서 여러분 앞에 이 땅을 선물로 두셨습니다. 어서 가서 그 땅을 차지하십시오. 하나님 여러분 조상의 하나님께서 그 땅을 여러분에게 주시겠다고 약속하셨습니다. 그러니 두려워하지 마십시오. 낙심하지 마십시오"(신 1:21, 메시지).

가나안 땅은 이미 오래전에 이스라엘 백성에게 주시는 선물로 하나님이 결정해 놓으신 곳입니다. 누군가에게 선물을 받았다면 어떻게 해야 할까요? 포장지를 뜯어 내용물을 확인해야 합니다. 하나님은 이스라엘 백성에게 가나안 땅을 선물로 주셨습니다. 그렇다면 하나님의 약속을 믿고 가나안 땅에 들어가기만 하면 되는 겁니다. 그런데 그들은 그러지 않았습니다. 거기에 조건부 단서를 붙입니다.

"우리보다 먼저 몇 사람을 보내어 그 땅을 정탐하게 한 다음, 어느 길로 가는 것이 가장 좋은지, 우리가 차지할 만한 성읍은 어떤 곳이 있는지 보고하게 합시다"(신 1:22, 메시지). 먼저 사람을 보내 가나안 땅을 정탐하게 하자는 그들의 제안이 어쩌면 맞는 것인지도 모릅니다. 돌다리도 두들겨 보고 건너라고 했는데, 실제 그곳 상황이 어떤지 먼저 신중하게 살펴보고 나서 들어가도 늦지 않습니다.

그러나 가나안 땅에 들어가는 일은 이미 하나님의 결정 사항입니다. 그들이 가나안의 상황을 아무리 잘 살펴본다고 하더라도 그 결과에 따라 하나님의 결정이 달라지는 것은 아닙니다. 따라서 말로는 어느 길로 올라가는 것이 더 좋을지 또한 어느 성읍으로 들어갈 수 있을지 살펴보겠다고 하지만, 실제로는 하나님이 결정해 놓으신 일이라고 하더라도 그것에 따를지 말지는 자신이 결정하겠다는 이야기입니다.

더욱 큰 문제는 이와 같은 이스라엘 백성의 제안을 모세가 아무 생각 없이 덥석 받아들였다는 사실입니다. "나는 그 의견을 좋게 여겨 각 지파에서 한 사람씩 열두 사람을 뽑았습니다"(신 1:23, 메시지). 당시에는 먼저 정탐해 보자는 의견이 모세에게 좋게 들렸습니다. 그래서 열두 지파에서 한 사람씩 뽑아서 정탐하러 보냈던 것이지요. 그 결과가 어땠는지 우리는 잘 알고 있습니다. 지금 이 말을 하고 있던 모세역시 그 결과를 잘 알고 있었습니다.

정탐의 결과

모세는 먼저 긍정적인 보고를 언급합니다. "하나님 우리 하나님께서 우리에게 주시는 땅은 좋은 땅입니다"(신 1:25, 메시지). 이렇게 보고한 사람은 아마도 여호수아와 갈렙이었을 것입니다. 그중에서도 갈렙의 확신에 찬 선언을 민수기는 이렇게 기록합니다. "당장 올라가서 그 땅을 점령합시다. 우리는 할 수 있습니다"(민 13:30, 메시지).

이것은 하나님의 결정을 믿음으로 받아들인 사람만이 할 수 있는 고백입니다. 사실 가나안 땅이 그들의 기대보다 더 좋은 땅이든 아니면 더 나쁜 땅이든 아무런 상관이 없습니다. 하나님이 주신 선물이기에 올라가서 차지하면 그만입니다.

그러나 그 나머지 정탐꾼의 보고는 이와 완전히 달랐습니다. "그 땅 백성은 우리보다 훨씬 크고 강하다. 그들의 성읍들은 크고, 그들의 요새들은 엄청나게 견고하기 이를 데 없다. 우리는 거기서 거인족인 아낙 자손까지 보았다!"(신 1:28, 메시지) 민수기에 의하면 그들은 아예 자신을 메뚜기로 비유해 말하기도 했습니다(민 13:33).

이 보고는 이스라엘 백성을 낙심시키기에 충분했습니다. "하나님께서 우리를 미워하시는구나. 하나님께서 우리를 아모리 사람 가운데 던져 버리시려고 이집트에서 끌어내셨다. 우리에게 사형선고를 내리신 게 틀림없어! 우리가 어떻게 올라갈 수 있단 말인가? 우리는 막다른 골목으로 몰린 거야"(신 1:27, 메시지).

그런데 정말 하나님이 그런 분인가요? 하나님이 그들을 미워하여서 이집트에서 끌어내셨나요? 그들을 아모리 사람의 손에 넘기시려고 막다른 골목으로 몰아넣으셨나요? 그렇게 하려고 호렙산에서 그들과 계약을 맺고 하나님의 백성답게 사는 길을 가르쳐주셨던가요? 만일 그럴 생각이었다면 처음부터 이집트에서 구원해 내지 않으셨을 것입니다. 그냥 내버려 두면 그만입니다. 수고롭게 그들을 이곳으로 인도할 필요가 없습니다.

이 대목에서 우리가 주목해야 할 것이 한 가지 있습니다. 그것은 모세에게 정탐을 제안한 장본인들(22절)과 이스라엘 백성을 낙심하게 한 형제들(28절)은 사실상 같은 사람들이었다는 사실입니다. 그들은 아이러니하게 모세가 자신의 책임과 사역을 분담하기 위해서 세운 중간 지도자들이었습니다(신 1:9-18). 모세는 그들의 말을 좋게 여겨 먼저 가나안 땅을 정탐하게 허락했고, 이스라엘 백성은 나중에 그들의 말에 낙심하여 불평과 원망의 수렁에 빠졌습니다. 그 결과 '열하루 길'이 '40년 길'이 되고 말았던 것입니다.

어떤 공동체이든 중간 지도자가 결정적으로 중요합니다. 한 가정의 부모는 교회라는 신앙 공동체의 중간 지도자입니다. 부모가 어떤 모습으로 신앙생활을 하는지에 따라서 자녀의 신앙적인 태도가 결정되고 그 가정의 신앙적인 분위기가 좌우됩니다. 매사에 부정적인 말을 하는 부모에게서 불평하고 원망하는 자녀가 만들어집니다. 그러나 매사에 하나님의 결정을 앞장세우는 부모에게서 언제나 긍정적인 태도를 가진 믿음의 자녀가 양육됩니다.

"순간의 선택이 10년을 좌우한다"라는 어느 가전제품의 유명한 광고 문구가 있었습니다. 가데스 바네아의 잘못된 선택이 40년의 불필요한 광야 생활을 만들어 냈습니다. 그들과 똑같은 후회를 반복하지 않으려면 우리는 하나님의 결정을 믿음으로 받아들이는 일을 잘 해내야 합니다.

□ 은혜 나누기
우리 자신의 인생에서 혹시라도 가데스 바네아와 비슷한 일을 경험한 적이 있었다면 이 시간 함께 나누어 봅시다.

□ 공동 기도
하나님 아버지, 사람의 말이 우리 귀에 아무리 그럴듯하게 들리더라도 우리는 오직 하나님의 말씀을 따르게 해주세요. 어떤 상황에서도 하나님의 결정에 따를 수 있는 믿음을 우리에게 허락해 주세요. 그리하여 불필요한 광야 생활 없이 약속의 땅에 곧장 들어가서 사는 복을 누리게 해주세요. 예수님의 이름으로 기도합니다. 아멘.

1월 넷째주 때 늦은 순종

- 주님의 기도 주님이 가르쳐주신 기도로 가정예배를 시작합니다.
- 찬송 부르기 321장(날 대속하신 예수께)
- 성경 읽기 신명기 1:41-42(34-46)

※ 개역개정판

41너희가 대답하여 내게 이르기를 우리가 여호와께 범죄하였사오니 우리 하나님께서 우리에게 명령하신 대로 우리가 올라가서 싸우리이다 하고 너희가 각각 무기를 가지고 경솔히 산지로 올라가려 할 때에 42여호와께서 내게 이르시되 너는 그들에게 이르기를 너희는 올라가지 말라. 싸우지도 말라. 내가 너희 중에 있지 아니하니 너희가 대적에게 패할까 하노라 하시기로.

※ 메시지성경

그러자 여러분은 이렇게 말했습니다. "우리가 하나님께 죄를 지었습니다. 하나님 우리 하나님께서 명령하신 대로 우리가 올라가 싸우겠습니다." 여러분은 무기를 들고 전투할 태세를 갖췄습니다. 그 산지로 들어가는 것을 너무나 쉽게 여겼던 것입니다! 그러나 하나님께서 내게 말씀하셨습니다. "그들에게 이렇게 전하여라. '그렇게 하지 마라. 싸우러 올라가지 마라. 내가 이 일에 너희와 함께하지 않겠다. 너희 원수들이 너희를 죽일 것이다.'"

- 말씀 나누기

어머니의 말에 순종하지 않던 청개구리에 대한 동화를 잘 아실 겁니다. 언제나 반대로만 행동하는 아들에게 어머니는 "내가 죽거들랑

개울가에 묻어달라"고 유언을 남깁니다. 그러면 틀림없이 산에 묻을 걸로 생각했던 것이지요. 그런데 아들 청개구리가 뒤늦게 철이 들었는지 이번만큼은 어머니 말씀에 순종하겠다면서 굳이 개울가에 묻습니다. 그리고 나서 비만 오면 어머니 무덤이 쓸려내려 갈까 봐 늘 울어댄다는 이야기입니다.

성경에도 이와 비슷한 이야기가 나옵니다. 지난 시간에 "가데스 바네아 사건"에서 살펴보았듯이, 이스라엘 백성은 가나안에 들어가라는 하나님의 명령에 즉시 순종하지 않았습니다. 오히려 자기들이 먼저 정탐해 본 후에 결정하겠다고 그러더니 결국에는 스스로 낙심하여 주저앉고는 하나님을 원망했지요. 하나님은 그들에게 40년 광야 생활의 벌을 내립니다. 그러자 이번에는 뒤늦게 가나안으로 올라가겠다고 호들갑을 떱니다. 오늘 우리가 살펴볼 내용입니다.

때 늦은 순종은 진정한 순종이 아닙니다. 오히려 두고두고 큰 후회로 남을 또 다른 불순종의 선택이 될 뿐입니다.

하나님의 징계

지금 모세는 과거의 일을 회상하며 광야 세대를 향해 설교하는 중입니다. 이집트에서 종살이하던 히브리인을 구원하여 하나님의 백성으로 삼으시고 그들을 약속의 땅으로 인도하신 것은 전적으로 하나님의 은혜입니다. 그런데 그들은 하나님께 감사하는 마음을 갖기는커녕 오히려 불평하고 원망했지요. 그들에게 하나님은 40년 광야 생활로 징계하셨습니다. 지극히 당연한 일입니다. 그나마 아예 없었던 일로 하지 않고 구원의 여지를 남겨두신 것을 감사해야 합니다.

하나님께서는 여러분이 하는 말을 들으시고, 진노하며 맹세하셨습니다. "이 악한 세대 가운데서는 단 한 사람도, 내가 너희 조상에게 주기로 약속한 좋은 땅을 얻지 못할 것이다. 얻기는커녕 보지도 못할 것이다. 다만 여분네의 아들 갈렙만은 예외다. 그는 그 땅을 볼 것이다. 그가 마음과 뜻을 다해 하나님을 따랐으니, 그가 밟은 땅을 내가 그와 그의 자손에게 주겠다"(신 1:34-36, 메시지).

여기에는 '갈렙'의 이름만 나오지만, 뒷부분에는 '여호수아'도 나옵니다(신 1:38). 그렇게 출애굽 세대 중에서 단 두 사람만이 가나안 땅에 들어가게 하겠다는 하나님의 결정을 말씀하셨습니다. 이유는 분명합니다. 그들이 '마음과 뜻을 다해' 하나님을 따랐기 때문입니다. 다시 말해서 그들은 하나님의 명령에 즉각적으로 순종했던 것입니다.

물론 그들도 나머지 이스라엘 백성과 함께 40년 동안 광야에서 지내야 했습니다. 그러나 결국에는 약속의 땅에 들어갈 수 있게 되었던 것입니다. 모세로부터 이 이야기를 듣고 있던 광야 세대는 실제로 여호수아와 갈렙의 모습을 매일같이 보고 있었습니다. 그 많던 출애굽 세대 중에서 왜 그들만 남게 되었는지 하나님의 말씀을 통해 확인하게 된 것이지요. 자, 그렇다면 같은 출애굽 세대였던 모세는 과연 어떻게 될까요?

그는 가데스 바네아 사건으로 인해서 광야 세대와 함께 약속의 땅에 들어가지 못하게 되었노라 스스로 고백합니다(신 1:37). 중간 지도자들의 정탐 제의를 아무런 생각 없이 덥석 받아들인 일 때문입니다. 여기에서 우리는 중요한 사실을 발견하게 됩니다. 모세는 자신이 약속의 땅에 들어가지 못한다는 사실을 이미 광야 생활을 시작하던 초반기부터 알고 있었습니다. 그러면서 지난 40년 세월 동안 그에게 맡겨진 책임을 묵묵히 끝까지 수행해 왔던 것이지요.

순종의 타이밍

아무튼 가데스 바네아 사건 후에 하나님은 이스라엘 백성에게 광야 생활 40년을 채우도록 결정하셨습니다. "너희는 발길을 돌려 홍해 길을 따라 광야로 돌아가거라"(신 1:40, 메시지). 이와 같은 하나님의 결정은 번복될 수 없는 것입니다. 그런데도 그들은 그제야 가나안으로 올라가겠다고 말합니다. "우리가 하나님께 죄를 지었습니다. 하나님이 명령하신 대로 우리가 올라가 싸우겠습니다"(신 1:41, 메시지). 뒤늦게라도 자신의 죄를 인정하면서 하나님의 명령에 순종하겠다고 하니 이를 기특하게 생각해야 할까요?

아닙니다. 순종에는 타이밍이 있습니다. 하나님의 말씀에 즉시 순종하지 않고 조금이라도 지체하면 그것이 바로 불순종입니다. 그리고 그들에게 광야 생활 40년을 채우라는 하나님의 명령이 이미 주어졌습니다. 그렇게 하나님의 징계를 달게 받으라는 것입니다. 그런데 이제 와서 약속의 땅에 들어가겠다고 고집한다면 어떻게 될까요? 그것은 새로운 하나님의 명령을 또다시 거역하겠다는 뜻이 되고 맙니다.

하나님은 모세를 통해서 분명히 경고하셨습니다. "그렇게 하지 마라. 싸우러 올라가지 마라. 내가 이 일에 너희와 함께하지 않겠다. 너희 원수들이 너희를 죽일 것이다"(신 1:42, 메시지). 그런데 그들은 하나님이 "그렇게 하라"고 말씀하실 때는 하지 않더니, "그렇게 하지 마라"고 말씀하실 때는 굳이 하려고 합니다. 그게 바로 청개구리 심보입니다. 순종의 타이밍을 놓치면 결국 불순종하게 되는 것입니다.

하나님은 "이번 일에 너희와 함께하지 않겠다"(I'm not with you in this)라고 말씀하셨습니다. 그리고 "원수들이 너희를 죽일 것이다"(Your enemies will waste you)라고 경고하셨습니다. 그런데도 그들은 무기를 가지고 '경솔히' 올라갑니다. 그러니까 하나님 없이 무기만 가지고 올라간 것입니다. 그 전쟁의 결과는 불을 보듯 뻔합니다. 그들은 벌 떼같이 몰려나온 아모리 족속에게 뼈아픈 패배를 맛보아야 했습니다. 뒤늦게 하나님 앞에 엎드려 통곡했지만, 하나님은 그들의 소리를 듣지 않으셨습니다(신 1:45).

이 이야기를 통해서 광야 세대 이스라엘 백성은 두 가지 교훈을 얻었을 것입니다. 하나는 하나님의 명령에 즉시 순종하지 않으면 그들도 출애굽 세대처럼 약속의 땅에 들어갈 수 없다는 사실입니다. 또 다른 하나는 하나님의 명령에 즉시 순종하는 일에 믿음이 필요하듯이, 하나님의 징계를 달게 받는 일에도 믿음이 필요하다는 사실입니다.

약속이 포함된 말씀이든 징계가 포함된 말씀이든 모두 하나님의 명령입니다. 그 명령에 즉시 순종하는 믿음의 사람을 하나님은 약속의 땅에 들어가게 하십니다. 우리는 순종의 타이밍을 놓치는 어리석은 사람이 되지 않도록 하나님의 말씀 앞에 늘 깨어 있어야 하겠습니다.

□ 은혜 나누기

순종의 타이밍을 놓치고 후회했던 경험이 있다면 이 시간 함께 나누어 봅시다.

□ 공동 기도

하나님 아버지, 청개구리 같은 태도로 신앙생활하지 않도록 우리의 마음을 다스려 주세요. 순종이 곧 믿음이라 하셨으니, 이제부터 어떤 하나님의 말씀이 우리에게 주어지든지 그저 단순하게 즉시 순종하여 따르는 믿음을 보이게 해주세요. 그리하여 하나님이 약속하신 땅에 들어가는 복 있는 우리 가정이 되게 해주세요. 예수님의 이름으로 기도합니다. 아멘.

2월 첫째주 전쟁할 때와 평화할 때

□ 주님의 기도 주님이 가르쳐주신 기도로 가정예배를 시작합니다.

□ 찬송 부르기 352장(십자가 군병들아)

□ 성경 읽기 신명기 2:24-25(1-37)

※ 개역개정판

24너희는 일어나 행진하여 아르논 골짜기를 건너라. 내가 헤스본 왕 아모리
사람 시혼과 그의 땅을 네 손에 넘겼은즉 이제 더불어 싸워서 그 땅을 차지하
라. 25오늘부터 내가 천하 만민이 너를 무서워하며 너를 두려워하게 하리니
그들이 네 명성을 듣고 떨며 너로 말미암아 근심하리라 하셨느니라.

※ 메시지성경

"이제 일어나서, 떠나라. 아르논 시내를 건너라. 보아라, 헤스본 왕 아모리 사
람 시혼과 그의 땅이 여기 있다. 내가 그 땅을 너희 손에 넘겨주겠다. 그 땅은
이제 너희 것이다. 어서 가서 그 땅을 차지하여라. 가서 그와 싸워라. 오늘이
다 가기 전에, 내가 반드시 이 주변에 사는 모든 백성이 두려움에 떨게 하겠다.
너희 소문이 들불처럼 퍼져서, 그들이 벌벌 떨게 될 것이다."

□ 말씀 나누기

전도자는 "천하만사가 다 때가 있다"(전 3:1)라고 말합니다. 그렇습
니다. 태어날 때가 있고 죽을 때가 있습니다. 심을 때가 있고 그것을
수확할 때가 있습니다. 지극히 당연한 말씀입니다. 그런데 여기에서
전도자가 말하는 '때'는 '타임'(time)이 아니라 '타이밍'(timing)입니다.

오직 하나님이 그때를 결정하십니다. 우리는 하나님이 정하신 때 이 세상에 태어나고 또한 하나님이 정하신 때 이 세상을 떠나게 되어 있습니다. 그 어느 때도 우리가 결정할 수 있는 것이 아닙니다.

전쟁과 평화도 마찬가지입니다. 살다 보면 전쟁을 벌여야 할 때가 있고 평화를 만들어야 할 때가 있습니다(전 3:8). 문제는 그때를 사람들이 스스로 결정하려고 한다는 사실입니다. 다른 백성이라면 몰라도 하나님의 백성은 그래서는 안 됩니다. 그들은 하나님의 결정에 즉시 순종하여 따라야 합니다. 괜히 미적거리다가 하나님이 정한 타이밍을 놓쳐버리면 큰일 납니다.

어리석게도 출애굽 세대 이스라엘 백성은 자기들 스스로 그때를 결정하려고 했습니다. 마치 말 안 듣는 청개구리처럼 가나안 땅에 올라가라고 할 때는 주저앉아서 하나님을 원망하더니, 올라가지 말라고 말릴 때는 오히려 경솔히 서둘러서 올라가려고 했지요. 그렇게 순종의 타이밍을 놓치는 엇박자가 바로 불순종이요 불신앙입니다. 그러다가 그들은 불필요한 40년을 꽉꽉 채우며 척박한 광야에서 살아야 했습니다.

그렇게 지내는 동안 출애굽 세대는 거의 다 죽어버리고 이제 새로운 세대가 등장하게 되었습니다. 그들이 바로 광야 세대입니다. 그들은 앞선 세대와 얼마나 다를까요? 그들은 과연 하나님의 결정을 잘 따르게 될까요?

평화할 때

드디어 광야 생활 40년째가 되었습니다. 그해 초에 미리암과 아론이 죽었습니다(민 20:1, 28). 이제 약속의 땅을 향해 들어갈 때가 다가온 것입니다. 하나님은 에서의 자손인 에돔 족속이 거주하는 지역을 지나서 요단 동쪽으로 이동하라는 명령을 내립니다(신 2:4). 모세는 그들에게 정당한 값을 주고 물과 양식을 살 테니 지나갈 수 있게 해달라고 정중하게 부탁합니다. 그렇지만 에돔 족속은 이스라엘 백성의 통행을 허락하지 않았지요.

사실 따지고 보면 에돔과 이스라엘은 같은 조상 아브라함의 후손입니다. 어떻게 같은 동족에게 그렇게 매정하게 대할 수 있나 싶습니다. 그들의 태도를 문제 삼아 얼마든지 전쟁을 벌일 수도 있습니다. 그러나 하나님은 "그들과 다투지 말라"고 명령하셨습니다(신 2:5). 그래서 이스라엘 백성은 다시 홍해 길을 따라 '에시온게벨'(Eziongaber)에 내려왔고 에돔 땅까지 멀리 돌아서 가야 했습니다(신 2:8).

바로 이때 그 유명한 '불뱀 사건'이 벌어집니다(민 21:4-9). 먼 길로 돌아가게 된 것에 불만을 품은 사람들이 하나님과 모세에게 불평하다가 불뱀에 물려 죽게 된 사건 말입니다. 그들 생각에는 에돔과 전쟁을 치르는 한이 있더라도 지름길을 통해 지나갔어야 했습니다. 그러나 하나님의 생각은 달랐습니다. 아무튼 불뱀 사건을 통해 출애굽 세대의 마지막 군인까지 모두 다 죽게 됩니다(신 2:16). 40년 세월이 흘렀어도 불평하는 못된 버릇은 고쳐지지 않았던 것이지요.

그곳에서 요단 동쪽으로 올라가려면 반드시 모압 족속과 암몬 족속의 땅을 지나가야 했습니다. 그들도 에돔 족속과 마찬가지로 이스라엘과 먼 친척 사이였지만, 그들 역시 이스라엘의 통행을 가로막았습니다. 이번에도 하나님은 그들과의 전쟁을 허락하지 않았습니다(신 2:9, 19). 그래서 이미 잘 닦여진 대로를 포기하고 광야 길을 통해 돌아가야 했습니다. 그러나 이번에는 그들 중에서 불평하는 사람이 아무도 없었습니다. 출애굽 세대는 지나가고 광야 세대가 등장한 것입니다.

전쟁은 하나님이 결정하실 일입니다. 하나님은 동족 사이의 전쟁을 원하지 않으십니다. 그렇다고 에돔과 모압과 암몬 족속의 행동이 옳았다는 뜻은 아닙니다. 그들은 동족 이스라엘을 도와줄 가장 좋은 기회를 놓쳤습니다. 그들의 잘못된 선택에 대해서 하나님은 어떤 식으로든 반드시 징계하실 것입니다. 하지만 그건 지금 이스라엘의 몫이 아닙니다. 그들이 집중해야 하는 목표는 약속의 땅에 들어가는 것입니다.

전쟁할 때

우여곡절 끝에 이스라엘 백성은 아르논(Arnon)골짜기에 다다랐습니다. 그러자 하나님의 명령이 지금까지와 사뭇 달라졌습니다. "내가 헤스본 왕 아모리 사람 시혼과 그의 땅을 네 손에 넘겼은즉 이제 더불어 싸워서 그 땅을 차지하라"(신 2:24b). 아르논계곡의 북쪽 땅을 차지하고 있던 헤스본 왕 시혼(Sihon)은 아모리 사람이었습니다. 아모리 사람은 본래 가나안 땅에 거주하던 족속이었습니다. 오래전부터 하나님은 그들의 죄악을 심판하는 도구로 이스라엘을 사용하기로 작정하고 계셨습니다(창 15:16).

그런데 아모리 족속이 점점 세력을 키우더니 어느 틈엔가 요단 동쪽 지역까지 진출하여 자리 잡고 있었던 것입니다. 따라서 그들은 이스라엘 백성이 평화를 유지해야 하는 대상이 아닙니다. 오히려 전쟁을 벌여 진멸해야 하는 대상입니다. 게다가 가나안 땅을 본격적으로 정복하기에 앞서서 하나님이 지금 이스라엘 편에서 일하고 계신다는 사실을 드러내어 선포할 수 있는 가장 좋은 기회입니다.

"오늘이 다 가기 전에, 내가 반드시 이 주변에 사는 모든 백성이 두려움에 떨게 하겠다. 너희 소문이 들불처럼 퍼져서, 그들이 벌벌 떨게 될 것이다"(신 2:25, 메시지).

실제로 이스라엘 백성은 이때 헤스본 왕 시혼과의 전쟁에서 대승을 거두었습니다(신 2:26-37). 그리고 곧바로 북쪽으로 진격하여 바산 왕 옥(Og)을 쳐서 모든 성읍을 멸망시켰습니다(신 3:1-11). 그 역시 아모리 사람이었습니다. 이 일은 요단 서쪽에 살고 있던 가나안 사람들에게 큰 두려움을 안겨주었습니다. 그들이 느꼈던 공포는 라합의 고백에 다음과 같이 실감 나게 표현됩니다.

> "… 당신들이 거룩한 저주 아래 두어 멸망시킨 요단 동쪽 아모리 사람의 두 왕 시혼과 옥에게 그분께서 어떻게 행하셨는지 우리가 들었습니다. 그 말을 듣고서 다들 가슴이 철렁 내려앉아 숨이 멎는 줄 알았습니다. 모두가 당신들 때문입니다…"(수 2:10-11, 메시지).

하나님이 싸우지 말라고 하시면 상대가 아무리 만만해 보여도 절대로 싸우면 안 됩니다. 그러나 하나님이 싸우라고 명령하시면 상대가 아무리 강해 보여도 담대히 나가서 싸워야 합니다. 그러면 하나님의 약속이 그대로 이루어집니다. 모든 일에는 하나님이 정한 때가 있습니다. 그때를 잘 분별하여 순종하는 것이 바로 믿음입니다. 불필요한 싸움에 끼어들어 괜히 에너지를 낭비하다가 정작 중요한 일을 하지 못하는 어리석은 사람이 되어서는 안 될 것입니다.

▢ 은혜 나누기

우리는 하나님의 때(timing)를 어떻게 분별할 수 있을까요? 함께 나누어 봅시다.

▢ 공동 기도

하나님 아버지, 싸우지 말아야 할 때와 싸워야 할 때를 잘 분별하게 해주세요. 자기 생각이나 감정을 앞세우다 하나님의 때를 놓치고 후회하지 않게 해주세요. 하나님의 결정에 즉시 믿음으로 반응할 수 있도록 늘 깨어서 기도하게 해주세요. 예수님의 이름으로 기도합니다. 아멘.

2월 둘째주 약속의 땅 문턱에서

□ 주님의 기도 주님이 가르쳐주신 기도로 가정예배를 시작합니다.

□ 찬송 부르기 347장(허락하신 새 땅에)

□ 성경 읽기 신명기 3:20(12-29)

※ 개역개정판

여호와께서 너희에게 주신 것같이 너희의 형제에게도 안식을 주시리니 그들도 요단 저쪽에서 너희의 하나님 여호와께서 그들에게 주시는 땅을 받아 기업을 삼기에 이르거든 너희는 각기 내가 준 기업으로 돌아갈 것이니라….

※ 메시지성경

"… 하나님께서 여러분에게 주신 것과 마찬가지로 여러분의 형제들에게도 살 곳을 확보해 주실 것입니다. 그들이 하나님 여러분의 하나님께서 그들에게 주시는 요단 강 서쪽 땅을 차지하게 되면, 그제야 여러분은 저마다 내가 이곳에서 여러분에게 나누어 준 땅으로 돌아갈 수 있습니다."

□ 말씀 나누기

지난 시간에 우리는 '전쟁할 때'와 '화평할 때'가 있다는 말씀을 묵상했습니다. 하나님은 에돔이나 모압이나 암몬 족속과는 전쟁을 허락하지 않으셨습니다. 그들은 이스라엘과 같은 뿌리를 가진 형제였기 때문입니다. 그러나 헤스본 왕이나 바산 왕은 달랐습니다. 그들은 본래 가나안 땅에 살던 아모리 족속이었습니다. 그런데 세력을 키워 요단강을 넘어 동쪽 지역까지 진출해서 자리를 잡고 있었던 것이지요.

하나님은 이미 오래전에 아브라함에게 가나안 땅을 주겠다고 약속하시면서, 아모리 족속의 죄악을 심판하기 위해 그의 후손을 사용하겠다고 말씀하셨습니다(창 15:16). 바로 그것이 이스라엘 백성이 약속의 땅에 들어가야 하는 가장 중요한 이유입니다. 그리고 요단 동쪽의 아모리 족속을 넘어서지 않고서는 가나안 땅에 들어갈 수가 없습니다. 광야 세대 이스라엘 백성은 하나님의 말씀에 순종하여 전쟁에 나섰고 놀라운 승리를 거두게 되었습니다.

그러나 "선 줄로 생각하는 자는 넘어질까 조심해야 한다"(고전 10:12)라는 말씀이 정말 맞습니다. 전쟁에서 이겼을 때가 가장 위험한 때입니다. 이스라엘 백성은 바로 이때 공동체 분열의 심각한 위기를 겪게 됩니다.

공동체 분열의 위기

모세는 그때의 일을 다음과 같이 설명합니다.

그때에 우리가 이 땅을 얻으매 아르논 골짜기 곁의 아로엘에서부터 길르앗 산지 절반과 그 성읍들을 내가 르우벤 자손과 갓 자손에게 주었고 길르앗의 남은 땅과 옥의 나라였던 아르곱 온 지방 곧 온 바산으로는 내가 므낫세 반 지파에게 주었노라…(신 3:12-13).

여기에서 모세는 요단 동쪽의 땅을 르우벤 지파와 갓 지파와 므낫세 반 지파에게 자신이 자발적으로 나누어 준 것처럼 말하고 있지만, 실제 상황은 정반대였습니다. 오히려 그 지파들이 먼저 나서서 땅을 달라고 요구했습니다. 그 이야기가 민수기에 자세하게 기록되어 있습니다.

"하나님께서 이스라엘 공동체 앞에서 쳐서 멸하신 땅은 가축에게 더없이 좋은 땅입니다. 그리고 우리에게는 가축 떼가 있습니다. … 우리가 이제까지 일을 잘했다고 여기시면 이 땅을 우리에게 유산으로 주셔서, 우리가 요단강을 건너지 않게 해주십시오"(민 32:4-5, 메시지).

이렇게 요구한 장본인은 바로 르우벤 지파와 갓 지파 사람들이었습니다. 실제로 그들은 다른 지파에 비해 많은 수의 가축 떼를 가지고 있었습니다(민 32:1). 게다가 그들의 말처럼 요단 동쪽 지역은 가축을 키우기에 더할 나위 없이 좋은 땅이었습니다. 그곳에 살던 아모리 족속은 이미 깨끗하게 정리한 터입니다. 그렇다면 그 땅에 눌러앉아 사는 것도 나쁘지 않습니다.

그런데 진짜 문제는 "우리가 요단강을 건너지 않게 해달라"는 말에 담겨 있습니다. 요단 서쪽의 가나안 땅으로 들어가고 싶지 않다는 그들의 속마음을 넌지시 드러내고 있는 것입니다. 여기서도 얼마든지 잘 먹고 잘살 수 있는데 굳이 요단강을 넘어 들어갈 필요가 있겠냐는 겁니다. 모세는 그들의 요구가 이스라엘 공동체에 미칠 악영향을 즉시 알아차렸습니다.

"전쟁이 임박했는데 형제들에게 떠넘기고, 여러분만 여기에 정착하겠다는 것이오? 이제 곧 이스라엘 백성이 하나님께서 주신 땅으로 들어가려고 하는데, 여러분은 어찌하여 형제들을 실망시키고 그들의 사기마저 떨어뜨리려고 합니까? 내가 저 땅을 정탐하라고 가데스 바네아에서 여러분의 조상을 보냈을 때 그들이 한 짓과 똑같군요"(민 32:6-8, 메시지).

정말 그렇습니다. 요단 동쪽에 남겠다는 생각은 40년 전의 가데스 바네아 사건을 반복하게 할지도 모르는 아주 위험한 생각입니다. 자, 이 위기를 어떻게 극복할 수 있을까요? 모세는 그들의 요구를 받아들이는 대신에 한 가지 조건을 제시합니다. 그들의 가족과 가축 떼는 남겨두더라도 다른 지파들보다 앞서서 가나안 땅으로 들어가서 싸우라는 것입니다. 그렇게 요단 서쪽 땅을 정복하고 난 후에야 요단 동쪽에 분배 받은 그들의 땅에 돌아갈 수 있다는 것이지요(신 3:20).

다행스럽게 그들은 모세의 제안을 받아들였고, 앞장서서 가나안 땅으로 들어갔습니다. 그렇게 이스라엘 공동체는 분열의 위기를 넘길 수 있었습니다.

약속의 땅

이 대목에서 우리는 한 가지 심각한 질문 앞에 놓이게 됩니다. 하나님이 이스라엘 백성에게 주기로 약속한 땅은 본래 어디일까요? 요단 동쪽도 그 약속의 땅에 포함될까요? 모세는 오늘 본문에서 르우벤과 갓과 므낫세 반 지파에게 분배해 줄 땅을 자세하게 설명(13-17절)한 후에 이렇게 말합니다.

> … 너희의 하나님 여호와께서 이 땅을 너희에게 주어 기업이 되게 하셨은즉
> (신 3:18a).

'이 땅'(this land)은 요단 동쪽의 땅을 의미합니다. 하나님께서 요단 동쪽에 남기로 한 지파에게 그 땅을 '기업', 즉 '유산'으로 주셨다고 말하고 있는 것입니다. 그렇다면 요단강 동쪽 땅도 본래 '약속의 땅'에 포함되는 것일까요? 아닙니다. 성경에 기록된 가나안 땅의 경계는 분명합니다. 요단강 서쪽 땅입니다. 노아 시대에도 그랬고(창 10:19), 아브라함 시대에도 그랬습니다(창 15:18-21). 모세 시대에도 달라지지 않았습니다(민 34:1-12).

모세는 약속의 땅에 들어가게 해달라고 하나님께 간절히 기도했습니다.

> "… 주께서는 이 일의 시작부터 저를 참여시키셨습니다. 주께서는 제게 주의
> 위대하심을 나타내시고 주의 권능을 보여주셨습니다. … 부디, 이 일의 마지
> 막까지 저를 참여시켜 주셔서, 제가 저 강을 건너서 요단강 저편에 있는 좋은

땅, 초목이 무성한 언덕, 레바논의 산들을 보게 해주십시오"(신 3:24-25, 메시지).

모세에게 약속의 땅은 '요단강 저편'에 있는 땅이었습니다. 하나님께서 느보산에서 모세에게 마지막으로 보여주신 가나안 땅 역시 마찬가지였습니다(신 34:1-3). 그렇다면 무슨 뜻입니까? 엄밀한 의미에서 두 지파 반은 약속의 땅에 들어가지 못한 것입니다. 단지 공동체의 분열을 막기 위해서 모세가 그들과 적당히 타협했을 뿐입니다. 실제로 므낫세 지파가 동서로 나누어지게 된 것도 약속의 땅에 대한 견해차를 반영한 결과입니다. 그리고 요단 동쪽에 남은 지파들이 이제 머지않아 하나님 백성이라는 정체성을 소홀하게 여길 것이 뻔합니다.

예수님이 어느 서기관에게 말씀하셨습니다. "네가 하나님의 나라에 멀지 않도다"(막 12:34). 이것은 칭찬의 말씀이 아닙니다. 하나님의 나라에 실제로 들어가지 않는다면 문턱에까지 와 있다는 게 무슨 소용입니까? 하나님은 요단강 동쪽에 사는 것을 마지못해 허락해 주시긴 했지만, 그렇다고 그곳이 약속의 땅이 되는 건 아닙니다.

약속의 땅은 하나님의 다스림이 온전히 이루어지는 곳입니다. 자기가 보기에 좋은 땅을 선택하려고 하는 사람은 결국 하나님이 약속하신 땅에 들어가지 못합니다. 우리는 어떻습니까? 하나님이 이끄시는 대로 순종하여 약속의 땅에 들어가기를 원합니까? 아니면 약속의 땅 문턱까지 온 것으로 충분하다고 생각합니까? 그 대답에 따라 우리 인생의 종착역이 결정될 것입니다.

□ 은혜 나누기

하나님이 우리 가정에 허락하여 주시는 약속의 땅은 어디라고 생각합니까? 함께 나누어 봅시다.

□ 공동 기도

하나님 아버지, 약속의 땅 문턱에서 주저하거나 주저앉지 않게 해주세요. 사람의 눈에 좋은 땅을 찾다가 결국 소돔으로 내려갔던 롯의 뒤를 따르지 않게 해주세요. 조금은 고지식하게 보이더라도 하나님의 말씀에 온전히 순종하여 따를 수 있게 해주세요. 그리하여 하나님이 약속하신 땅에 실제로 들어가는 우리 가정이 되게 해주세요. 예수님의 이름으로 기도합니다. 아멘.

2월 셋째주 하나님 백성의 도리

□ 주님의 기도 주님이 가르쳐주신 기도로 가정예배를 시작합니다.

□ 찬송 부르기 449장(예수 따라가며)

□ 성경 읽기 신명기 4:1(1-6)

※ 개역개정판

이스라엘아 이제 내가 너희에게 가르치는 규례와 법도를 듣고 준행하라. 그리하면 너희가 살 것이요 너희 조상의 하나님 여호와께서 너희에게 주시는 땅에 들어가서 그것을 얻게 되리라.

※ 메시지성경

이스라엘 여러분, 들으십시오. 내가 여러분에게 가르치는 규례와 법도를 잘 듣고 따르십시오. 그리하면 여러분이 살 것이요, 하나님 여러분 조상의 하나님께서 여러분에게 주시는 땅에 들어가 그 땅을 차지할 것입니다.

□ 말씀 나누기

산상수훈에서 예수님은 '율법의 파괴자'가 아니라 '율법의 완성자'로 왔다고 선포하시면서(마 5:17), 율법 중에서 가장 작은 항목이라도 절대로 하찮게 여겨서는 안 된다고 말씀하셨습니다(마 5:19). 그런데 어찌 된 일인지 예수님의 가르침에 따라서 살아간다고 하는 그리스도인 중에서 구약 성경에 기록된 율법을 가볍게 생각하는 사람들이 제법 많습니다. 구원이 율법을 지키는 행위에 의해서가 아니라 예수 그리스도를 믿는 믿음으로 주어진다는 기독교 신앙의 전통적인 가르침 때문으로 보입니다.

물론 그렇습니다. 구원의 문제에서 율법의 역할은 제한적일 수밖에 없습니다. 율법은 기껏해야 우리의 죄를 깨닫게 할 뿐입니다(롬 7:7). 만일 구원 받으려는 목적으로 율법을 지키려고 하다가는 예수님 당시의 종교인들처럼 우리도 율법주의 종교 생활의 함정에 빠지게 될 것이 분명합니다. 그러나 하나님의 은혜로 구원 받은 우리 그리스도인은 다릅니다. 우리는 구원 받았기 때문에 이제부터 율법의 가르침에 따라서 제대로 살아갈 수 있게 된 것입니다.

율법은 시대에 뒤떨어진 낡은 계명이 아닙니다. 우리 형편에 따라서 마음대로 버릴 수 있는 것이 아닙니다. 율법은 일점일획도 없어지지 않고 모두 이루어진다고 했습니다(마 5:18). 물론 율법을 온전히 지켜야만 구원을 받는 건 아니지만, 그렇다고 율법과 상관없이 살아가도 괜찮은 것은 아닙니다. 율법은 하나님의 백성이 하나님의 백성답게 살아가는 도리(道理)입니다. 그 도리를 진지하게 받아들여 삶에 적용함으로써 우리는 비로소 율법을 완성하고 마침내 구원을 완성하는 신앙생활을 할 수 있게 되는 것입니다.

규례와 법도

신명기는 약속의 땅을 목전에 두고 있는 광야 세대 이스라엘 백성에게 남긴 모세의 고별 설교입니다. 지금까지 모세는 지난 40년간의 광야 생활을 회고해 왔습니다. 그러면서 약속의 땅 문턱에 온 것으로 만족하려고 해서는 안 된다고 했습니다. 이제는 약속의 땅에 실제로 들어가서 하나님의 백성답게 살아가는 더 중요한 일이 남아 있습니다.

바로 이 대목에서 모세는 일찍이 시내산에서 출애굽 세대 이스라엘 백성에게 가르쳐주신 하나님의 규례와 법도를 다시 반복하여 설명하기 시작합니다. 드디어 신명기의 본론이 시작되고 있는 것입니다.

이스라엘아 이제 내가 너희에게 가르치는 규례와 법도를 듣고 준행하라. 그리 하면 너희가 살 것이요 너희 조상의 하나님 여호와께서 너희에게 주시는 땅에 들어가서 그것을 얻게 되리라(신 4:1).

규례(規例)는 '규칙'과 '관례'의 줄임말입니다. 특별히 하나님을 예배하고 섬기는 일에 관한 가르침을 가리킬 때 사용하는 말입니다. 그에 비해 법도(法道)는 다른 사람과의 관계에서 마땅히 지켜야 할 여러 가지 의무에 관한 가르침입니다. 이 두 가지를 묶어서 우리는 율법(律法)이라고 말합니다. 그렇습니다. 신앙생활이란 결국 하나님을 잘 섬기는 일과 이웃과 평화롭게 살아가는 일로 귀결됩니다. 이 두 가지 일을 통해서 하나님의 백성다움이 드러나는 것입니다.

그 구체적인 내용을 이야기하기에 앞서서 모세는 규례와 법도를 대하는 바른 태도에 대해서 말합니다. 여기에서 우리는 "듣고 준행하라"는 표현에 주목할 필요가 있습니다. 우선 하나님의 말씀을 잘 들어야(listen) 합니다. 그래야 그 말씀대로 준행(observe)할 수 있습니다. 신명기에서 모세는 기회가 있을 때마다 "이스라엘아 들으라!"(쉐마 이스라엘)라는 말을 반복하는 것도 바로 그 때문입니다(신 6:4; 9:1; 20:3; 27:9).

부모님을 존중하는 자녀는 부모님의 말씀을 귀담아듣습니다. 그러나 부모님을 우습게 여기는 자녀는 부모님의 말씀에 귀를 기울이지 않습니다. 하나님을 믿는 것도 마찬가지입니다. 하나님을 경외하는 사람은 옷깃을 여미고 하나님의 말씀을 듣습니다. 한 마디도 놓치지 않으려고 귀를 쫑긋 세웁니다. 그러나 하나님을 경외하지 않는 사람은 듣는 둥 마는 둥 합니다. 하나님의 말씀에 귀를 기울이지 않는데 어떻게 그 말씀을 따라서 행할 수 있겠습니까?

하나님이 가르쳐주시는 규례와 법도를 잘 새겨듣고 준행하는 이와 같은 태도는 약속의 땅에서 오래오래 살아갈 수 있는 가장 기본적인 전제 조건입니다. 아무나 약속의 땅에 들어가지 못합니다. 오직 하나님을 왕으로 모시고 그의 말씀에 따라서 살아가는 하나님의 백성에게만 약속의 땅은 허락됩니다.

가감(加減)하지 말라

하나님의 말씀을 대하는 중요한 태도가 하나 더 있습니다. 그것은 하나님의 규례와 법도 중에서 한 마디도 더하거나 빼지 않는 것입니다.

내가 너희에게 명령하는 말을 너희는 가감하지 말고 내가 너희에게 내리는 너희 하나님 여호와의 명령을 지키라(신 4:2).

사사 시대의 이스라엘 사람들은 하나님의 백성답게 사는 일에 실패했습니다. 그 이유를 성경은 이렇게 설명합니다. "그때 이스라엘에 왕이 없으므로 사람이 각기 자기의 소견(所見)에 옳은 대로 행하였더라"(삿 21:25). "이스라엘에 왕이 없었다"는 말은 왕정 제도가 아직 수립되지 않았다는 뜻이 아닙니다. 오히려 하나님의 왕 되심을 인정하지 않게 되었다는 뜻입니다.

이스라엘은 본래 하나님을 왕으로 모시는 나라로 출발했습니다. 하나님의 가르침에 귀를 기울이고 그 뜻에 따라서 살아가는 나라였습니다. 그런데 이제는 '하나님의 생각'보다 '각자의 생각'에 옳은 대로 살아가게 된 것입니다. 그렇다고 해서 그들이 하나님의 명령을 전혀 지키지 않은 것은 아닙니다. 오히려 자기의 형편이나 생각에 따라서 적당히 선택하여 지켰습니다. 그것이 바로 하나님의 명령을 가감하는 잘못된 태도입니다.

예수님 당시의 율법 전문가들도 역시 마찬가지였습니다. 그들은

'무엇이 가장 큰 계명인지' 논쟁을 벌이기 좋아했습니다. 그래서 예수님에게도 같은 질문을 했습니다(마 22:36). '큰 계명'은 '작은 계명'을 전제합니다. 이런 식으로 '더 중요한 계명'과 '덜 중요한 계명'을 구분하려는 의도가 무엇일까요? 그렇게 함으로써 자기 소견에 옳은 대로 하나님의 말씀을 취사선택하려고 했던 것입니다.

지금 모세가 이스라엘 백성에게 선포하는 말씀은 '모세의 말'이 아닙니다. 하나님의 백성답게 살아가는 도리를 가르쳐주시는 '하나님의 명령'입니다. 그 말씀을 귀담아듣고 그대로 순종하여 따라야 합니다. 그리고 거기에 한 마디라도 더하거나 빼려고 하면 안 됩니다. 그것이 우리를 하나님 백성답게 살게 합니다. 약속의 땅에 들어가는 게 전부가 아닙니다. 그곳에서 어떻게 살아갈 것인가가 더 중요한 문제입니다. 결국 하나님 백성다움은 하나님 말씀에 대한 태도에 달려 있습니다.

▢ 은혜 나누기

하나님 말씀 중에서 의도적으로 빼고 싶었던 말씀이 있었습니까? 있었다면 그 이유가 무엇입니까? 함께 나누어 봅시다.

▢ 공동 기도

하나님 아버지, 우리에게 하나님 백성의 도리를 가르쳐주시니 고맙습니다. 하나님을 경외하는 사람은 하나님의 말씀을 귀담아듣는다고 하셨으니, 우리가 바로 그런 사람이 되게 해주세요. 어떤 경우에도 우리의 생각에 따라 하나님의 말씀을 더하거나 빼지 않게 하시고, 있는 그대로 순종하며 살아가게 해주세요. 그리하여 약속의 땅에서 오래오래 살아가는 우리 가정이 되게 해주세요. 예수님의 이름으로 기도합니다. 아멘.

2월 넷째주 **부모 세대의 책임**

□ 주님의 기도 주님이 가르쳐주신 기도로 가정예배를 시작합니다.

□ 찬송 부르기 450장(내 평생 소원 이것뿐)

□ 성경 읽기 신명기 4:9(7-14)

※ 개역개정판

오직 너는 스스로 삼가며 네 마음을 힘써 지키라. 그리하여 네가 눈으로 본 그 일을 잊어버리지 말라. 네가 생존하는 날 동안에 그 일들이 네 마음에서 떠나지 않도록 조심하라. 너는 그 일들을 네 아들들과 네 손자들에게 알게 하라.

※ 메시지성경

정신을 바짝 차리고, 여러분 자신을 면밀히 살피십시오. 여러분이 본 것을 잊지 마십시오. 여러분의 마음이 흐트러지지 않게 하십시오. 평생토록 깨어 있으십시오. 여러분이 보고 들은 것을 여러분의 자녀와 손자 손녀에게 가르치십시오.

□ 말씀 나누기

지난 시간에 우리는 하나님의 말씀을 대하는 바른 태도에 대해서 살펴보았습니다. 규례와 법도는 하나님의 백성으로서 마땅히 살아가야 할 도리를 가르쳐주신 말씀이라고 했습니다. 그 모든 말씀을 귀담아듣고 그대로 순종하여 따라야 합니다. 한 마디라도 자기 마음대로 보태거나 빼려고 해서는 안 됩니다. 그것이 하나님의 말씀에 대한 경외심이요, 하나님을 경외하는 사람의 바른 태도입니다.

그러나 하나님을 경외하지 않는 사람은 하나님의 말씀을 귀담아들으려고 하지 않습니다. 게다가 성경에 기록된 모든 말씀을 똑같은 무게로 받아들이지 않습니다. 오히려 '더 중요한 계명'과 '덜 중요한 계명'으로 구분하여 '자기 소견'에 옳은 대로 선택하려고 합니다. 그들의 겉모습은 하나님을 믿는 사람처럼 보이지만, 엄밀한 의미에서 하나님의 백성이라 말할 수 없습니다.

하나님 백성다움은 결국 하나님 말씀에 대한 바른 태도에 달려 있습니다. 문제는 그것을 가르쳐주어야 할 주체입니다. 신앙 교육의 일차적인 책임은 부모에게 있습니다. 하나님에 대한 믿음은 가정에서 부모가 자녀에게 가르쳐주어야 합니다. 그래야 하나님 백성의 세대 계승이 이루어질 수 있습니다. 오늘 본문을 통해서 하나님은 그와 같은 신앙 교육의 책임 소재를 분명하게 밝히십니다.

위대한 민족

모세는 이스라엘 백성에게 이렇게 말합니다. "여러분이 본 것을 잊지 마십시오. … 여러분이 본 것을 여러분의 자녀와 손자 손녀에게 가르치십시오"(신 4:9, 메시지). 여기에서 '여러분'은 광야 세대 이스라엘 백성을 가리킵니다. 지금 약속의 땅에 들어가기 위해서 준비하고 있는 장본인입니다. 그런데 그들이 무엇을 보았길래 그것을 잊지 말고 후손에게 가르치라고 명령하는 것일까요? 그 내용은 오늘 본문 앞부분에 기록되어 있습니다.

맞습니다. 우리와 함께 계시고, 늘 우리 말을 들으시는 하나님 우리 하나님처럼 친밀하신 신을 섬기는 위대한 민족이 또 어디 있겠습니까? 내가 오늘 여러분 앞에 제시하는 이 계시의 말씀만큼 선하고 올바른 규례와 법도를 가진 위대한 민족이 또 어디 있겠습니까?(신 4:7-8, 메시지)

여기에서 모세는 '위대한 민족'(great nation)이라는 말을 특별히 강조합니다. 이스라엘 백성이 바로 그 '위대한 민족'이라는 것입니다. 누가 그들을 '위대한 민족'으로 만들어주었습니까? 물론 하나님이십니다. 그러나 현실은 그 말에 어울리지 않습니다. 그들은 지금 광야를 떠돌아다니고 있습니다. 그들이 소유한 땅도 없고 인구 숫자가 많은 것도 아닙니다. 번듯한 국가 조직을 갖추지도 못했습니다. 그런데 어떻게 '위대한 민족'이라는 것일까요? 두 가지 이유 때문입니다.

하나는 위대하신 하나님을 섬기는 민족이기 때문입니다. 그들이 섬기는 하나님은 사람이 손으로 제작한 허수아비 우상과 다릅니다. 늘 그들과 함께 계시고 기도할 때마다 그들의 말을 들으시는 하나님입니다. 그들을 이집트의 압제에서 구원해 내시고 약속의 땅으로 인도하시는 하나님입니다. 지금까지 그들은 하나님의 위대하심을 직접 목격하고 체험했습니다. 그래서 위대한 민족입니다.

다른 하나는 하나님께서 그들에게 규례와 법도를 가르쳐주셨기 때문입니다. 물론 주변의 다른 나라들도 나름대로 법을 가지고 있지만, 그것은 통치자를 위한 법입니다. 백성의 생명과 자유를 보장하는 법이 아니라 권력에 절대복종하게 하는 법입니다. 그러나 하나님의 말씀은 언제나 선하고(good) 올바릅니다(fair). 하나님이 주신 규례와 법도는 약속의 땅에서 오래오래 살 수 있게 하는 법입니다. 그와 같은 말씀을 직접 하나님에게서 받았기에 그들은 위대한 민족입니다.

그렇습니다. 한 민족의 위대함은 그들 자신에게서 나오는 것이 아닙니다. 그들이 가진 경제력이나 군사력으로 증명되지 않습니다. 하나님을 왕으로 모신 나라가 정말 '위대한 나라'입니다. 하나님의 말씀을 받은 민족이 정말 '위대한 민족'입니다. 이 말은 뒤집어도 진실입니다. 하나님 없이 그들은 아무것도 아닙니다. 하나님의 말씀이 없으면 그들은 광야를 떠돌다가 사라질 뜨내기 인생에 불과합니다. 그들의 가치는 오로지 하나님에게서 나옵니다.

광야 세대는 하나님께서 이스라엘을 '위대한 민족'으로 만드시는 그 놀라운 일들을 체험해 왔고 지금도 체험하고 있습니다. 그것을 절대로 잊으면 안 됩니다. 그리고 그것을 자녀와 손자, 손녀에게 가르쳐 주어야 합니다. 그럴 때 약속의 땅에 들어간 후에도 그들은 계속해서 '위대한 민족'으로 남을 것입니다.

하나님의 기대

바로 이 대목에서 모세는 호렙산에서 하나님과 계약을 맺던 40년 전으로 거슬러 올라갑니다. 그때의 일을 떠올리며 다음과 같이 말합니다.

> 여러분이 호렙에서 하나님 여러분의 하나님 앞에 서던 날, 하나님께서 내게 말씀하셨습니다. "백성을 내 앞에 불러 모아 내 말에 귀를 기울이게 하여라. 그들이 그 땅에서 사는 날 동안 거룩한 두려움으로 나를 경외하는 법을 배우고, 똑같은 말씀을 그들의 자녀에게도 가르치게 하여라"(신 4:10, 메시지).

여기에서 '여러분'은 문맥상 출애굽 세대 이스라엘 백성을 가리키는 것으로 보아야 합니다. 호렙산에서 하나님과 계약을 맺던 당사자입니다. 따라서 '여러분의 부모'라고 하는 게 더 자연스럽습니다. 그렇지만 모세는 출애굽 세대와 광야 세대를 함께 묶어서 '여러분'이라고 말합니다. 하나님과 계약을 맺던 그 자리에 있었든지 없었든지 그들은 당시의 기억을 공유하고 있는 이스라엘 백성이기 때문입니다.

40년 전에 출애굽 세대에게 주신 말씀과 지금 광야 세대에게 주시는 말씀이 조금도 다르지 않습니다. 같은 하나님의 백성에게 주시는 같은 말씀입니다. 하나님이 품고 계시는 기대도 다르지 않습니다. 하나님의 말씀을 받았다면 그 말씀대로 살아야 합니다. 그리고 그것을 자녀에게 가르쳐주어야 합니다. 메시지성경의 표현처럼 거룩한 두려움으로 하나님을 경외하는 법을 배우고 똑같은 말씀을 자녀에게 가르쳐야 합니다. 그것이 오고 오는 모든 부모 세대를 향한 하나님의 기대입니다.

그런데 출애굽 세대는 말씀을 받기는 했지만, 그렇게 살아가는 일에 실패하고 말았습니다. 만일 그들이 말씀대로 살았다면 지금쯤 약속의 땅에 들어가 있어야 했습니다. 그들이 실패했다고 해서 하나님이 실패하신 것은 물론 아닙니다. 하나님은 출애굽 세대가 남겨준 실패의 경험을 광야 세대를 가르치는 역사 자료로 삼으셨습니다. 부모 세대의 실패를 반복하지 말라고 그들에게 가르치셨던 것입니다.

실제로 광야 세대는 하나님의 기대에 믿음으로 응답했습니다. 거룩한 두려움으로 하나님을 경외했습니다. 하나님의 말씀에 온전히 순종하여 약속의 땅에 들어갔습니다. 그리고 그들이 받은 말씀을 자녀들에게 잘 가르쳤습니다. 그렇게 부모 세대의 책임을 완수하여 오고 오는 모든 세대의 모범이 되었던 것입니다.

우리 가정은 믿음의 세대 계승에 성공하는 가정이 되기를 간절히 소원합니다. 하나님이 맡겨주신 책임을 다하는 부모와 그 말씀에 순종하여 따르는 자녀가 바로 그런 가정을 만들어 갑니다.

▫ 은혜 나누기

오늘 말씀에 비추어 볼 때 우리 가정은 출애굽 세대와 광야 세대 어디에 더 가까울까요? 함께 나누어 봅시다.

▫ 공동 기도

하나님 아버지, 우리를 하나님의 백성으로 삼아주시고, 우리에게 하나님의 말씀을 가르쳐주시니 참으로 감사합니다. 하나님 없이 우리는 아무것도 아닙니다. 하나님 안에서만 우리의 진정한 가치가 드러납니다. 이 시간 간절히 기도하오니, 우리 가정은 하나님을 경외하는 부모님과 그 모습을 닮으려고 애쓰는 자녀가 함께 사랑하며 살아가는 작은 천국이 되게 해주세요. 예수님의 이름으로 기도합니다. 아멘.

3월 첫째주 하나님의 경고

□ 주님의 기도 주님이 가르쳐주신 기도로 가정예배를 시작합니다.

□ 찬송 부르기 325장(예수가 함께 계시니)

□ 성경 읽기 신명기 4:25-26(15-31)

※ 개역개정판

25네가 그 땅에서 아들을 낳고 손자를 얻으며 오래 살 때에 만일 스스로 부패하여 무슨 형상의 우상이든지 조각하여 네 하나님 여호와 앞에 악을 행함으로 그의 노를 일으키면 26내가 오늘 천지를 불러 증거를 삼노니 너희가 요단을 건너가서 얻는 땅에서 속히 망할 것이라. 너희가 거기서 너희의 날이 길지 못하고 전멸될 것이니라.

※ 메시지성경

여러분이 자녀를 낳고 손자손녀를 보고 나이를 먹어 가면서 그것들을 당연한 것으로 여기며 살다가, 그만 타락하여 어떤 형상이든 돌에 새겨 만들거나, 하나님 보시기에 분명히 악한 짓을 하여 그분의 진노를 산다면, 내가 하늘과 땅을 증인 삼아 여러분에게 장담하건대, 여러분은 요단 강을 건너가 차지할 그 땅에서 쫓겨나고 말 것입니다. 정말입니다. 여러분이 그 땅에서 머무는 기간이 극히 짧을 것입니다. 여러분은 완전히 멸망할 것입니다.

□ 말씀 나누기

지난 시간에 우리는 하나님을 왕으로 모신 나라가 '위대한 나라'이며, 하나님의 말씀을 받은 민족이 '위대한 민족'이라는 말씀을 묵상했습니다. 하나님의 백성 이스라엘의 가치는 그들이 가진 경제력이나 군사력으로 증명되는 것이 아닙니다. 그들의 가치는 오로지 하나님에게서 나옵니다. 하나님 없이 그들은 아무것도 아닙니다. 그 사실을 자녀에게 가르쳐주어야 할 일차적인 책임이 바로 부모에게 있다고 했습니다.

광야 세대 이스라엘 백성은 하나님의 말씀에 순종하여 약속의 땅으로 들어갔습니다. 그리고 그들이 받은 말씀을 자녀들에게 잘 가르쳤습니다. 그렇게 부모 세대의 책임을 완수하는 가장 모범적인 세대가 되었습니다. 그러나 그다음에 이어지는 가나안 세대부터 문제가 생겼습니다. 약속의 땅에서 살아가면서 그들은 하나님의 백성이라는 정체성을 잃어버리기 시작했던 것입니다.

그 이유가 무엇이었을까요? 놀랍게도 '안정적인 삶'이 그들의 정체성을 잃어버리는 이유로 작용했습니다. 잘 먹고 잘살게 되면서 점점 하나님을 잊어버리게 되었던 것입니다. 사실 그렇게 될까 봐 하나님께서 참 많이 걱정하셨습니다. 그래서 미리 엄중하게 경고하셨는데도 그 일이 벌어지고 말았던 것입니다.

안정적인 삶의 위험

모세는 오늘 본문에서 이스라엘 백성에게 그 일을 분명히 경고했습니다. "네가 그 땅에서 아들을 낳고 손자를 얻으며 오래 살 때 만일 스스로 부패하여 무슨 형상의 우상이든지 조각하여 네 하나님 여호와 앞에 악을 행함으로 그의 노를 일으키면…"(25절). 그들은 본래 이곳저곳을 떠돌며 살던 사람들이었습니다. 그런데 이제는 한곳에 정착하여 아들을 낳고 손자를 보면서 비로소 안정적인 삶을 영위하게 된 것입니다. 그것이 바로 하나님께서 그들에게 약속하신 복입니다.

하나님이 약속을 지키신다면 그들도 마땅히 약속을 지켜야 합니다. 하지만 배부르고 등 따스해지면 사람들은 '스스로 부패(腐敗)하기' 쉽습니다. 메시지성경은 "그것들을 당연한 게 여기며 살다가 그만 타락한다"라고 풀이합니다. 정말 그렇습니다. 약속의 땅에 들어가서 안정적인 삶을 누리게 된 것은 모두 하나님이 주신 은혜의 선물입니다. 그것을 당연히 누려야 할 것으로 여기기 시작하면 문제가 생길 수밖에 없습니다.

그 문제는 '우상숭배'의 모습으로 드러났습니다. 하나님이 가장 싫어하는 악한 일이 우상을 새겨 만들어 그 앞에 절하는 것입니다. 그 사실을 이스라엘 백성이 모를 리 없습니다. 한두 번 이야기한 게 아니기 때문입니다. 그런데도 그들은 우상숭배의 죄에 빠졌습니다. 어떻게 그럴 수 있을까요? 여기에는 적어도 두 가지 이유가 있다고 봅니다.

하나는 물론 하나님의 은혜를 잊어버렸기 때문입니다. 그것은 하나님을 잊어버렸다는 뜻입니다. 하나님을 잊어버리지 않고서 어떻게 하나님의 백성이 우상숭배의 유혹에 넘어갈 수 있겠습니까? 다른 하나는 물질에 대한 탐욕을 품게 되었기 때문입니다. 안정적인 삶을 넘어서 이제는 남들보다 더 많이 가지려고 욕심을 부리기 시작한 것입니다. 그래서 그들의 욕심을 채워줄 새로운 신이 필요했던 것이지요.

실제로 하나님은 40년간의 광야 생활을 통해서 그들에게 '일용한 만나'로 만족하는 삶을 가르치셨습니다. 사람이 떡으로만 사는 것이 아니라 하나님의 입에서 나오는 모든 말씀으로 사는 줄을 알게 하셨습니다(신 8:3). 그리고 아무 부족함이 없는 땅, 젖과 꿀이 흐르는 땅으로 그들을 인도하셨습니다. 그렇다면 그것으로 만족하며 살아야지요. 평생 하나님의 은혜에 감사하며 살아야지요.

그런데 참 이상하게도 사람들은 조금만 가지면 더 많은 것을 가지려고 욕심을 부립니다. 그러다가 그만 하나님의 백성이라는 자신의 정체성을 잃어버리고 맙니다. 문제는 이런 일들이 신앙의 모든 세대를 통해서 계속 반복된다는 사실입니다.

하나님의 심판

하나님은 당신의 백성을 사랑하십니다. 만일 그들을 사랑하지 않았다면 이집트제국의 압제에서 구원하지도 않으셨을 것입니다. 그러나 하나님의 사랑은 눈먼 사랑이 아닙니다. 우상숭배의 죄를 눈감아 주는 사랑이 아닙니다. 하나님은 그들을 가만히 두지 않으시고 호되게 심판하십니다. 하나님의 심판은 그들이 약속의 땅에서 쫓겨나는 것입니다. "너희가 요단을 건너가서 얻는 땅에서 속히 망할 것이라. 너희가 거기서 너희의 날이 길지 못하고 전멸될 것이니라"(26절).

이 말씀은 장래에 반드시 일어나야 할 일에 대한 예언이 아닙니다. 오히려 그렇게 되지 않았으면 하는 하나님의 간절한 바람이요 경고였습니다. 사실 그다지 어려운 일이 아닙니다. 하나님의 은혜를 잊어버리지만 않으면 됩니다. 하나님의 백성이라는 정체성을 잃어버리지만 않으면 됩니다. 그러면 하나님이 허락해 주신 약속의 땅에서 대대손손 오래오래 행복하게 잘 살 수 있습니다. 그들을 통해서 이 세상을 구원하시려는 하나님의 놀라운 계획을 이룰 수 있습니다.

그런데 불행하게도 하나님께서 경고한 말씀 그대로 이루어지고 말았습니다. 메시지성경의 표현처럼 그들이 약속의 땅에서 머무는 기간은 극히 짧았습니다. 기껏해야 6백여 년밖에 되지 않았으니 말입니다. 그러는 동안 이스라엘은 남북으로 분열되었고, 북이스라엘과 남유다는 각각 앗수르와 바벨론제국에게 망하고 말았습니다. 70년 포로 생활에서 돌아와 이스라엘을 다시 회복하는가 싶었지만, 결국에는 약속의 땅에서 쫓겨나서 세계 각지로 흩어지게 되었지요.

이 대목에서 우리는 십계명의 제5계명을 되새겨볼 필요가 있습니다. "부모를 공경하라"라는 계명입니다. 거기에 이런 복이 약속되어 있습니다. "그리하면 네 하나님 여호와가 네게 준 땅에서 네 생명이 길고 복을 누리리라"(신 5:16b). 흔히 이 말씀을 장수(長壽)의 복으로 이해하지만, 아닙니다. 약속의 땅에서 오래오래 사는 복을 말합니다. 따라서 '부모 공경'은 단지 '효도'를 의미하지 않습니다. 부모 세대가 섬기던 하나님을 자녀 세대가 잘 이어서 섬기는 걸 말합니다. 그것이 약속의 땅에서 오래오래 사는 복을 받는 비결입니다.

경제적으로 힘들게 살 때는 하나님을 잘 섬기다가, 이제 좀 먹고살만해지니까 다른 곳을 기웃거리며 하나님을 소홀히 여기는 사람이 적지 않습니다. 인생의 여러 가지 문제와 씨름할 때는 열심히 하나님께 기도하다가, 문제가 어느 정도 해결되고 나니까 오히려 신앙생활을 게을리하는 가정이 적지 않습니다. 어떤 이유로든 하나님의 은혜를 잊어버리고 살다가는 정말 큰일 납니다. 하나님의 경고가 현실이 됩니다.

우리 가정은 언제나 하나님만 섬기는 가정으로 남게 되면 좋겠습니다. 부모 세대가 섬기는 하나님을 자녀 세대가 이어서 잘 섬기는 가정이 되면 참 좋겠습니다. 그렇게 약속의 땅에서 하나님이 부어주시는 복을 마음껏 누리는 우리 가정이 되기를 간절히 소망합니다.

▫ 은혜 나누기
하나님의 은혜를 잊어버리지 않기 위해서 우리가 할 수 있는 일이 무엇인지 함께 생각해 봅시다.

□ 공동 기도

하나님 아버지, 우리 가정을 하나님만 섬기는 가정으로 세워주시니 감사합니다. 부모님의 신앙생활을 본받아서 자자손손 오직 하나님 안에서 살아가는 우리 가문이 되게 해주세요. 무엇보다 가정예배의 자리를 잘 지킴으로써 신앙의 대를 잘 이어갈 수 있게 해주세요. 예수님의 이름으로 기도합니다. 아멘.

3월 둘째주 도피성 제도

- 주님의 기도 주님이 가르쳐주신 기도로 가정예배를 시작합니다.
- 찬송 부르기 456장(거친 세상에서 실패하거든)
- 성경 읽기 신명기 4:41-42(41-43)

  ※ 개역개정판

  41그때에 모세가 요단 이쪽 해 돋는 쪽에서 세 성읍을 구별하였으니 42이는 과거에 원한이 없이 부지중에 살인한 자가 그곳으로 도피하게 하기 위함이며 그 중 한 성읍으로 도피한 자가 그의 생명을 보전하게 하기 위함이라.

  ※ 메시지성경

  그때에 모세는 요단 강 동쪽 지역에 성읍 세 개를 따로 구별하고, 뜻하지 않게 사람을 죽인 자가 그곳으로 피신하여 목숨을 건질 수 있게 했다. 원한을 품은 일 없이 뜻하지 않게 살인한 자는, 이 성읍들 가운데 한 곳으로 피신하여 목숨을 건질 수 있었다.

- 말씀 나누기

  하나님은 이스라엘 백성에게 약속의 땅에 정착하여 아들을 낳고 손자를 보면서 안정적인 삶을 살게 될 것을 약속하셨습니다. 그것이 당신의 백성에게 주시는 은혜의 선물입니다. 그러나 만일 그들이 하나님의 은혜를 잊어버리고 스스로 부패하여 우상숭배의 유혹에 넘어가면 약속의 땅에서 쫓겨날 수도 있다는 사실을 엄중히 경고하셨습니다. 그런데도 실제로 그런 일이 벌어지고 말았지요.

따라서 약속의 땅에 들어가는 것이 전부가 아닙니다. 그곳에서 하나님 백성답게 살아가야 합니다. 그것이 훨씬 더 중요한 일입니다. 약속의 땅이란 단지 지리적인 장소를 의미하지 않습니다. 하나님의 약속을 붙잡고 그 말씀에 순종하여 살아가는 삶의 자리가 약속의 땅입니다. 그곳에서 오래오래 살아가려면 당신의 백성을 향한 하나님의 관심과 기대가 무엇인지 잘 알고 있어야 합니다.

하나님은 약속의 땅을 '은혜의 땅'으로 만들어 가려고 하셨습니다. 처음부터 '도피성 제도'에 깊은 관심을 가지고 계셨던 이유입니다.

은혜 없는 공의

도피성(the cities of refuge) 제도는 고의로 살인하지 않은 사람의 생명을 보호해주는 법입니다. 이것은 '은혜 없는 공의'를 방지하기 위해서 만들어진 제도입니다. 오늘 본문에서는 그런 사람을 "과거에 원한이 없이 부지중에 살인한 자"로 표현합니다. 이에 대한 메시지성경의 풀이가 더욱 쉽게 다가옵니다. "원한을 품은 일없이 뜻하지 않게 살인한 자"입니다.

예를 들어 이웃과 함께 산에 나무를 베러 갔다가 그만 도끼가 자루에서 빠지는 바람에 그 이웃을 죽게 한 경우입니다(신 19:5). 그것은 불행한 사고이지 결코 의도적인 살인이라고 말할 수는 없습니다. 그런데도 그 당시에는 결과만 보고 그런 경우도 살인죄로 취급했습니다. 그래서 피해자의 가장 가까운 인척이 '피의 복수자'(the avenger of blood)가 되어 가해자에게 사적으로 똑같은 복수를 할 수 있게 했습니다. 그것이 바로 "눈은 눈으로, 이는 이로"라는 구호로 잘 알려진 '동해(同害)복수법'(lex talionis)입니다.

물론 고의로 살인한 사람은 그에 상응하는 벌을 받아야 마땅합니다. 하지만 살인이라는 결과는 같더라도 모두 같은 동기를 가진 것은 아니지요. 고의성이 없었는데 다른 사람을 해치게 되는 경우가 얼마든지 생길 수 있습니다. 그런데 '동해복수법'은 그 동기와 상관없이 똑같이 복수하게 했습니다. 그렇게 하고도 과연 공의를 세웠다고 말할 수 있을까요? 동기를 고려하지 않는 복수는 공의를 가장한 무자비한 폭력일 뿐입니다.

하나님이 다스리는 약속의 땅에서는 그런 일이 벌어지면 안 됩니다. 왜냐면 약속의 땅은 '은혜의 땅'이어야 하기 때문입니다. 인간은 모두 불완전한 존재입니다. 얼마든지 실수할 수 있고 본의 아니게 잘못할 수 있습니다. 그럴 때 누구든지 공정한 재판을 받을 수 있어야 합니다. 만일 그렇게 하지 않고 사사로이 복수하게 한다면 어떤 일이 벌어질까요? 이 세상은 복수극의 악순환이 끝없이 이어지는 지옥 같은 세상이 되고 말 것입니다.

실제로 이 세상은 그런 곳입니다. 사람들은 '은혜 없는 공의'를 내세우며 끊임없이 폭력을 재생산해 내고 있습니다. 특히 권력을 잡은 사람들이 법을 이용하여 얼마나 많은 억울한 죽음을 만들어 내는지 모릅니다. 약속의 땅은 이 세상과 확실하게 구분되어야 합니다. 약속의 땅에서는 억울한 죽음이 생기는 일이 절대로 있어서는 안 됩니다. 그래서 하나님은 약속의 땅에 도피성을 지정하게 하셨던 것입니다.

은혜 있는 공의

도피성 제도에 대한 하나님의 특별한 관심은 하나님의 백성을 부르실 때부터 시작되었습니다. 시내산에서 이스라엘과 계약을 맺고 나서 가장 먼저 '도피성'에 대한 계명(출 21:12-14)을 가르쳐주셨습니다. 만일 고의로 죽인 경우가 아니라면 그것을 "하나님이 그의 손에 넘긴 것"

으로 생각하라고 말씀하셨습니다. 그러면서 그 일로 인해서 복수를 당하지 않도록 피할 수 있는 곳을 정하라고 명령하셨습니다.

이 명령에 따라서 모세는 실제로 요단 동편 땅을 르우벤과 갓과 므낫세 반 지파에게 분배한 후에 가장 먼저 세 곳의 도피성을 정하는 일부터 시행했습니다. 오늘 신명기 본문이 담고 있는 이야기입니다. 그리고 나중에 여호수아가 요단 서편 가나안 땅을 다 정복한 후 그곳에도 역시 도피성 세 곳을 정합니다(수 20:1-9). 그렇게 이스라엘에 모두 여섯 개의 도피성이 세워집니다.

도피성으로 지명된 곳을 지도로 확인해 보면 요단 동쪽과 서쪽에 골고루 분포되어 있다는 사실을 알 수 있습니다. 또한 평지 광야의 '베셀'(Bezer)을 제외하고 나머지는 모두 높은 산지에 있어서 어디에서나 잘 보일 수 있게 했습니다. 그러니까 도피성이 너무 먼 곳에 있거나 어디에 있는지 알지 못해서 피의 보복자에게 생명을 빼앗기는 일이 생기지 않도록 세심하게 배려해 놓으신 것입니다.

게다가 도피성으로 도망할 수 있는 자격을 이스라엘 자손으로 제한하지 않고 그들 중에 거류하는 '거류민', 즉 '외국인'들까지 모두 포함할 수 있게 했습니다(수 20:9). 이것은 세계 어디에서도 그 유래를 찾아볼 수 없는 일입니다. 이 모두는 도피성 제도에 대한 하나님의 특별한 관심을 보여줍니다. 하나님은 도피성 제도를 통해서 '약속의 땅'을 '은혜의 땅'으로 만들어 가려고 하셨던 것입니다.

물론 아무나 도피성에 들어갈 수 있는 것은 아닙니다. 거기에는 엄격한 절차가 있습니다. 우선 도피하려는 사람은 도피성의 장로들에게 자기의 사건을 정확하게 진술해야 합니다. 특별히 고의성이 없었다는 점을 분명히 밝혀야 합니다. 그 진술의 신빙성이 인정되면 일단 그 사람을 성읍에 받아들여 거주하게 하고, '피의 보복자'가 와서 내어달라고 요구하더라도 결코 내주면 안 됩니다.

혹시라도 가해자가 거짓말을 할 경우는 어떻게 해야 할까요? 그래서 정당한 재판이 필요합니다. 가해자의 일방적인 말로만 판단할 수는 없는 일입니다. 피해자의 이야기도 들어봐야 합니다. 그 피해자를 대변하는 사람이 바로 '피의 보복자'입니다. 그가 도피성의 장로들에게 공식 재판을 신청하면 그 자리에서 양쪽의 이야기를 모두 듣고 판단해야 합니다. 그래서 고의성이 입증되면 살인자는 피의 보복자에게 내어줍니다.

그러나 만일 고의성이 없었다는 것이 입증되면 그냥 석방하는 것이 아니라 반드시 도피성에 거주하게 해야 합니다. 부지중에 지은 핏값을 평생 치러야 하기 때문입니다. 그렇게 살인죄에 대한 엄중함을 분명히 하면서 동시에 그로 인해 가해자가 억울하게 죽임을 당하는 일이 없도록 품어주는 것이지요. 이것이 바로 하나님이 다스리는 나라의 '은혜 있는 공의'입니다.

도피성 제도는 인간의 연약함을 잘 아시는 하나님께서 마련해 놓으신 구원과 은혜의 통로입니다. 우리 가정은 서로의 허물을 덮어주며 '은혜 있는 공의'를 세워가는 약속의 땅이 되어가기를 간절히 소망합니다.

▫ 은혜 나누기

우리 가정에 만일 도피성 제도를 도입한다면 어떤 방법이 있을까 함께 생각해 봅시다.

▫ 공동 기도

하나님 아버지, 우리 가정이 하나님이 다스리는 약속의 땅이 될 수 있게 도와주세요. 무엇보다 서로를 불쌍히 여기는 마음을 품게 해주시고, 서로의 연약함을 있는 그대로 인정하고 더욱 큰 사랑으로 덮어줄 수 있게 해주세요. 그렇게 하나님의 은혜를 경험하는 우리 가정이 되게 해주세요. 예수님의 이름으로 기도합니다. 아멘.

3월 셋째주 우리와 세우신 계약

▫ 주님의 기도 주님이 가르쳐주신 기도로 가정예배를 시작합니다.

▫ 찬송 부르기 208장(내 주의 나라와)

▫ 성경 읽기 신명기 5:2-3(1-6)

 ※ 개역개정판

 2우리 하나님 여호와께서 호렙산에서 우리와 언약을 세우셨나니 3이 언약은
 여호와께서 우리 조상들과 세우신 것이 아니요 오늘 여기 살아 있는 우리 곧
 우리와 세우신 것이라.

 ※ 메시지성경

 하나님 우리 하나님께서는 호렙에서 우리와 언약을 맺으셨습니다. 하나님께
 서는 이 언약을 우리 조상하고만 맺으신 것이 아니라, 오늘 이렇게 살아 있는
 우리 모두와도 맺으셨습니다.

▫ 말씀 나누기

　신명기는 모세의 고별 설교입니다. 모세의 관심은 다음 세대 이스
라엘 백성에게 믿음을 이어주는 것에 있었습니다. 출애굽 세대는 지
난 40년의 광야 생활을 통해서 대부분 생을 마감했습니다. 그 뒤를 이
어 새롭게 등장한 광야 세대가 이제 약속의 땅에 들어갈 준비를 하고
있습니다. 그들에게 어떻게 하면 하나님에 대한 바른 신앙을 가르칠
수 있을지에 대한 모세의 깊은 고민이 신명기를 낳게 했던 것입니다.

　모세가 선택한 방법은 40년 전 하나님께서 출애굽 세대 이스라엘

백성과 계약을 맺으실 때 주신 말씀을 다시 풀어서 설명하는 것입니다. 그래서 신명기(申命記)입니다. 거듭(申) 명령한(命) 기록(記)입니다. 단지 말씀을 듣는 대상이 달라졌을 뿐, 그들에게 주어진 하나님의 말씀은 예나 지금이나 똑같습니다. 그리고 이와 같은 일은 새로운 세대가 등장할 때마다 언제나 반복되어야 합니다. '부모의 하나님'을 '나의 하나님'으로 받아들이지 않고서는 하나님 백성의 정체성을 이어갈 수 없기 때문입니다.

이제부터 모세는 십계명을 비롯한 여러 가지 계명들을 본격적으로 가르치게 될 것입니다. 그에 앞서서 모세는 하나님께서 출애굽 세대와 맺은 계약이 지금도 여전히 유효하다는 사실을 강조합니다.

하나님과의 계약

모세는 하나님께서 호렙산(시내산)에서 우리와 "언약을 세우셨다"고 말합니다(2절). '언약'(言約)의 사전적인 의미는 '말로 한 약속'입니다. 그렇다면 하나님이 주신 어떤 약속의 말씀을 의미하는 것이어야 합니다. 그런데 "언약을 세우셨다"라고 하니 조금은 어색하게 들립니다. 차라리 "계약을 세우셨다"고 하면 더 자연스러울 겁니다. 실제로 우리말 '언약'에 해당하는 히브리어는 '브리트'(berith)인데, 이는 두 당사자가 서로 계약을 맺고 특별한 관계에 들어가는 것을 의미합니다.

성경에서 '브리트'가 가장 먼저 등장하는 곳은 바로 노아의 홍수 사건입니다.

> 내가 너희와 언약을 세우리니 다시는 모든 생물을 홍수로 멸하지 아니할 것이라. 땅을 멸할 홍수가 다시 있지 아니하리라(창 9:11).

여기에서 '언약'은 히브리어 '브리트'를 번역한 것입니다. 이 언약에는 다시는 물로 심판하지 않겠다는 하나님의 약속이 포함되어 있습니다. 그러나 '브리트'는 단순히 그와 같은 '약속'(promise)을 의미하지 않습니다. 대부분 영어 성경은 '커버넌트'(covenant)로 번역합니다. 우리말로는 '계약'(契約)입니다(창 26:28). 그렇게 하나님은 '무지개 계약'을 통해서 노아의 후손과 특별한 관계에 들어가게 된 것입니다.

성경은 하나님이 사람들과 계약을 맺는 이야기를 이어갑니다. 하나님은 믿음의 조상 아브라함과 '브리트'를 맺으셨습니다(창 15:18). 그것을 우리는 '횃불 계약'이라고 부릅니다. 그다음에 약속의 후손들과도 차례대로 계약을 맺으셨습니다. 그리고 마침내 이집트에서 탈출한 사람들과 호렙산(시내산)에서 단체로 계약을 맺으셨습니다. 지금 모세가 말하고 있는 바로 그 계약입니다.

그렇다면 이때 하나님과 계약을 맺은 '우리'는 누구일까요? 물론 출애굽 세대 이스라엘 백성입니다. 하나님께서 출애굽 세대와 계약을 맺으시고 그들과 특별한 관계에 들어갔습니다. 하나님은 그들의 하나님이 되고, 그들은 하나님의 백성이 되었습니다. 그러면서 하나님은 여러 가지 복을 약속해 주셨습니다. 그렇지만 복에 대한 약속보다 중요한 것은 바로 계약 관계입니다. 계약 관계가 유지될 때만 약속의 효력이 계속 유지될 수 있습니다. 계약 관계가 깨지고 나면 아무 소용이 없습니다.

계약의 계승

모세는 한 걸음 더 나아가서 하나님이 호렙산에서 출애굽 세대와 맺은 계약은 오늘 여기 살아있는 '우리'와 맺은 것이라고 합니다(3절). 이때의 '우리'는 광야 세대 이스라엘 백성을 가리킵니다. 지금 약속의 땅에 들어가기 위해 준비하고 있는 사람들입니다. 지금 모세의 고별 설교를 듣고 있는 사람들입니다. 그런데 40년 전 출애굽 세대와 맺은 계약이 어떻게 40년 후의 광야 세대와 맺은 계약이 될 수 있다는 말일까요?

메시지성경의 풀이가 우리에게 큰 도움을 줍니다. "하나님께서는 이 언약을 우리 조상하고만 맺으신 것이 아니라, 오늘 이렇게 살아 있는 우리 모두와도 맺으셨습니다"(3절). 세상에서는 계약의 당사자가 죽고 나면 그와 맺은 계약 또한 자연스럽게 소멸합니다. 그러나 하나님과의 계약은 완전히 다릅니다. 하나님이 출애굽 세대와 맺으신 계약은 그들 당대로 끝나지 않고 그다음 세대로 이어집니다. 왜냐면 하나님은 그들과 이미 특별한 계약 관계에 들어가셨기 때문입니다.

아브라함과 맺은 계약은 그의 아들 이삭에게 그대로 이어집니다. 그 계약은 이삭의 아들 야곱에게 또한 그대로 상속됩니다. 그래서 하나님은 '아브라함의 하나님'이요, '이삭의 하나님'이요, '야곱의 하나님'입니다(출 3:6). 그 하나님이 모세에게 나타나셨고, 이집트제국의 압제에서 이스라엘 백성을 구원하셨고, 호렙산에서 그들과 계약을 맺으셨습니다. 따라서 비록 광야 세대가 출애굽 세대와 함께 호렙산에 있지 않았다고 하더라도 하나님은 그들과 계약을 맺으신 것이나 다름 없습니다.

'믿음의 계승'은 곧 '계약의 계승'을 의미합니다. 부모 세대가 믿던 하나님을 자녀 세대가 믿을 때 하나님과의 특별한 계약 관계가 계속 이어지는 것입니다. 그럴 때 하나님이 부모 세대에게 주셨던 그 모든 복의 약속이 자녀 세대에도 그대로 이어지는 것입니다. 우리는 아브라함을 '믿음의 조상'이라고 부릅니다. 그 이유가 무엇입니까? 아브라함이 믿었던 하나님을 우리가 믿음으로써 아브라함과 맺으셨던 계약이 우리에게 그대로 상속되기 때문입니다.

그렇기에 광야 세대 이스라엘 백성은 하나님이 그들의 부모 세대와 호렙산에서 맺은 계약을 잘 알아야 합니다. 그들에게 어떤 말씀을 하셨는지 잘 배워야 합니다. 그리고 그것에 따라서 실제로 살아가야 합니다. 그렇게 '조상의 하나님'이 '나의 하나님'이 될 때 우리는 비로소 약속의 땅에 들어가서 하나님 백성이라는 정체성을 잊어버리지 않고 하나님이 주시는 복을 마음껏 누리며 살아갈 수 있는 것입니다.

하나님은 출애굽 세대와 계약을 맺으시면서 이렇게 말씀하셨습니다.

나를 사랑하고 내 계명을 지키는 자에게는 천 대까지 은혜를 베푸느니라(출 20:6).

하나님과의 계약 관계를 유지하기 위한 두 가지 조건이 있습니다. 그것은 하나님을 사랑하는 것과 하나님의 계명을 지키는 것입니다. 그러면 하나님의 은혜는 '천 대'까지 계속 이어집니다. '천 대', 곧 '천 번의 세대'는 무한대를 의미합니다. 끝없이 이어지는 하나님의 사랑입니다. 우리 가족이 하나님을 믿음으로써 그 '천 대' 속에 포함되었습니다. 호렙산에서 출애굽 세대와 맺은 계약이 곧 우리와 맺은 계약이 된 것입니다.

이제부터 우리는 하나님의 계약 백성으로서 자부심과 함께 책임감을 느끼며 살아야 하겠습니다. 어떤 상황에서도 하나님 백성이라는 정체성을 잃어버리지 않도록 늘 깨어 기도해야 하겠습니다.

▢ 은혜 나누기

하나님과의 계약 관계를 유지하기 위해서 우리가 해야 할 가장 중요한 일이 무엇인지 함께 생각해 봅시다.

▢ 공동 기도

하나님 아버지, 우리 가정이 하나님을 믿는 가정이 되게 하시니 감사합니다. 아버지 어머니가 섬기는 하나님을 자녀들도 잘 섬길 수 있게 해주세요. 하나님께 받은 특별한 은혜를 잊어버리지 않도록 늘 예배하고 기도하는 가정이 되게 해주세요. 예수님의 이름으로 기도합니다. 아멘.

□ 주님의 기도 주님이 가르쳐주신 기도로 가정예배를 시작합니다.

□ 찬송 부르기 563장(예수 사랑하심을)

□ 성경 읽기 신명기 5:6-7(6-11)

 ※ 개역개정판

 6나는 너를 애굽 땅, 종 되었던 집에서 인도하여 낸 네 하나님 여호와라. 7나 외에는 다른 신들을 네게 두지 말지니라.

 ※ 메시지성경

 나는 너희를 이집트 땅, 종살이하던 집에서 이끌어 낸 하나님 너희 하나님이다. 나 외에, 다른 신을 섬기지 마라.

□ 말씀 나누기

 구약 성경에는 모두 613개의 계명이 있습니다. 그중에서 긍정적인 명령, 즉 '하라'는 계명은 248개, 부정적인 명령, 즉 '하지 말라'는 계명은 365개입니다. 이 계명들은 약속의 땅에 들어가기 위한 전제 조건이 아닙니다. 오히려 약속의 땅에서 하나님의 계약 백성답게 살아가는 방법을 가르쳐주신 일종의 지침입니다. 우리는 구원 받기 위해서 계명을 지키는 게 아닙니다. 구원 받은 하나님의 백성이기에 그 지침에 따라서 사는 것이지요.

 613개의 계명을 함축하여 10개의 계명으로 요약해 놓은 것이 바로 '십계명'입니다. 왜 하필 10개일까요? 우리의 손가락이 10개이기 때문입니다. 우리가 손가락을 꼽을 때마다 하나님의 말씀을 하나씩 기억하라고 그렇게 만들어 놓은 것이지요. 따라서 십계명만 기본적으로 잘 이해하고 있다면, 나머지 계명을 이해하는 것은 그다지 어려운 문제가 아닙니다.

십계명의 중요성은 단지 그뿐만이 아닙니다. 여기에는 하나님이 당신의 백성을 통해 완성해 가시는 구원의 목표와 내용과 과정이 담겨 있습니다. 그것은 하나님이 창조하신 본래의 관계들을 회복하는 것입니다. 그러기에 모든 세대의 하나님 백성은 십계명을 잘 배워서 마음에 새겨두어야 합니다.

세 가지 관계

십계명의 가르침을 이해하기 위해서는 먼저 하나님이 창조하신 질서의 '세 가지 관계'를 이해해야 합니다. 모든 인간은 운명적으로 세 가지 관계 속에서 살아갑니다. '나'를 기준으로 하여 '다른 사람과의 관계'와 '자연 또는 물질과의 관계' 그리고 '창조주 하나님과의 관계'가 그것입니다. 창세기의 설명에 따르면 이 세상에 죄가 들어오기 전에는 이 모든 관계가 조화로웠습니다. 하나님과 인간의 관계는 '막힘'이 없었고, 다른 사람과의 관계에는 '감춤'이 없었습니다. 그리고 자연과의 관계는 '자연스러움' 그 자체였습니다.

그러나 뱀의 모습을 한 사탄의 꼬임에 넘어간 후에 인간은 하나님에게서 점점 더 멀어지기 시작했습니다. 인간 사이에는 서로를 지배하려는 욕망이 싹트기 시작했고, 자연과의 관계는 더욱 일그러져서 힘겹게 노동하지 않고서는 먹고살 수 없게 되었습니다. 에덴동산에서 추방된 이후의 인류 역사는 한마디로 '창조 질서의 파괴'라는 말로 요약됩니다. 죄로 인한 하나님과의 관계 단절이 다른 사람들과의 관계나 자연과의 관계 파괴로 이어진 것입니다.

자, 그렇다면 하나님이 계획하고 계시는 구원을 어떻게 설명할 수 있을까요? 하나님의 구원은 인간의 죄로 인해 깨진 창조의 질서를 다시금 회복하는 것입니다. 또한 그 구원을 이루는 방법으로 하나님을 잘 섬기는 사람들, 하나님과의 관계를 회복한 사람들, 즉 '하나님 백성'과 함께 이 세상의 모든 무너진 관계들을 하나씩 세워나가는 것을 선택하셨습니다.

그러기 위해서 하나님은 아브라함과 그 후손들을 일찍이 부르셔서 당신의 꿈을 심어주셨고 이집트에서 그들과 함께 학대받던 히브리인들을 해방하여 호렙산(시내산)으로 인도하셨습니다. 거기서 그들과 계약을 맺고 이 세상을 구원하는 일을 함께 시작해 보려고 하신 것이지요. 따라서 '십계명'이란 인간의 죄로 인해 어그러진 이 세상에서 하나님의 창조 질서를 회복해 가는 구체적인 열 가지 지침을 의미한다고 하겠습니다.

십계명의 구조는 세 가지 관계의 묶음으로 되어 있습니다. '하나님과의 관계 회복'을 위한 계명(제1~3계명)과 '다른 사람과의 관계 회복'을 위한 계명(제5~7계명) 그리고 '자연과의 관계 회복'을 위한 계명(제8~10계명)이 그것입니다. 그리고 제4계명, 안식일 계명은 세 가지 관계를 하나로 묶어주는 연결고리요 공통분모의 역할을 합니다.

세 가지 지침

하나님과의 관계 회복을 위한 첫 번째 지침은 바로 '다른 신 금지명령'입니다. "나 외에는 다른 신들을 네게 두지 말지니라"(7절). 다른 신들을 두지 말랬다 해서 다른 신의 존재를 인정하고 있는 것처럼 생각하면 안 됩니다. '다른 신들'(other gods)은 '참 신'(God)이 아닙니다. 이집트에 내린 열 가지 재앙을 통해서 하나님은 이미 그것을 확실하게 증명하셨습니다.

따라서 하나님의 백성은 오직 여호와만이 참 하나님이라고 고백해야 합니다. 하나님 앞에 다른 신을 놓아두어도 안 되고 다른 신을 섬기려고 해서도 안 됩니다. 이 지침은 십계명의 처음이자 마지막입니다. 만일 이 지침이 제대로 지켜지지 않는다면 나머지 지침은 아무 의미가 없습니다.

두 번째 지침은 '우상 제작 금지명령'입니다. "너는 자기를 위하여 새긴 우상을 만들지 말고…"(8절). 하나님 앞에 다른 신을 놓아두지 않으려면 어떤 형상으로든지 우상을 만들 생각을 하지 말아야 합니다. 우리말 '우상'으로 번역된 히브리어 '페셀'(pesel)은 본래 '깎아서 만든 이미지'(a carved image)를 뜻합니다. 신적인 존재를 조각하여 만들어 놓고 그 앞에 절하며 섬기는 것을 '우상숭배'라고 합니다.

그런데 사람들은 왜 그렇게 우상을 만들려고 할까요? 하나님은 이렇게 지적합니다. "자기를 위하여…." 그렇습니다. 사람들은 자기 자신을 위해서 우상을 만듭니다. 눈에 보이는 신들이 필요해서 만들고, 자연에 대한 두려움을 이기기 위해서 만듭니다. 자신의 소원을 들어줄 대상이 필요해서 만들고, 자신의 권력을 유지하기 위한 수단으로 만듭니다. 무엇이 되었든지 '신'을 위해서가 아니라 '자신'을 위해서 우상을 만드는 것입니다. 하나님을 섬기는 백성으로서는 결코 해서는 안 될 일입니다.

세 번째 지침은 '신명(神名) 오용(誤用) 금지명령'입니다. "너는 네 하나님 여호와의 이름을 망령되이 일컫지 말라"(11절). 메시지성경은 "너희 하나님의 이름을 저주하거나 실없이 농담하는 데 사용하지 마라"라고 풀이합니다. 실제로 신의 이름을 마치 주문(呪文)처럼 사용하여 자기의 사사로운 욕심을 채우려고 하는 종교들이 세상에 참 많이 있습니다. 그런 식으로 하나님의 이름을 잘못 사용하면 안 된다는 말입니다.

하나님 백성은 하나님의 이름을 자신의 욕심을 채우기 위한 수단으로 사용하지 않습니다. 그것은 우상을 섬기는 사람들이 하는 방식입니다. 그래서 주님은 제자들에게 이렇게 기도하라고 가르치셨지요. "하늘에 계신 우리 아버지여, 이름이 거룩히 여김을 받으시오며…"(마 6:9). 우리가 신앙생활하는 목표는 하나님의 이름이 존귀하게 되는 것입니다. 하나님의 이름을 이용하여 자신을 높이려고 하는 사람들이 우상을 만들기도 하고 하나님 옆에 또 다른 신들을 놓아두기도 하는 것이지요.

진정한 구원은 하나님과의 바른 관계를 회복하는 것으로부터 시작됩니다. 우상숭배의 문제를 해결하지 않고서는 하나님과의 관계를 회복할 수 없습니다. 이 세 가지 지침은 하나님이 친히 우리에게 가르쳐 주신 '오직 하나님만 섬기는' 방식입니다. 그냥 머리에 담아 둘 말씀이 아닙니다. 오늘부터 우리가 당장 순종하여 실천해야 할 말씀입니다. 그것에 하나님 백성의 정체성이 달려 있습니다.

▫ 은혜 나누기

우리 가정은 우상숭배의 문제를 완전히 해결했는지 함께 나누어 봅시다.

▫ 공동 기도

하나님 아버지, 우상을 섬기듯이 하나님을 섬기지 않게 해주세요. 자신의 욕심을 위해 하나님을 이용하지 않게 해주세요. 우리 가정은 언제나 하나님의 이름을 높이며 하나님의 뜻을 이루기 위해 열심히 신앙생활하는 가정이 되게 해주세요. 예수님의 이름으로 기도합니다. 아멘.

3월 다섯째주 사람과 자연의 관계 회복

- 주님의 기도 주님이 가르쳐주신 기도로 가정예배를 시작합니다.
- 찬송 부르기 438장(내 영혼이 은총 입어)
- 성경 읽기 신명기 5:16(16-21)

  ※ 개역개정판

  너는 네 하나님 여호와께서 명령한 대로 네 부모를 공경하라. 그리하면 네 하나님 여호와가 네게 준 땅에서 네 생명이 길고 복을 누리리라.

  ※ 메시지성경

  너희 부모를 공경하여라. 이는 하나님 너희 하나님의 명령이다! 그러면 너희가 오래도록 살고, 하나님이 너희에게 주는 땅에서 너희가 잘될 것이다.

- 말씀 나누기

  지금 우리는 '십계명'을 묵상하고 있습니다. '십계명'은 하나님의 계약 백성에게 주어진 일종의 '계약서'입니다. 하나님과의 계약 관계를 잘 유지하기 위해서는 반드시 지켜야 하는 약속입니다. 게다가 십계명에는 이 세상을 구원하는 하나님의 청사진이 새겨져 있습니다. 인간의 죄로 어그러진 본래의 창조 질서를 회복하는 구체적인 지침이 담겨 있는 것입니다.

  지난 시간에 '하나님과의 관계 회복'을 위한 말씀을 묵상하면서, 그 관건은 우상숭배의 문제를 해결하는 일에 달려 있다는 사실을 알게 되었습니다. 오늘은 나머지 두 관계, 즉 '다른 사람과의 관계 회복'과

'자연과의 관계 회복'에 대한 말씀을 살펴보겠습니다.

타인과의 관계 회복

'다른 사람과의 관계 회복'을 위한 첫걸음은 '부모 공경'입니다(16절). 우리말 '공경(恭敬)하다'는 '공손히 섬기다', '몸가짐을 조심스럽게 하여 받들어 모시다'라는 뜻입니다. 이에 해당하는 히브리어 동사 '카바드'(kabad)의 본래 뜻은 '무겁게 하다'(to be heavy)입니다. 그러니까 부모를 가볍게 여기지 않는 마음에서 부모를 존경하고 귀하게 여기는 태도가 나오는 것입니다.

이것은 모든 자녀에게 주시는 하나님의 명령입니다. 자녀들은 마땅히 부모를 무겁게 여기고 공경해야 합니다. 왜 그래야 할까요? 부모는 자녀가 이 세상에 태어나서 만나는 최초의 인간관계요 권위이기 때문입니다. 가장 먼저 부모와 바른 관계를 맺지 않고서는 다른 사람과 바른 관계를 맺을 수 없습니다.

따라서 부모에게 순종하지 않는 자녀를 하나님은 아주 심각하게 다루십니다(신 21:21; 마 15:4). 그것은 단지 부모를 거역하는 죄가 아니라 하나님이 부모에게 주신 '바른 권위'를 인정하지 않는 죄이기 때문입니다. 부모의 권위를 가볍게 여기고 우습게 여기는 사람이 어떻게 하나님의 권위 앞에 순종할 수 있겠습니까.

그래서 부모 공경의 계명에는 특별한 약속이 주어집니다. "그리하면 네 하나님 여호와가 네게 준 땅에서 네 생명이 길고 복을 누리리라"(신 5:16). 이 말씀은 단지 '장수(長壽)의 복'을 의미하지 않습니다. 아무 곳에서나 오래 산다고 해서 복이 되는 것은 아닙니다. '하나님이 주시는 땅', 즉 하나님의 백성에게 허락하시는 '약속의 땅'에서 오래오래 살아야 진짜 복입니다.

그다음에 '살인 금지명령'(17절)과 '간음 금지명령'(18절)이 이어집니다. 이것은 사실상 '부모 공경 명령'과 함께 가정을 보호하고 회복하기 위한 계명입니다. 살인(殺人)은 다른 사람의 생명을 빼앗는 행위입니다. 그런데 인류 최초의 살인 사건이 가장 가까운 형제 사이에서 벌어졌습니다(창 4:8). 피를 나눈 형제를 그렇게 죽일 수 있다면 다른 사람은 더 말할 것도 없습니다. 지금도 가정에서 그런 비극이 종종 일어나는 것을 봅니다.

'간음'(姦淫)이란 정상적인 부부관계 밖에서 벌어지는 성관계를 의미합니다. 지금까지의 인류 역사를 통해서 인간관계를 가장 많이 파괴해 온 주범이 바로 '간음'입니다. 무엇보다도 인간의 가장 기초적인 사회질서인 가정과 가족관계를 파괴한다는 점에서 그 문제가 아주 심각합니다. 다른 사람과의 바른 관계를 회복하기 위해서는 어떻게든 이 문제를 해결해야 합니다.

인간관계의 모든 문제를 해결하는 출발점은 가정입니다. 가정에서 남편과 아내는 서로를 하나님이 붙여주신 '돕는 배필'로 인정해야 합니다(창 2:18). 그래서 서로를 존중하며 세워주는 관계가 되어야 합니다. 자녀는 부모의 권위를 존중하고, 부모는 자녀를 인격적으로 사랑해야 합니다. 약자들을 함부로 대하지 말고 하나님의 형상으로 창조된 가치 있는 존재로 인정하여 잘 보살펴 주어야 합니다.

그 모든 일은 어렸을 때부터 자신이 속해 있는 가정에서 훈련되어야 합니다. 그것이 하나님의 백성이라는 확대된 가족관계로 나아갈 때(마 12:50), 마침내 다른 사람과의 관계를 온전히 회복할 수 있는 것입니다.

자연과의 관계 회복

자연(물질)과의 관계 회복을 위한 첫 번째 계명은 '도둑질 금지명령'입니다(19절). 도둑질(stealing)은 다른 사람의 소유를 아무 허락 없이 제 마음대로 가지는 것입니다. 그 소유물에 대한 주인의 권리를 인정하지 않거나 아니면 가지고 싶은 욕심 때문에 강제로 빼앗거나 몰래 훔치는 것이지요. 배가 고파서 도둑질하는 일도 생깁니다(잠 6:30). 물론 딱한 사정은 이해되지만 그렇다고 도둑질이 정당화될 수는 없습니다.

그런데 실제로는 그와 같은 생계형 도둑질보다 단지 더 많이 가지려는 욕심으로 도둑질하는 경우가 훨씬 많습니다. 이집트를 탈출한 이스라엘 백성이 시내산으로 오던 길목에서 하나님은 '일용한 양식'의 원칙에 대해서 가르쳐주셨습니다(출 16:4). 하나님의 백성은 오직 '필요한 만큼'만 거두는 원칙에 따라서 살아야 한다고 하셨습니다. 그 원칙에 따른다면 도둑질할 이유가 없어집니다. 이웃과 함께 나누는 일이 더 풍성해질 것이고 배고픔 때문에 도둑질하는 사람은 생기지 않을 것입니다.

자연(물질)과의 관계 회복을 위한 두 번째 계명은 '거짓말 금지명령'입니다(20절). '거짓 증거'(false testimony)는 단순한 '거짓말'(lie)이 아닙니다. 법정에서 행해지는 공개적이고 고의적인 위증이 바로 '거짓 증거'입니다(신 19:16). 그런데 사람들은 왜 그런 거짓말을 할까요? 물질에 대한 욕심 때문입니다. 이세벨이 나봇의 포도원을 빼앗을 때 위증하는 사람들을 동원한 것이 그 대표적인 예입니다(왕상 21:13). 모든 거짓말은 물질에 대한 욕심에서 시작됩니다.

그래서 자연(물질)과의 관계 회복을 위한 마지막 계명이 바로 '탐욕 금지명령'입니다(21절). 탐욕의 본질은 다른 사람이 가진 것을 자기도 가져야 직성이 풀리는 그런 마음입니다. 이웃이 가진 집을, 이웃이 가진 모든 소유를 똑같이 가져야만 만족하는 것이지요. 문제는 탐욕이란 결코 만족할 줄 모른다는 사실입니다. 다른 사람하고 똑같이 가지게 된다고 해도 만족하지 않습니다.

오히려 다른 사람보다 더 많이 가져야 합니다. 그러기 위해서는 어떤 수단과 방법도 가리지 않습니다. 이와 같은 인간의 탐욕이 그동안 지구의 생태계를 파괴해 왔습니다. 인간이 들어가는 곳에는 언제나 환경파괴가 일어났습니다. '개발'이라는 명목으로 자연을 함부로 훼손하고 물과 공기를 오염시켜 왔습니다. 지금까지 인간의 무분별한 포획으로 멸종당한 동물들이 얼마나 많은지 모릅니다.

따라서 자연과의 관계를 회복하려면 물질에 대한 탐욕을 극복해야 합니다. 탐욕을 극복하는 가장 좋은 지침이 있습니다. 그것은 '일용한 양식'의 원칙에 따라 살아가는 것입니다. 이처럼 십계명에는 세상을 구원하는 하나님의 계획과 청사진이 또렷이 새겨져 있습니다. 하나님의 계약 백성이 이 지침에 따라서 살아갈 때 세상은 하나님의 구원을 맛보게 될 것입니다.

□ 은혜 나누기
우리는 일용한 양식으로 만족하고 있습니까? 함께 나누어 봅시다.

□ 공동 기도
하나님 아버지, 자녀에 대한 욕심으로 인해 오히려 자녀와의 관계가 어그러졌습니다. 돈에 대한 욕심으로 인해 만족하지 못하는 인생을 살고 있습니다. 이 모든 일에서 참다운 자유를 얻게 해주세요. 가지고 있는 것으로 만족하고 서로 사랑하는 가족으로 인해 행복해하는 우리 가정이 되게 해주세요. 예수님의 이름으로 기도합니다. 아멘.

하나님 백성의 정체성

(4~6월)

4월 첫째주 **안식일 계명 준수**

- 주님의 기도 주님이 가르쳐주신 기도로 가정예배를 시작합니다.
- 찬송 부르기 43장(즐겁게 안식할 날)
- 성경 읽기 신명기 5:15(12-15)

  ※ 개역개정판

  너는 기억하라. 네가 애굽 땅에서 종이 되었더니 네 하나님 여호와가 강한 손과 편 팔로 거기서 너를 인도하여 내었나니 그러므로 네 하나님 여호와가 네게 명령하여 안식일을 지키라 하느니라.

  ※ 메시지성경

  너희가 이집트에서 종으로 살았고, 하나님 너희 하나님이 강한 능력을 나타내어 너희를 그곳에서 이끌어 내었음을 잊지 마라. 하나님 너희 하나님이 너희에게 안식의 날을 지키라고 명령하는 것은 그 때문이다.

- 말씀 나누기

  지금까지 우리는 세 묶음으로 구성된 십계명의 구조에 대해서 살펴보았습니다. 첫 번째 묶음(제1~3계명)은 하나님과의 관계 회복을 위한 지침이었습니다. 우상숭배의 문제를 해결하지 않고서는 하나님과의 관계를 회복할 수 없습니다. 하나님의 백성은 오직 하나님만 섬겨야 합니다.

  두 번째 묶음(제5~7계명)은 다른 사람과의 관계 회복을 위한 지침이었습니다. 이 일은 가정에서 출발하여 확대된 가족관계로 나아갈 때

가능해진다고 했습니다. 세 번째 묶음(제8~10계명)은 자연과의 관계 회복을 위한 지침이었습니다. 여기에는 물질에 대한 탐욕 극복이 관건입니다. '일용할 양식'의 원칙이 필요한 이유입니다.

이제 남은 것은 제4계명, '안식일 계명'입니다. 이 계명은 세 가지 관계를 하나로 묶어주는 연결고리요 공통분모의 역할을 합니다. 안식일을 잘 지켜나갈 때 우리는 하나님과의 관계와 다른 사람과의 관계와 자연과의 관계를 동시에 회복할 수 있습니다. 그리하여 하나님이 목표하시는 창조 질서의 회복으로 나아갈 수 있습니다.

멈춤의 날

안식일 계명은 이렇게 시작됩니다. "안식일을 지켜 거룩하게 하라"(12절). 우선 '안식일'(安息日)이라는 용어부터 정리해 보아야 합니다. 이는 영어로 '사바스 데이'(Sabbath day)라고 하는데, '사바스'는 히브리어 '샤바트'(Shabbat)에서 왔습니다. 히브리어로는 '욤 핫샤바트', 즉 '샤바트의 날'(the day of Shabbat)이라고 합니다. 그렇다면 '샤바트'는 무슨 뜻일까요?

'샤바트'는 '멈춘다'(to cease)라는 뜻입니다. 하나님이 태초에 천지를 창조하실 때 하시던 모든 일을 그치고 일곱째 날에 안식하셨습니다(창 2:2). 여기에서 '그치다'와 '안식하다' 두 단어 모두 '샤바트'를 번역한 것입니다. '안식'이란 단순히 그치는 것입니다. 하던 일을 멈추는 것입니다. 그런데 하나님이 너무 피곤해서 쉬셨다고 생각하면 안 됩니다. 하나님은 자신을 위해서가 아니라 우리 인간을 위해서 일주일의 하루를 멈추는 날로 정해 놓으신 것입니다.

따라서 '안식일'은 '멈춤의 날'입니다. 단지 일만 멈추는 것이 아닙니다. 노는 것도 오락하는 것도 멈추어야 합니다. 왜 그래야 할까요?

안식일은 '우리의 날'이 아니라 '거룩한 날'이기 때문입니다. '거룩하다' 라는 말은 '구별하다'(set apart)라는 뜻입니다. 다시 말해서 일주일에 하루는 하나님의 시간으로 따로 떼어 놓으라는 것입니다. 그것은 마치 십일조와 같습니다. 우리의 소득 중에서 십분의 일을 하나님 것으로 구별하듯이, 우리의 시간 중에서 일주일의 하루를 하나님 것으로 떼어 놓아야 합니다.

그리고 나머지 엿새 동안은 "힘써 네 모든 일을 행하라"고 말씀하십니다(13절). 다시 말해서 6일 동안은 우리 자신의 생계를 위해서 열심히 살면 됩니다. 그러나 일곱째 날은 다릅니다. 그날은 우리의 날이 아니라 하나님의 날입니다. 그렇기에 우리 자신은 물론이거니와 우리의 아들딸, 남종과 여종, 소와 나귀, 심지어 우리 집을 방문한 손님까지 '아무 일'도 하지 못하게 해야 합니다(14절). 여기에서 '아무 일'이란 앞에서 언급한 자신의 생계를 위해서 하는 일을 말합니다.

우리가 그렇게 안식일에 모든 일을 멈추어야 하나님께 구별하여 드리는 거룩한 날이 됩니다. 안식일은 하나님 백성의 정체성을 드러내는 가장 중요한 계명입니다. 그러나 유대인들처럼 '율법주의적인 태도'로 안식일 준수를 강조한다거나 안식일에 어떤 일을 해야 할지 말아야 할지 또는 토요일에 지켜야 하는지, 일요일에 지켜야 하는지의 '논쟁거리'로 삼아서는 안 됩니다. 오히려 우리가 세상살이에 분주해서 잊어버리고 살던 '삶의 본질'을 회복하는 날로 삼아야 합니다.

회복의 날
'삶의 본질'을 회복해야 한다고 했을 때, 그 말은 망가지고 깨지고 훼손된 삶의 본질이 있다는 뜻입니다. 그것이 무엇입니까? 지금까지 이야기해 온 세 가지 관계입니다. 하나님은 인간의 죄로 인해 어그러진 관계들을 회복하려고 하십니다. 이집트에서 학대받던 히브리인을 구원하셔서 그들을 하나님의 계약 백성으로 삼으시는 이유입니다.

따라서 '삶의 본질'을 회복하기 위해서 안식일에 가장 먼저 해야 할 일은 '예배'입니다. 하나님 앞에 나와서 예배함으로써 '하나님과의 관계'를 회복하는 것입니다. 태생적으로 하나님 백성은 '혈연 공동체'가 아니라 '신앙 공동체'요 '예배 공동체'입니다. 하나님께 예배하지 않으면서 하나님 백성이 될 수 없습니다. 우리가 매 주일 하나님께 예배하는 것도 바로 그 때문입니다. 안식일은 일하지 않고 노는 날이 아닙니다. 하나님 앞에 나아와 예배하는 날입니다.

그런데 혼자 나와서 예배하면 안 됩니다. 종들과 함께 예배해야 합니다. 본문은 "네 남종과 네 여종에게 너 같이 안식하게 하라"(14절b)고 말씀합니다. 특별히 '너 같이'가 강조되어 있습니다. 무슨 뜻입니까? 안식일에 아랫것들에게는 이런저런 일을 하라고 시켜놓고 자기 혼자서 하나님 앞에 나와 예배드린다고 해서 안식일을 제대로 지키는 게 아니라는 뜻입니다. 왜냐면 안식일에 회복되어야 할 것이 바로 '다른 사람과의 관계'이기 때문입니다.

비록 내가 마음대로 부리는 종이라고 할지라도 본래는 그들도 나와 똑같이 '하나님의 형상'으로 창조된 가치 있는 존재입니다. 그렇기에 평상시에는 내 일을 위해서 그들을 부릴 수 있지만, 최소한 안식일에는 그들도 본래의 인격을 회복할 수 있게 해주어야 합니다. 그러기 위해서 그들도 나와 똑같이 안식하게 해야 합니다. 그렇게 함으로써 그들과의 관계를 회복하는 것이지요. 그게 안식일을 제대로 지키는 모습입니다.

또한 안식일은 자연과의 관계를 회복하는 날입니다. 안식일은 사람들만 쉬는 날이 아닙니다. 우리가 부리는 '소'나 '나귀'나 모든 '가축'

이 안식하는 날입니다(14절a). 그 가축들은 물론 내 소유이기 때문에 평상시에는 내 마음대로 부릴 수 있습니다. 그렇지만 적어도 안식일에 그들을 쉬게 함으로써 소나 나귀가 대표하는 '자연과의 관계'를 회복해야 한다는 것입니다.

단지 자연과 동물을 쉬게 할 뿐만 아니라 자연으로부터 얻은 소득을 하나님께 예배하면서 드림으로써 이 모든 자연의 진정한 주인이 하나님임을 확인해야 합니다. 그래야 자연을 단지 착취의 대상으로 생각하여 파괴하는 죄를 짓지 않게 되고 하나님께서 우리에게 맡겨주신 자연을 잘 돌보는 선한 청지기가 될 수 있는 것입니다.

안식일 계명 준수에 하나님 백성의 정체성이 달려 있습니다. 안식일 계명에는 이 세상을 구원하는 하나님의 청사진이 새겨져 있습니다. 하나님의 계약 백성은 하나님이 명령하신 대로 안식일을 지키는 일부터 시작해야 합니다. 그럴 때 이 세상에 하나님의 창조 질서가 회복되는 구원이 완성될 것입니다.

□ 은혜 나누기

우리는 안식일을 잘 지키고 있습니까? 함께 나누어 봅시다.

□ 공동 기도

하나님 아버지, 안식일 계명에 담겨 있는 하나님의 놀라운 비밀을 깨닫게 하시니 감사합니다. 하나님께 예배하면서, 이웃과 사랑을 나누면서 또한 자연을 잘 돌봄으로써 창조의 질서를 회복하는 일에 앞장서게 하옵소서. 그렇게 이 세상을 구원하는 하나님의 일하심에 쓰임 받게 하옵소서. 예수님의 이름으로 기도합니다. 아멘.

4월 둘째주 쉐마 이스라엘

□ 주님의 기도 주님이 가르쳐주신 기도로 가정예배를 시작합니다.

□ 찬송 부르기 314장(내 구주 예수를 더욱 사랑)

□ 성경 읽기 신명기 6:4-5(4-9)

※ 개역개정판

4이스라엘아 들으라. 우리 하나님 여호와는 오직 유일한 여호와이시니 5너는
마음을 다하고 뜻을 다하고 힘을 다하여 네 하나님 여호와를 사랑하라.

※ 메시지성경

이스라엘 여러분, 주목하십시오! 하나님 우리 하나님! 그분은 오직 한 분 하
나님이십니다! 여러분은 하나님을, 여러분의 하나님을 전심으로 사랑하십시
오. 여러분의 전부를 다해, 여러분이 가진 전부를 다 드려, 그분을 사랑하십
시오.

□ 말씀 나누기

　오늘 본문은 신명기 전체를 요약하는 말씀입니다. 지금도 유대인
들은 이 말씀에 '쉐마'라는 제목을 붙여서 신앙 교육의 기초로 삼을 뿐
아니라 매일 아침저녁으로 암송할 만큼 중요하게 생각합니다. '쉐마'
는 동사 '샤마'의 2인칭 명령형입니다. 오늘 본문을 시작하는 "이스라
엘아, 들으라!"를 히브리어로 하면 "쉐마 이스라엘"(Shema Israel)이 됩
니다. 그 첫 번째 단어가 제목이 된 것이지요.

사랑의 명령

오늘 본문에서 하나님은 사랑을 명령하십니다. "네 하나님 여호와를 사랑하라." 사실 '사랑'과 '명령'은 어울리지 않는 조합입니다. 사랑이란 그냥 마음속에서 우러나오는 것이지 누가 명령한다고 해서 억지로 사랑할 수 있는 것이 아니기 때문입니다. "살인하지 말라", "도둑질하지 말라"라고 명령할 수 있습니다. 그러나 "사랑하라"는 명령은 아주 어색합니다.

그런데 하나님은 이스라엘 백성에게 사랑을 명령하십니다. 그럴 수 있는 것은 그들이 하나님의 백성이기 때문입니다. 하나님은 그들을 이집트제국의 압제에서 구원하셨습니다. 그들과 시내산에서 계약을 맺고, 하나님은 그들의 하나님이 되시고 그들은 하나님의 백성이 되기로 약속했습니다. 이와 같은 특별한 관계에 있기에 '사랑'을 '명령'하실 수 있는 것입니다.

그렇습니다. 우리가 하나님을 믿지 않는 사람이라면 하나님은 우리에게 사랑을 명령할 이유가 하나도 없습니다. 그러나 우리가 하나님을 믿는 사람이라면, 하나님의 자녀가 되었다면, 구원 받은 사람들이라면 이야기가 달라집니다. 만일 하나님을 사랑한다면 하나님과의 관계가 지속할 것입니다. 만일 하나님을 사랑하지 않으면 하나님과 전혀 상관없는 사람이 될 것입니다. 사랑은 하나님과의 관계를 유지하는 결정적인 요인입니다.

물론 하나님을 사랑하지 않으면서 신앙생활을 흉내 낼 수는 있습니다. 형식적으로 교회에 다니면서 교인 행세를 할 수도 있습니다. 그러나 하나님은 우리를 그렇게 살도록 가만히 내버려 두지 않으십니다. 우리에게 줄곧 물어보십니다. "너 날 사랑하니?" "네 하나님 여호와를 사랑해야 해!" 하나님은 우리에게 '사랑'을 명령하시는 분입니다. 사랑없는 믿음은 가짜이기 때문입니다.

한 걸음 더 나아가 하나님은 우리에게 '다하는 사랑'을 요구하십니다. "마음을 다하고 성품을 다하고 힘을 다하여 사랑하라." 일부분이 아니라 전부를 드려서 사랑하라는 것입니다. 하나님은 우리가 한눈파는 것을 용납하지 않으십니다. 하나님과 세상 사이에 적당히 두 다리 걸치고 있는 것을 용납하지 않으십니다. 우리의 삶 전부를 원하십니다. 그게 하나님이 기대하시는 사랑입니다.

그런데 하나님은 왜 그렇게 엄청난 사랑을 우리에게 요구하시는 것일까요? 그게 진짜 사랑이기 때문입니다. 말만의 사랑은 사랑이 아니기 때문입니다. 사랑은 전부를 투자하는 것입니다. 적어도 하나님이 생각하는 사랑은 그렇습니다. 하나님은 이 세상을 사랑하셔서 구원하기 위해서 전부를 투자하셨습니다. 하늘 보좌를 버리고 자기를 비워 육신의 몸을 입고 이 세상에 내려오셨습니다. 그가 가진 모든 것을 나누어 주시다가 마침내 생명까지도 아낌없이 내어주셨습니다. 그게 사랑입니다.

그런데 사람들은 사랑을 받는 만큼만 주는 것으로 생각합니다. 아닙니다. 그것은 '사랑'이 아니라 '거래'입니다. 하나님이 아브라함의 사랑을 시험해 보신 적이 있습니다. 백 세에 얻은 이삭을 번제물로 바치라고 요구했을 때입니다. 아브라함은 하나님의 명령을 받은 다음 날 '아침 일찍이' 이삭을 데리고 떠납니다. 한마디 불평이 없습니다. 그냥 말씀에 순종합니다. 오히려 하나님이 다급하게 아브라함을 말리실 정도입니다.

"그 아이에게 손대지 마라! 그 아이를 건드리지 마라! 네가 나를 위해 네 아들, 네 사랑하는 아들을 제단에 바치기를 주저하지 않았으니, 네가 하나님을 얼마나 경외하는지 이제 내가 알겠다"(창 22:12, 메시지).

아브라함이 '믿음의 조상'이 될 수 있었던 것은 이처럼 '다하는 사랑' 때문입니다. 하나님은 지금도 우리에게 같은 것을 요구하십니다. 사랑은 일부가 아니라 전부를 드리는 것입니다. 사랑은 쓰다 남은 찌꺼기가 아니라 가장 소중한 것을 먼저 드리는 것입니다. 그게 진짜 믿음이고 진짜 사랑입니다.

부모의 책임

부모는 가정에서 하나님 사랑을 책임 있게 가르쳐야 할 주체입니다. 쉐마의 명령이 부모에게 주어진 이유입니다.

> 오늘 내가 네게 명하는 이 말씀을 너는 마음에 새기고 네 자녀에게 부지런히 가르치며 집에 앉았을 때에든지 길을 갈 때에든지 누워 있을 때에든지 일어날 때에든지 이 말씀을 강론할 것이며(신 6:6-7).

하나님에 대한 사랑의 명령은 먼저 부모가 마음에 새겨야 합니다. 그다음에 자녀에게 부지런히 가르쳐야 합니다. 자녀 교육은 사실 자녀들을 위해서가 아니라 부모를 위해서 꼭 필요한 것입니다. 자녀에게 가르치려면 부모가 먼저 마음에 새겨 알고 있어야 하기 때문입니다. 특별히 신앙 교육에 있어서는 더더욱 그렇습니다. 신앙은 말로 배우는 것이 아니라 삶으로 체험하여 알게 되는 것입니다.

'하나님 사랑'에 대해서 가르치려면 부모가 먼저 하나님을 사랑하는 구체적인 모습을 자녀에게 보여주어야 합니다. 먼저 기도하는 모습을 보여주고, 먼저 하나님의 말씀을 묵상하는 모습을 보여주고 또한 그 말씀대로 살아가는 모습을 보여주어야 합니다. 그래야 자녀들이 따릅니다. 그 반대도 마찬가지입니다. 기독교 가정에서 자라난 아이들이 성인이 된 후에 신앙생활하지 않는 대부분 경우는 부모에게서 신앙과 생활이 일치되지 않는 모습을 보고 자랐기 때문입니다.

"제자가 그 선생보다 높지 못하다"라고 예수님은 말씀하셨습니다 (눅 6:40). 자녀는 부모의 영적인 수준만큼 성장하게 되어 있습니다. 따라서 자녀가 하나님을 사랑하는 믿음의 사람이 되기를 원한다면 부모가 먼저 그렇게 살아야 합니다. 자녀 앞에서 겉과 속이 다른 부끄러운 모습을 보여주지 않으려면 부모가 정직하게 하나님을 사랑하면서 최선을 다해서 신앙생활해야 합니다. 만일 지금까지 그렇게 살아오지 못했다면 이제부터라도 그렇게 살아야 할 것입니다.

'쉐마 교육'이 이루어질 수 있는 가장 좋은 장소는 바로 가정입니다. "아침에 일어나는 순간부터 밤에 잠자리에 드는 순간까지, 이 계명에 관해 이야기하십시오"(7절, 메시지). 가정에서 벌어지는 모든 상황을 하나님의 가르침을 이야기하는 기회로 삼으라는 뜻입니다. 아니, 이렇게까지는 하지 못한다고 하더라도 적어도 일주일에 한 번 가정예배를 드리면서 가족들과 함께 신앙적인 대화를 나누어야 합니다.

하나님은 우리가 하나님을 사랑하는 사람이 되기를 원하십니다. 혼자가 아니라 가족들과 함께 하나님을 사랑하는 그런 가정이 되기를 기대하십니다. 하나님의 기대를 만족시켜드리고, 하나님의 마음을 흡족하게 해드리는 우리 가정이 되기를 간절히 소망합니다.

▢ 은혜 나누기

우리는 어떻게 하나님을 사랑하고 있습니까? 함께 나누어 봅시다.

▢ 공동 기도

하나님 아버지, 우리의 가정이 하나님께 예배드리는 거룩한 교회가 되게 해주세요. 부모님과 자녀가 함께 하나님을 사랑하고 또한 서로를 진심으로 사랑하는 아름다운 믿음의 공동체가 되게 해주세요. 그리하여 우리 가정에 작은 천국이 이루어지게 해주세요. 예수님의 이름으로 기도합니다. 아멘.

4월 셋째주 영적인 건망증에 대한 경고

- ▢ 주님의 기도 주님이 가르쳐주신 기도로 가정예배를 시작합니다.
- ▢ 찬송 부르기 205장(주 예수 크신 사랑)
- ▢ 성경 읽기 신명기 6:11b-13(10-15)

  ※ 개역개정판

  11··· 네가 심지 아니한 포도원과 감람나무를 차지하게 하사 네게 배불리 먹게 하실 때에 12너는 조심하여 너를 애굽 땅 종 되었던 집에서 인도하여 내신 여호와를 잊지 말고 13네 하나님 여호와를 경외하며 그를 섬기며 그의 이름으로 맹세할 것이니라.

  ※ 메시지성경

  여러분이 그 모든 것을 차지하고 그곳에 정착하여 기쁨과 만족을 얻게 되거든, 여러분이 어떻게 그곳에 이르게 되었는지를 잊지 마십시오. 여러분을 이 집트 종살이에서 이끌어 내신 분은 하나님이십니다.

- ▢ 말씀 나누기

  사람들은 나이가 들어가면서 기억력이 점점 줄어드는 것을 느낍니다. 익숙하던 사람의 이름이 잘 생각나지 않거나 자주 사용하던 물건을 어디에 두었는지 깜빡하곤 합니다. 이른바 '건망증'이라고 하는 증세입니다. 그것은 사실 뇌세포의 노화로 인해 생기는 자연스러운 현상입니다.

  문제는 '치매'입니다. 처음에는 건망증과 비슷하게 시작하지만, 점점 그 정도가 심해져서 마침내 정상적인 생활을 할 수 없게 만드는 아주 무서운 질병입니다. 치매가 깊어지면 자기가 누구인지도 모르게 되고 가까운 가족들도 알아보지 못하게 됩니다. 따라서 건망증을 결코 가볍게 생각하면 안 됩니다.

그런데 하나님의 백성으로서 우리가 정말 조심해야 할 건망증이 있습니다. 그것은 바로 '영적인 건망증'입니다. 우리를 구원하신 하나님을 잊어버리고 그분과의 관계 속에서 우리의 정체성을 잊어버리는 치명적인 증세입니다. 약속의 땅에 들어가기 전에 하나님은 모세를 통해서 그것을 엄중히 경고하십니다.

하나님의 약속

일찍이 하나님은 아브라함을 부르시며 세 가지를 약속하셨습니다. 큰 민족을 이루게 하겠다는 약속, 약속의 땅을 주겠다는 약속 그리고 아브라함을 복이 되게 하겠다는 약속이 그것입니다(창 12:1-3). 그로부터 오랜 세월이 흐른 후에 하나님은 모세를 통해서 광야 세대 이스라엘 백성에게 그 약속을 재확인하십니다.

> 네 하나님 여호와께서 네 조상 아브라함과 이삭과 야곱을 향하여 네게 주리라 맹세하신 땅으로 너를 들어가게 하시고 네가 건축하지 아니한 크고 아름다운 성읍을 얻게 하시며 네가 채우지 아니한 아름다운 물건이 가득한 집을 얻게 하시며 네가 파지 아니한 우물을 차지하게 하시며 네가 심지 아니한 포도원과 감람나무를 차지하게 하사 네게 배불리 먹게 하실 때에(신 6:10-11).

하나님은 약속을 지키시는 분입니다. 비록 더딜지라도 하나님의 약속은 반드시 이루어집니다. 이제 그 약속을 성취하실 때가 되었다고 하나님은 말씀하고 계십니다. 그런데 여기에서 우리가 주목해야 할 것이 하나 있습니다. 약속의 땅은 '보상'이 아니라 '은혜'라는 사실입니다. 받을 자격이 없음에도 불구하고 뜻밖에 주어지는 하나님의 선물을 우리는 '은혜'라고 합니다. 가나안 땅은 하나님의 백성에게 값없이 주시는 은혜의 선물입니다.

당시의 가나안 땅은 아무도 살지 않던 공터가 아니었습니다. 아모리 족속을 비롯한 여러 부족이 그곳에 오랫동안 자리 잡고 살았습니다. 그들은 크고 번화한 성읍을 건축했고, 그 속에 좋은 가구로 가득 채워 넣었습니다. 곳곳에 우물을 파두었고, 포도원과 올리브 과수원을 만들어서 정성스레 가꾸었습니다. 그런데 그 모두를 이스라엘 백성에게 선물로 그냥 넘겨주시겠다는 것입니다.

그 이유가 무엇일까요? 두 가지입니다. 하나는 아모리 족속의 죄악에 대한 하나님의 심판입니다(창 15:16). 하나님은 당신의 백성을 사용하셔서 그들의 죄악을 심판하려고 하시는 것입니다. 다른 하나는 아브라함과 그 후손에게 주신 약속의 성취입니다. 물론 그들이 하나님을 잘 섬기는 백성으로 끝까지 남아 있어야만 합니다. 그러지 않으면 그들도 약속의 땅에서 쫓겨나게 될 것입니다.

하나님의 약속은 실제로 성취됩니다. 여호수아가 이끄는 광야 세대 이스라엘 백성은 가나안 땅을 정복했고 하나님이 약속하신 말씀 그대로 그들이 수고하지 않은 모든 것을 은혜의 선물로 받게 되었습니다. 문제는 그다음입니다.

약속의 성취, 그다음

우리말 속담에 "개구리 올챙이 적 생각 못 한다"라는 말이 있습니다. 형편이나 사정이 나아진 사람이 지난날의 어렵던 때를 잊어버리고 마치 본래부터 잘난 듯이 뽐내는 모습을 비유하는 말입니다. 하나님은 이스라엘 백성이 그렇게 될까 봐 모세를 통해서 분명히 경고하셨습니다.

> 여러분이 그 모든 것을 차지하고 그곳에 정착하여 기쁨과 만족을 얻게 되거든, 여러분이 어떻게 그곳에 이르게 되었는지를 잊지 마십시오. 여러분을 이집트 종살이에서 이끌어 내신 분은 하나님이십니다(신 6:11b-12, 메시지).

이스라엘 백성은 이집트에서 종살이하던 올챙이 시절을 절대로 잊어버려서는 안 됩니다. 그것은 그들을 구원하신 하나님을 잊어버린다는 뜻이요, 그들에게 약속의 땅을 선물로 주신 하나님의 은혜를 잊어버린다는 뜻이기 때문입니다. 그런데 사람들은 배부르고 등 따습게 되면 곧잘 올챙이 시절을 잊어버리고 하나님의 은혜를 잊어버리곤 합니다. 그러면 어떤 일이 벌어질까요?

> 너희는 다른 신들 곧 네 사면에 있는 백성의 신들을 따르지 말라(신 6:14).

그렇습니다. 주변에 사는 이웃 백성이 섬기는 신들을 따르게 됩니다. 아니나 다를까 실제로 그런 일이 벌어졌습니다. 약속의 땅에 들어간 지 얼마 지나지 않아서 이스라엘 백성은 자신들의 하나님을 잊어버리고 바알 신들과 아세라 여신들을 섬기기 시작했습니다(삿 3:7). 하나님의 걱정이 현실이 되었던 것입니다. 우상숭배는 그들이 하나님을 잠깐씩 잊어버리는 단순한 건망증을 넘어서서 아예 돌이킬 수 없는 영적인 치매에 걸렸다는 증거입니다. 그 결과는 분명합니다.

> 너희 중에 계신 너희의 하나님 여호와는 질투하시는 하나님이신즉 너희의 하나님 여호와께서 네게 진노하사 너를 지면에서 멸절시키실까 두려워하노라 (신 6:15).

하나님은 질투하시는 분이십니다. 당신의 백성을 너무나 사랑하기에 또한 그들로부터 사랑받기를 기대하십니다. 양다리 걸치는 사랑은 진정한 사랑이 아닙니다. 한 사람을 진심으로 사랑한다면 다른 사랑을 포기해야 합니다. 하나님은 당신의 백성을 그렇게 사랑하십니다. 그래서 다른 신을 섬기는 이스라엘 백성을 참지 못하십니다. 그들이 아무리 하나님의 특별한 은혜를 받은 백성이라고 하더라도 약속의 땅에서 쫓겨날 수밖에 없습니다. 하나님은 '은혜의 약속'도 지키시지만, '심판의 약속'도 지키시는 분입니다.

하나님의 약속을 믿으며 열심히 신앙생활할 때보다 하나님의 약속이 성취된 이후가 사실은 더 위험할 때입니다. 바로 그때 영적인 건망증을 조심해야 합니다. 하나님을 잊어버리지 않는 사람은 언제나 하나님을 경외하며 오직 하나님만을 섬깁니다. 따라서 우리의 영적인 상태를 알기 위해서 우리는 언제나 우리의 예배하는 삶을 세심히 살펴보아야 하는 것입니다.

□ 은혜 나누기
우리가 영적인 건망증에 걸리지 않으려면 어떻게 해야 할까요?

□ 공동 기도
하나님 아버지, 우리 가정은 언제나 하나님의 은혜를 기억하게 해주세요. 힘들고 어렵게 살 때보다 편안하고 넉넉하게 살 때 하나님을 더 잘 섬길 수 있게 해주세요. 어떤 경우에도 하나님께 예배하는 일을 게을리하지 않게 도와주세요. 예수님의 이름으로 기도합니다. 아멘.

4월 넷째주 자녀의 질문에 대한 답변

- ☐ 주님의 기도 주님이 가르쳐주신 기도로 가정예배를 시작합니다.
- ☐ 찬송 부르기 303장(날 위하여 십자가의)
- ☐ 성경 읽기 신명기 6:20-21(20-25)

※ 개역개정판

20 후일에 네 아들이 네게 묻기를 우리 하나님 여호와께서 명령하신 증거와 규례와 법도가 무슨 뜻이냐 하거든 21 너는 네 아들에게 이르기를 우리가 옛적에 애굽에서 바로의 종이 되었더니 여호와께서 권능의 손으로 우리를 애굽에서 인도하여 내셨나니.

※ 메시지성경

장차 여러분의 자녀가 "하나님 우리 하나님께서 명령하신 이 의무와 법도와 규례는 무슨 뜻입니까?" 하고 묻거든, 여러분은 그들에게 이렇게 일러 주십시오. "우리가 이집트에서 바로의 종이었으나, 하나님께서 강한 능력으로 직접 나서서 우리를 그 땅에서 이끌어 내셨다."

- ☐ 말씀 나누기

아이들은 본래 호기심이 많습니다. 처음 접하는 사물이나 세상에 대해서 궁금증을 가지는 것은 너무나 당연한 일입니다. 문제는 바쁘다는 이유로 아이들의 질문 세례를 어떻게든 피하려고만 하는 부모의 태도입니다. 아이들의 호기심을 소중하게 생각하지 않고 오히려 귀찮아하거나 쓸데없는 것으로 여겨 윽박지른다면 어떻게 될까요? 아이들의 성품이나 자존감에 악영향을 끼칠 뿐만 아니라 결국에는 부모와의 관계에 큰 문제가 생길 수밖에 없습니다.

신앙생활에서도 마찬가지입니다. 아이들이 자라나면서 그동안 아무 생각 없이 들어 왔던 성경의 이야기나 하나님에 대해서 조금씩 궁금증을 가지기 시작합니다. 그것 역시 지극히 자연스러운 현상입니다. 아이들의 호기심에 대해서 부모가 적절한 답변을 해주기만 하면 됩니다. 그런데 대부분은 그러지 못합니다. 귀찮기도 하고 잘 모르기 때문이기도 합니다. 그래서 "무조건 믿어야 한다"라고 얼버무리거나 "목사님에게 물어보라"라고 떠넘기지요.

자녀의 입에서 신앙적인 질문이 나왔을 때가 사실은 믿음의 세대 계승을 위한 신앙 교육의 가장 좋은 기회입니다. 그 기회를 놓치지 않으려면 부모에게 답변이 늘 준비되어 있어야 합니다. 오늘 본문에서 모세는 친절하게 그 답변을 가르쳐줍니다.

부모의 가르침

여기에는 한 가지 전제가 있습니다. 부모가 먼저 신앙을 가르치지 않으면 자녀에게서 그 어떤 신앙적인 질문도 나오지 않는다는 사실입니다.

> 후일에 네 아들이 네게 묻기를 우리 하나님 여호와께서 명령하신 증거와 규례와 법도가 무슨 뜻이냐 하거든(신 6:20).

여기에 보면 자녀가 궁금해하는 세 가지가 나옵니다. 그 첫 번째는 '증거'(testimony)입니다. 예를 들어서 여호수아가 약속의 땅을 모두 정복하고 세겜에서 이스라엘 백성과 계약을 갱신한 후에 성소 곁의 상수리나무 아래에 큰 돌을 세웁니다(수 24:27). 그 돌이 바로 '증거'입니다. 십계명을 새겨넣은 돌판도 '증거'이고(출 25:16), 증거판을 넣어둔 법궤와 성막도 모두 '증거'입니다(출 25:22; 38:21). 이렇듯 하나님을 증언하는 모든 것이 '증거'입니다. 그런 의미에서 하나님의 말씀인 성경도 '증거'라 할 수 있습니다.

그다음은 '규례'(statute)와 '법도'(judgement)입니다. 규례(規例)는 '규칙'과 '관례'의 줄임말입니다. 특별히 하나님을 예배하고 섬기는 일에 관한 가르침을 가리킬 때 사용하는 말입니다. 그에 비해 법도(法道)는 다른 사람과의 관계에서 마땅히 지켜야 할 여러 가지 '의무'에 관한 가르침입니다. 이 두 가지를 한꺼번에 묶어서 우리는 율법(律法)이라고 말합니다. 여호수아가 약속의 땅에 들어간 후에 에발산에서 제단을 쌓고 율법을 낭독했듯이(수 8:34), 이스라엘 백성은 공적인 모임에서 언제나 율법을 낭독하고 가르쳤습니다.

그뿐만이 아닙니다. 가족들 사이의 사적인 모임에서도 기회가 있을 때마다 늘 율법을 가르쳤습니다. 앞에서 언급한 '쉐마'의 가르침에서 이미 살펴보았듯이, 자녀에게 하나님의 말씀을 가르쳐야 할 책임은 바로 부모에게 있습니다(신 6:7). 부모는 가정에서 벌어지는 모든 상황을 하나님의 가르침을 이야기하는 기회로 삼아야 합니다. 그렇게 말씀을 가르치는 부모에게서 질문하는 자녀가 나옵니다.

부모가 먼저 하나님이 명령하신 증거와 규례와 법도를 가르칠 때 자녀의 입에서 그것이 무슨 뜻인지, 그것을 왜 굳이 지켜야 하는지의 질문이 나오게 되는 것입니다. 부모가 가르치지 않으면서 자녀에게서 자연스럽게 그런 질문이 나오리라 기대해서는 안 됩니다. 또한 질문이 없다고 해서 하나님의 말씀을 잘 알고 있다거나 매사에 순종적인 착한 자녀일 것이라 지레짐작해서도 안 됩니다.

부모의 신앙고백

자녀의 신앙적인 질문에 대해서 부모가 해주어야 할 답변은 생각보다 아주 단순합니다. 자신에게 전해진 하나님에 대한 믿음을 상기시켜주는 것입니다. 무엇보다 이 명령을 주신 하나님과 이스라엘 백성의 관계에 관해서 가장 먼저 설명해주어야 합니다.

> "우리가 이집트에서 바로의 종이었으나, 하나님께서 강한 능력으로 직접 나서서 우리를 그 땅에서 이끌어 내셨다. 하나님께서 이집트, 곧 바로와 그의 집안에 기적-표징과 큰 이적과 끔찍한 재앙을 내리실 때, 우리가 그곳에 서서 똑똑히 보았다"(신 6:21-22, 메시지).

이스라엘 백성은 본래 이집트에서 파라오를 섬기던 노예였습니다. 그 사실은 세월이 흘러가도 절대로 바뀔 수 없습니다. 만일 하나님께서 강한 능력으로 직접 나서서 그들을 이집트 땅에서 구원해 내지 않으셨다면 어떻게 되었을까요? 그들은 지금도 여전히 종살이하고 있었을 것입니다.

그러면서 하나님께서 이스라엘 백성을 구원하기 위하여 이집트에 끔찍한 재앙을 내리실 때 "우리가 그곳에 서서 똑똑히 보았다"라고 말하라고 합니다. 물론 그 사건을 직접 목격한 사람은 출애굽 세대 이스라엘 백성입니다. 그 이후의 세대는 현장에 있지 않았습니다. 그렇지만 부모로부터 전해진 이야기가 너무나 확실하다는 사실을 이런 식으로 표현하는 것이지요.

그다음에는 하나님이 그들을 구원하신 이유를 설명해주어야 합니다.

> "하나님께서 우리를 그곳에서 이끌어 내신 것은, 우리를 이곳으로 데려오셔서 우리 조상에게 엄숙히 약속하신 땅을 우리에게 주시려는 것이었다. 하나님께서 우리에게 이 모든 규례를 따르라고 명령하신 것은 그 때문이다. 이는 우리가 하나님 우리 하나님 앞에서 경건하게 살게 하셔서, 오늘 이처럼 우리를

잘 살게 하시고 오래도록 살게 해주시려는 것이다"(신 6:21-25, 메시지).

하나님이 왜 그들을 구원하셨습니까? 그들의 조상에게 가나안 땅을 주시겠다고 말씀하신 약속을 지키기 위해서입니다. 그렇다면 하나님은 왜 그들에게 이 모든 규례를 명령하셨습니까? 약속의 땅에서 오래도록 잘 살게 해주시기 위해서입니다. 약속의 땅은 오직 하나님을 잘 섬기는 사람들만 살아갈 수 있는 곳이기 때문입니다.

자녀의 신앙적인 질문에 대해서 부모 자신의 분명한 신앙고백보다 더 설득력 있는 답변은 없습니다. 죄에서 종살이하던 자신을 구원해주신 하나님의 은혜에 대한 확신과 감격이 자녀의 궁금증에 충분한 답이 될 수 있습니다. 자녀의 뜬금없는 질문일지라도 그것을 섣불리 믿음 없음의 증거로 판단하려 하지 마십시오. 오히려 우리가 하나님을 믿어야 하는 이유를 설명하는 좋은 기회로 삼으십시오. 그러면서 우리의 자녀를 믿음의 다음 세대로 세워가는 것입니다.

□ 은혜 나누기

평소 신앙에 대해 궁금하게 생각했던 것이 있다면 이 시간 함께 나누어 봅시다.

□ 공동 기도

하나님 아버지, 우리에게는 충분한 답이 없습니다. 그러나 하나님에게는 우리 인생의 모든 궁금증에 대한 답이 있습니다. 하나님의 말씀을 묵상하며 기도하는 가운데 그 답을 찾게 해주시고, 우리를 사랑하셔서 구원하시는 하나님 안에서 참된 복을 받는 길을 발견하게 해주세요. 예수님의 이름으로 기도합니다. 아멘.

5월 첫째주 율법과 은혜

□ 주님의 기도 주님이 가르쳐주신 기도로 가정예배를 시작합니다.

□ 찬송 부르기 305장(나 같은 죄인 살리신)

□ 성경 읽기 신명기 7:12(12-16)

※ 개역개정판

너희가 이 모든 법도를 듣고 지켜 행하면 네 하나님 여호와께서 네 조상들에게 맹세하신 언약을 지켜 네게 인애를 베푸실 것이라.

※ 메시지성경

그러면 장차 이런 일이 일어날 것입니다. 여러분이 이 명령을 따라 잘 지켜 행하면, 하나님께서도 여러분의 조상과 맺은 신실한 사랑의 언약을 지키실 것입니다.

□ 말씀 나누기

　자녀에게 동기를 부여하기 위해 부모가 가장 흔하게 사용하는 방법은 어떤 보상을 약속하는 것입니다. 예를 들어 숙제를 끝내면 핸드폰으로 온라인 게임을 할 수 있게 해준다거나 시험에서 좋은 성적을 거두면 자녀가 가지고 싶어 하는 물건을 사준다거나 하는 식입니다. 단기적으로는 효과가 있을지 모릅니다. 그러나 장기적으로 보면 그다지 좋은 방법이 아닙니다. 왜냐면 보상이 주어지지 않으면 자신이 마땅히 해야 할 일임에도 불구하고 관심을 두지 않기 때문입니다.

　신앙생활도 그와 비슷합니다. 하나님의 명령에는 약속이 따릅니다. "부모를 공경하라"는 명령에는 "그리하면 네 하나님 여호와가 네게 준 땅에서 네 생명이 길리라"는 복의 약속이 따릅니다(출 20:12). 물론 부모 공경은 자녀로서 마땅히 해야 할 의무입니다. 단지 복을 받기 위해서 하나님의 명령을 지키는 것은 아닙니다. 그러나 보상의 약속이 있는 것이 없는 것보다는 아무래도 낫겠지요.

문제는 보상에 대한 기대 심리를 부추기는 방식으로는 올바른 신앙생활을 가르치기가 쉽지 않다는 사실입니다. 자칫하면 예수님 당시의 유대인들처럼 단지 '구원'이라는 보상을 얻기 위해서 율법을 지키는 종교 생활의 함정에 빠질 수도 있습니다. 그렇다면 어떻게 해야 할까요?

은혜가 먼저다

지난 시간에 자녀의 신앙적인 질문에 대한 가장 좋은 답변은 부모 자신의 신앙고백이라고 했습니다. 우리가 하나님이 명령하신 증거와 규례와 법도를 지켜야 하는 이유는 구원 받기 위해서가 아니라 이미 구원 받았기 때문입니다. 오늘 본문도 그 연장선상에서 이해해야 합니다.

> 여러분이 이 명령을 따라 잘 지켜 행하면, 하나님께서도 여러분의 조상과 맺은 신실한 사랑의 언약을 지키실 것입니다(신 7:12, 메시지).

이 말씀을 뒤집으면 어떻게 될까요? "여러분이 하나님의 명령을 지키지 않으면 하나님께서 여러분의 조상과 맺은 신실한 사랑의 언약을 지키지 않으실 것이다"가 됩니다. 마치 율법 준수가 하나님의 은혜를 받는 전제 조건이라는 말씀처럼 들리게 되지요. 그것이 바로 율법주의적인 사고방식이 만들어 내는 오해입니다. 만일 우리가 그런 말씀으로 이해해 왔다면 그것부터 교정해야 합니다. 왜냐면 이스라엘 백성에게 맹세하신 '신실한 사랑의 언약'(the covenant of royal love)은 그 자체가 '은혜'의 선물이기 때문입니다.

아브라함을 부르실 때 하나님은 아무런 조건 없이 세 가지 약속을 해주셨습니다. '후손에 대한 약속'과 '땅에 대한 약속'과 '복이 되는 약속'이 그것입니다(창 12:1-3). 그리고 그 약속을 신실하게 지켜오셨습니다. 이집트 파라오의 압제에서 그들을 구원해 내신 것도 그 때문입니다. 그런 후에 시내산에서 이스라엘 백성과 계약을 맺으면서 율법을 주셨습니다. 하나님의 백성답게 살아가는 지침을 가르쳐주신 것입니다. 다시 말해서 율법 준수가 구원의 전제 조건이 아닙니다. 오히려 하나님의 은혜가 구원의 전제 조건이요, 율법 준수의 당연한 이유입니다.

예수님도 이렇게 말씀하셨습니다. "내 계명을 알고 지키는 사람이야말로 나를 사랑하는 사람이다. 나를 사랑하는 사람은 내 아버지께 사랑을 받을 것이다. 나도 그를 사랑하고 그에게 나를 분명히 드러내 보일 것이다"(요 14:21, 메시지). 우리는 하나님의 사랑을 받기 위해서 계명을 지키는 사람이 아닙니다. 우리는 예수님을 통해 이미 하나님의 사랑을 받았습니다. 그래서 계명을 지키는 것입니다. 그것이 우리가 하나님을 사랑한다는 증거입니다.

정말 그렇습니다. 하나님의 계명을 지키지 않으면서 어떻게 하나님을 사랑한다고 말할 수 있겠습니까? 우리는 하나님의 은혜로 구원받은 하나님의 백성입니다. 따라서 하나님이 가르쳐주신 말씀대로 살아가는 것은 지극히 마땅한 일입니다. 율법을 지켰다고 해서 우리가 또 다른 보상을 감히 바랄 수는 없습니다. 율법 준수는 하나님의 은혜를 받은 사람으로서 보여야 할 당연한 반응이기 때문입니다.

율법이 은혜다

그런데 하나님은 놀랍게도 우리가 하나님의 명령에 따라 살아갈 때 더욱 큰 사랑을 주시겠다고 약속하십니다. 우리의 작은 헌신을 귀하게 여기시고 더욱 큰 은혜를 베풀어 주시겠다고 말씀하십니다.

> 하나님께서 여러분을 사랑하시고 여러분에게 복을 내리시며 여러분의 수를 늘려 주실 것입니다. 또 여러분에게 주시겠다고 여러분의 조상에게 약속하신 땅에서, 여러분의 태에서 태어난 젖먹이와 여러분의 밭에서 난 곡식 수확물과 포도주와 기름에 복을 내리시고, 여러분의 소 떼에서 태어난 송아지와 양 떼에서 태어난 어린양에게도 복을 내려 주실 것입니다(신 7:13, 메시지).

하나님의 사랑은 이스라엘 백성을 구원하기 전부터 이미 시작되었습니다. 하나님이 그들을 사랑하지 않으셨다면 그렇게 애써서 그들을 구원하실 필요가 없었을 것입니다. 만일 그랬다면 시내산 계약도 없었을 것이고 율법도 주어지지 않았을 것입니다. 이래라저래라 귀찮게 하는 율법이 없다면 이스라엘 백성이 마음 편하게 살 수 있었을까요? 아닙니다. 또다시 그들은 이집트로 되돌아가 다시 노예 생활을 하게 되었을 것입니다. 율법은 하나님과 그의 백성을 하나로 묶어주는 '사랑의 끈'입니다.

그러므로 율법을 지키는 것을 무슨 대단한 공로라도 되는 듯이 생각하면 안 됩니다. 그런데 어찌 된 일인지 하나님은 그것을 대단하게 여겨주십니다. 당연한 일을 한 것일 뿐인데도 그들을 더욱 사랑해 주십니다. 그뿐만 아니라 약속의 땅에서 그들에게 필요한 것을 채워주십니다. 흔히 '약속의 땅'을 '젖과 꿀이 흐르는 땅'이라고 말합니다. 그 말은 일하지 않아도 먹고 살 수 있는 낙원이라는 뜻이 아닙니다. 가나안은 나일강을 끼고 있는 이집트처럼 비옥한 땅이 아닙니다.

그렇지만 때맞추어 내리는 이른 비와 늦은 비를 통해서 목축업을 하면서 농사를 지으며 살 수 있는 곳입니다. 양이나 염소를 키우면서 젖을 구할 수 있고, 꿀처럼 달고 맛있는 대추야자 열매를 얻을 수 있습니다. 그래서 '젖과 꿀이 흐르는 땅'입니다. 그렇습니다. 다른 사람보다 더 많이 가져야만 복 받은 삶이 아닙니다. 우리를 구원해 주신 하나님의 은혜를 기억하며 말씀 따라 살아감으로써 또한 때를 따라 일용한 양식을 채워주시는 하나님의 은혜를 맛보는 곳이 바로 약속의 땅입니다.

따라서 율법 준수를 더 많은 복을 받기 위한 수단이나 방법으로 취급하면 안 됩니다. 율법 자체가 이미 우리를 향한 하나님의 은혜입니다. 하나님의 백성답게 살아갈 수 있는 길을 알고 있다는 게 우리에게 주어진 특별한 권리입니다. 권리에는 반드시 의무와 책임이 따릅니다. 하나님은 우리가 어떤 상황에서도 하나님 백성의 정체성을 잃어버리지 않기를 기대하십니다. 하나님의 기대에 어긋나지 않도록 살아야 하겠습니다.

◻ 은혜 나누기

보상과 은혜의 차이에 대해서 자기 생각을 함께 나누어 봅시다.

◻ 공동 기도

하나님 아버지, 그동안 우리는 보상을 바라면서 신앙생활해 왔습니다. 구원받기 위해서 율법을 지켜왔습니다. 그것이 얼마나 잘못된 태도였는지 오늘 말씀으로 깨우쳐 주시니 감사합니다. 이제부터 오직 하나님의 은혜만을 바라보겠습니다. 구원 받은 것도 하나님의 은혜요, 덤으로 주시는 복도 하나님의 은혜입니다. 그 은혜 안에서 늘 감사하며 살아가도록 성령님 도와주세요. 예수님의 이름으로 기도합니다. 아멘.

5월 둘째주 두려움 극복하기

□ **주님의 기도** 주님이 가르쳐주신 기도로 가정예배를 시작합니다.

□ **찬송 부르기** 399장(어린 양들아 두려워 말아라)

□ **성경 읽기** 신명기 7:20-21(17-21)

※ 개역개정판

20네 하나님 여호와께서 또 왕벌을 그들 중에 보내어 그들의 남은 자와 너를 피하여 숨은 자를 멸하시리니 21너는 그들을 두려워하지 말라. 너희의 하나님 여호와 곧 크고 두려운 하나님이 너희 중에 계심이니라.

※ 메시지성경

그뿐 아니라, 말벌까지 보내실 것입니다. 하나님께서 그들에게 말벌을 풀어 놓으셔서, 여러분의 눈을 피해 살아남은 자들까지 모조리 죽이실 것입니다. 그러니 그들을 겁내지 마십시오. 하나님 여러분의 하나님, 위대하고 두려우신 하나님께서 여러분 가운데 계십니다.

□ **말씀 나누기**

예수님은 베드로에게 깊은 데로 나가서 그물을 내려 고기를 잡으라고 말씀하셨습니다. 그는 이미 밤새워서 고기를 잡으려고 했었지만 한 마리도 건지지 못하고 빈손으로 돌아온 상태였습니다. 그런데 벌건 대낮에 그물을 내려 고기를 잡으라니요. 갈릴리 호수에서 평생 어부로 살아온 베드로의 상식으로는 전혀 맞지 않는 일입니다. 아무리 예수님의 말씀이라지만 그것에 순종하여 따르기가 쉽지 않습니다.

이렇듯 하나님의 말씀과 우리의 현실 사이에는 언제나 넓은 틈이 있습니다. 하나님의 말씀에 순종하지 못할 나름대로 정당한 이유가 우리에게 참 많습니다. 그러나 바로 그때 우리에게 믿음이 필요합니다. 베드로는 주님을 믿고 그 말씀에 순종하여 그물을 내렸습니다. 그랬더니 어떻게 되었습니까? 혼자서는 감당할 수 없을 정도로 엄청나게 많은 물고기가 잡혔지요.

그렇습니다. 믿음이란 하나님의 말씀에 대한 지적인 동의가 아닙니다. 그 말씀대로 순종하여 따르는 실천적인 행동이 바로 믿음입니다. 하나님의 말씀과 우리의 현실 사이의 틈을 그 믿음으로 메워야 합니다. 그러면 하나님의 약속이 우리에게 그대로 이루어집니다. 그러나 만일 믿음으로 그 틈을 메우지 않는다면, 두려움이 그 자리를 대신 차지하게 될 것입니다.

두려움의 이유

지난 시간에 우리는 가나안 땅에서 이스라엘 백성이 누리게 될 복의 약속에 대해서 묵상했습니다. 그들은 단지 율법의 가르침에 따라서 하나님과 바른 관계를 맺으며 살기만 하면 됩니다. 그러면 때를 따라 일용한 양식을 채워주시는 하나님의 은혜를 맛볼 수 있습니다. 그런데 그 말씀을 듣고 있던 이스라엘 백성의 마음에는 두려움이 생겼습니다. 그것을 아시고 하나님은 이렇게 말씀하십니다.

네가 혹시 심중에 이르기를 이 민족들이 나보다 많으니 내가 어찌 그를 쫓아낼 수 있으리요 하리라마는 그들을 두려워하지 말고 네 하나님 여호와께서 바로와 온 애굽에 행하신 것을 잘 기억하되(신 7:17-18).

그들이 들어가려고 하는 가나안 땅은 '임자 없는 빈 땅'이 아니었습니다. 그곳에는 오래전부터 살고 있던 민족들이 있었습니다. 하나님은 그 땅을 이스라엘 백성에게 주시겠다고 약속하시지만, 이스라엘이 직면하고 있는 현실은 그 말씀과 동떨어져 있습니다. 우선 숫자로 보아서 가나안 민족들과 비교가 되지 않습니다. 게다가 높이 쌓아 놓은 성들과 훈련된 가나안 군인들을 상대하기에 너무나 부족합니다. 그다지 틀린 진단은 아닙니다. 그들의 두려움은 아주 자연스러운 것으로 보입니다.

그러나 그들의 진단은 정확한 게 아니었습니다. 자신의 힘으로는 도무지 가나안 민족들을 쫓아낼 수 없으리라는 생각에 그들은 두려워했습니다. 물론입니다. 그들 자신의 힘으로는 가나안 민족들을 쫓아낼 수 없습니다. 하지만 하나님은 분명히 약속하셨습니다. "하나님 여러분의 하나님께서 그들을 여러분 손에 넘겨주실 것이니, 여러분은 그들을 쳐부수어야 합니다"(신 7:2, 메시지). 하나님이 가나안 민족들을 이스라엘 백성에게 넘겨주시겠다고 분명히 약속하셨습니다.

이집트를 탈출할 때 이스라엘 백성이 과연 무엇을 했습니까? 아무 일도 하지 않았습니다. 하나님께서 '강한 손과 편 팔로' 놀라운 이적을 보이시며 그들을 구원해 주셨습니다. 그들이 한 일이 있다면 그저 하나님의 인도하심에 순종한 것뿐입니다. 약속의 땅에 들어가는 것도 마찬가지입니다. 하나님이 가나안 민족들을 그들의 손에 넘겨주실 때 쳐부수기만 하면 됩니다. 그런데 그들은 자신의 힘으로 어떻게 가나안 민족들을 쫓아낼 수 있을지 걱정하고 있습니다.

무슨 일이든지 하나님을 포함하지 않으면 그렇게 두려움이 생기게 되어 있습니다. 하나님의 약속과 우리의 현실 사이에는 틀림없이 넓은 틈이 놓여 있습니다. 오직 믿음으로 그 틈을 채워야 합니다. 그러면 우리에게 두려움이 생기지 않습니다. 따라서 그 어떤 이유로든 두려움이 있다는 것은 우리에게 믿음이 없다는 뜻입니다. 하나님을 우리의 현실에 포함하지 않고 있다는 증거입니다.

하나님의 왕벌

하나님을 전적으로 신뢰하지 못하고 두려워하는 이스라엘 백성을 얼마든지 책망하실 수도 있으셨지만, 하나님은 그렇게 하지 않으셨습니다. 오히려 앞으로 하나님이 그들을 위해 어떻게 일하실지 구체적으로 말씀해 주십니다.

> 네 하나님 여호와께서 또 왕벌을 그들 중에 보내어 그들의 남은 자와 너를 피하여 숨은 자를 멸하시리니 너는 그들을 두려워하지 말라. 너희의 하나님 여호와 곧 크고 두려운 하나님이 너희 중에 계심이니라(신 7:20-21).

하나님은 가나안 민족들에게 '왕벌'을 보내시겠다고 말씀하십니다. 메시지성경은 '말벌'을 풀어 놓으시겠다고 풀이합니다. 말벌은 공격성과 위협성에서 일반적인 벌들과 다릅니다. 실제로 말벌에 쏘여서 죽는 사람들이 적지 않습니다. 그렇다면 마치 메뚜기 떼처럼 말벌들을 많이 보내서 가나안 사람들을 쫓아내시겠다는 말씀일까요? 물론 아닙니다. 정확하게 표현하면 '말벌들'(hornets)이 아니라 '그 말벌'(the Hornet)입니다. 그것은 가나안 사람들을 쫓아내기 위해서 하나님이 특별히 사용하시는 어떤 도구를 상징하는 말입니다.

여호수아가 여리고 성을 살피기 위해서 두 명의 정탐꾼을 보냅니다. 라합은 그들의 정체를 알고서도 몰래 숨겨줍니다. 그 이유를 다음과 같이 설명합니다. "나는 하나님께서 당신들에게 이 땅을 주신 것을 압니다. 우리 모두가 두려워 떨고 있고, 이 땅의 모든 사람이 절망에 빠져 있습니다. … 하나님께서 아모리 사람의 두 왕 시혼과 옥에게 어떻게 행하셨는지 우리가 들었습니다. 그 말을 듣고서 다들 가슴이 철렁 내려앉아 숨이 멎는 줄 알았습니다. 모두가 당신들 때문입니다"(수

2:9-11, 메시지).

이스라엘 백성의 눈에는 도무지 정복할 수 없을 것처럼 보이는 여리고성 안에 살던 사람들이 실제로는 두려움에 벌벌 떨고 있었던 것입니다. 두려움과 공포가 바로 하나님이 보내신 '그 말벌'입니다. 그런데 여리고 사람들이 두려워한 것은 이스라엘 백성이 아니었습니다. 그들은 이스라엘 백성을 가나안 땅으로 인도하신 하나님을 두려워했습니다. 크고 두려운 하나님이 이스라엘 백성 가운데 계심을 두려워했던 것입니다.

정말 그렇습니다. 우리가 직면하는 현실에 하나님을 포함하지 않는다면 우리의 마음에 두려움이 생겨날 수밖에 없습니다. 그러나 우리와 함께하시는 하나님을 믿음으로 선언하고 담대히 나아간다면 우리를 대적하는 모든 대상이 두려워서 벌벌 떨게 됩니다. 결국 우리가 두려워하며 살 것인가 아니면 상대가 두려워하게 될 것인가 둘 중의 하나입니다. 그것은 하나님을 우리의 삶에 포함하느냐에 달려 있습니다.

□ 은혜 나누기

지금 내가 가장 두려워하는 일이 무엇인지 함께 나누어 봅시다.

□ 공동 기도

하나님 아버지, 우리의 부족한 믿음을 용서해 주세요. 하나님을 믿는다고 말하면서 실제로는 우리의 인생에 하나님을 포함하지 않았습니다. 그래서 조그만 일에도 늘 불안해했고 두려워했습니다. 이제부터는 우리와 함께하시는 하나님을 담대히 선포하며 살게 해주세요. 예수님의 이름으로 기도합니다. 아멘.

5월 셋째주 광야 길의 시험

- 주님의 기도 주님이 가르쳐주신 기도로 가정예배를 시작합니다.
- 찬송 부르기 338장(내 주를 가까이하게 함은)
- 성경 읽기 신명기 8:2(1-6)

※ 개역개정판

네 하나님 여호와께서 이 사십 년 동안에 네게 광야 길을 걷게 하신 것을 기억하라. 이는 너를 낮추시며 너를 시험하사 네 마음이 어떠한지 그 명령을 지키는지 지키지 않는지 알려 하심이라.

※ 메시지성경

하나님께서 지난 사십 년 동안 광야에서 여러분을 인도하신 모든 여정을 기억하십시오. 그렇게 여러분을 극한까지 몰아붙여 시험하신 것은, 여러분의 마음이 어떠한지, 여러분이 그분의 계명을 지키는지 지키지 않는지 알아보시려는 것이었습니다.

- 말씀 나누기

　학교에서 치르는 시험(test)을 좋아하는 학생은 이 세상에 아마 없을 것입니다. 시험의 부담만 없다면 훨씬 더 즐거운 학교생활을 하게 될지도 모릅니다. 그래서 시험에 대한 여러 가지 부정적인 생각들이 만들어집니다. "행복은 성적순이 아니다"라는 말도 그중의 하나입니다. 하긴 학교 성적이 좋다고 해서 남들보다 더 행복하게 살게 되는 것은 아닙니다. 학교 시험 때문에 정작 자신이 하고 싶은 공부를 하지 못하는 일도 생깁니다. 시험에 대한 지나친 압박감이 만들어 내는 사회적인 부작용이 만만치 않습니다.

그렇지만 시험은 피할 수 없는 우리의 현실입니다. 시험을 치르지 않고서는 상급 학교에 진학할 수가 없습니다. 게다가 시험이 없으면 학습 의욕이 생겨나지 않습니다. 어느 부모가 아이에게 공부 좀 하라고 하니까 시험도 안 보는데 왜 그래야 하냐고 대꾸해 당황했다고 합니다. 사실 그렇습니다. 시험을 치르지 않는데 굳이 공부할 이유가 없습니다. 그러면 어떻게 될까요? 학력 수준이 점점 떨어지게 되겠지요.

공부를 강요하는 학교의 시험에서 해방되고 나면 그때는 과연 행복해질까요? 아닙니다. 어느 곳에서 어떤 인생을 살게 되든지 우리를 기다리는 또 다른 여러 종류의 시험이 있다는 사실을 발견하게 될 것입니다. 그때 차라리 학교에서 치르는 시험이 더 쉬웠다고 생각하게 될 겁니다. 따라서 시험이 없으면 더 행복해질 것이라는 환상에서 일찌감치 깨어나야 합니다. 오히려 시험을 통해서 배우는 삶의 교훈을 소중히 여길 줄 알아야 합니다.

40년 광야 생활

이스라엘 백성이 광야에서 지내야 했던 40년 세월은 그들을 향한 하나님의 시험이었습니다. 모세는 그 이유를 다음과 같이 설명합니다.

> 하나님께서 지난 사십 년 동안 광야에서 여러분을 인도하신 모든 여정을 기억하십시오. 그렇게 여러분을 극한까지 몰아붙여 시험하신 것은, 여러분의 마음이 어떠한지, 여러분이 그분의 계명을 지키는지 지키지 않는지 알아보시려는 것이었습니다(신 8:2, 메시지).

가장 먼저 하나님은 이스라엘 백성의 한계를 시험하셨습니다. "극한까지 몰아붙여 시험하셨다"(pushing you to your limits, testing you.

MSG)고 합니다. 광야는 먹을 것도, 마실 물도 구하기 힘든 아주 척박한 땅입니다. 하루 이틀이라면 모를까, 거기에서 40년을 살아남는다는 것은 결코 쉬운 일이 아닙니다. 게다가 이집트에서 나올 때 장정들만 60만 명이 훌쩍 넘었습니다(출 12:37). 거기에 어린아이와 여자들이 더해지면 엄청나게 많은 숫자입니다. 그들이 함께 광야에서 생존한다는 것은 사실상 불가능한 일입니다.

물론 광야 생활이 그렇게 길 필요는 없었습니다. 하나님의 처음 계획은 그들이 곧바로 가나안 땅에 들어가는 것이었습니다. 그러나 하나님의 말씀에 순종하지 않은 일에 대한 벌로서 광야에서 방황하는 40년의 세월이 주어진 것입니다(민 14:33). 하나님은 한편으로는 그렇게 이스라엘 백성을 극한까지 몰아붙이셨지만, 그와 동시에 그들을 외면하지 않고 은혜로 돌보아주셨습니다. 그들의 먹는 문제를 해결해주셨고 그들의 옷이 해어지지 않게 해주셨습니다(4절).

그렇게 하신 이유가 무엇일까요? 모세는 말합니다. "그들의 마음이 어떠한지", "그들이 하나님의 계명을 지키는지" 알아보기 위해서라고 말입니다. 가나안 땅은 하나님의 계명을 지키는 하나님의 백성에게 허락된 약속된 땅입니다. 그러니까 이스라엘 백성을 향한 하나님의 시험은 그들을 망하게 하려는 것이 아니었습니다. 하나님의 목적은 그들을 잘 훈련하여 약속의 땅에 들어갈 수 있게 하려는 것이었습니다.

그렇다면 그들은 굳이 40년이라는 세월을 채워야 할 필요가 없었습니다. 만일 그들이 하나님의 말씀에 순종하여 온전히 따르는 모습을 보이기만 한다면 그전에라도 얼마든지 약속의 땅으로 인도하셨을 것입니다. 문제는 출애굽 세대 이스라엘 백성이 그러지 못했다는 사실입니다. 그래서 광야 생활을 해오는 동안 이런저런 사건들을 겪으면서 그들은 불순종하는 모습을 보였고, 그 탓에 거의 다 죽고 말았던 것입니다.

지금 모세의 고별 설교를 듣고 있는 광야 세대 이스라엘 백성도 마찬가지입니다. 이미 40년 세월이 흘렀다고 해서 자동으로 광야 생활이 끝나게 되는 것은 아닙니다. 하나님의 말씀에 순종하는 시험을 통과해야 합니다. 그래야 약속의 땅에 들어갈 수 있습니다. 그들의 마음이 언제나 하나님을 향하고 하나님의 말씀에 전적으로 순종한다면 젖과 꿀이 흐르는 약속의 땅으로 들어갈 것입니다. 그러나 만일 그러지 못한다면 아버지 세대처럼 그들 역시 광야에서 일생을 마치게 될 것입니다.

만나의 훈련

말씀에 순종하는 시험을 통과하기 위해서 하나님이 그들에게 실시한 특별한 훈련이 한 가지 있었습니다. 그것은 바로 '만나'라는 '일용한 양식'의 훈련이었습니다.

> 그분께서는 여러분에게 힘든 시기를 겪게 하시고, 여러분을 굶주리게도 하셨습니다. 그러고는 여러분도 모르고 여러분의 조상도 몰랐던 만나로 여러분을 먹여 주셨습니다. 이는 사람이 빵으로만 사는 것이 아니라 하나님의 입에서 나오는 모든 말씀으로 산다는 것을 여러분이 알게 하시려는 것입니다(신 8:3, 메시지).

'만나'는 "이것이 무엇이냐?"(What is this?)라는 뜻의 히브리어 '만후'(man hu)라는 말에서 나왔다고 합니다. 이스라엘 백성은 만나가 무엇인지 알지 못했지만, 광야 생활 40년 동안 하루도 빼놓지 않고 매일 먹었습니다. 만나가 없었다면 그들은 광야에서 생존할 수 없었을 것입니다. 그런데 만나는 '일용한 양식' 그 이상의 의미를 지닙니다.

그때에 여호와께서 모세에게 이르시되 내가 너희를 위하여 하늘에서 양식을 비같이 내리리니 백성이 나가서 일용할 것을 날마다 거둘 것이라. 이같이 하여 그들이 내 율법을 준행하나 아니하나 내가 시험하리라(출 16:4).

하나님의 명령은 '일용할' 양식을 '날마다' 거두는 것이었습니다. 그런데 어떤 사람은 욕심을 부려서 많이 거두어 몰래 숨겨두었습니다. 그렇지만 이내 벌레가 생기고 냄새가 나서 먹지 못하게 되었지요. 안식일을 앞둔 여섯째 날에는 이틀 치를 거둘 수 있게 했습니다(출 16:22). 그 만나는 신기하게도 상하지 않았습니다. 안식일에는 만나를 거둘 수 없다고 분명히 말씀하셨는데, 굳이 나갔다가 허탕 치고 돌아오는 사람도 있었습니다.

이런 일들을 통해서 하나님은 이스라엘 백성에게 하나님의 말씀에 순종하는 훈련을 하셨던 것입니다. 그렇습니다. 사람은 밥으로만 사는 존재가 아닙니다. 하나님의 입에서 나오는 모든 말씀으로 사는 존재입니다. 말씀에 순종하는 사람은 광야에서 살아남았고, 순종하지 않은 사람은 모두 죽고 말았습니다. 약속의 땅은 그렇게 순종하는 사람에게 주어지는 것입니다.

우리도 인생의 광야 길을 걷는 중입니다. 하나님은 여러 가지 일을 통해 지금 우리를 시험하고 계십니다. 하나님의 시험은 우리를 약속의 땅으로 인도하시는 오직 한 가지 목적을 가지고 있습니다. 그 시험을 외면하거나 피하려고 하지 마십시오. 조금 힘들고 귀찮더라도 말씀에 순종하여 살아보십시오. 그러면 우리에게 약속의 땅이 열립니다.

▫ 은혜 나누기
내가 과거에 받은 또는 지금 받는 하나님의 시험에 대해서 함께 나누어 봅시다.

□ 공동 기도

하나님 아버지, 힘들고 귀찮다는 이유로 하나님의 말씀을 외면하지 않게 해주세요. 매일의 삶 속에서 말씀에 순종하여 일용한 양식을 구하는 훈련을 잘 받게 해주세요. 그리하여 마침내 하나님이 우리에게 허락하시는 약속의 땅에 들어가는 복을 누리게 해주세요. 예수님의 이름으로 기도합니다. 아멘.

5월 넷째주 하나님의 잔소리

□ 주님의 기도 주님이 가르쳐주신 기도로 가정예배를 시작합니다.

□ 찬송 부르기 521장(구원으로 인도하는)

□ 성경 읽기 신명기 8:17-18(11-20)

※ 개역개정판

17그러나 네가 마음에 이르기를 내 능력과 내 손의 힘으로 내가 이 재물을 얻었다 말할 것이라. 18네 하나님 여호와를 기억하라. 그가 네게 재물 얻을 능력을 주셨음이라. 이같이 하심은 네 조상들에게 맹세하신 언약을 오늘과 같이 이루려 하심이니라.

※ 메시지성경

여러분이 마음속으로 "이 모든 것은 다 내가 이룬 것이다. 나 혼자서 이루었어. 나는 부자다. 모두 다 내 것이다!"하고 생각한다면, 생각을 고쳐먹으십시오. 기억하십시오. 하나님 여러분의 하나님께서는, 오늘 이처럼 여러분의 조상에게 맹세하신 언약을 이루시려고, 여러분에게 이 모든 부를 일구어낼 힘을 주신 것입니다.

□ 말씀 나누기

환갑 넘은 아들이 외출하려고 하니까 아흔 살 잡수신 어머니가 이렇게 말씀하십니다. "얘야, 차 조심하거라!" 그만큼 나이가 들었는데 아직도 미덥지 못한 것일까요? 아닙니다. 그것이 아들을 사랑하는 어머니의 마음입니다. 나이가 들었다고 해서 차 조심할 필요가 없어지는 것은 아니지요. 그래서 그렇게 거듭 잔소리를 하는 것입니다. 하나님도 역시 마찬가지입니다. 이제 곧 약속의 땅에 들어가게 될 이스라엘 백성에게 반복하여 말씀하시는 잔소리가 하나 있습니다. 바로 "하나님을 기억하라!"는 말씀입니다.

앞에서 살펴본 대로 하나님의 백성이 가장 조심해야 할 것은 '영적인 건망증'입니다. 이집트에서 종살이하던 올챙이 시절을 절대로 잊어서는 안 됩니다. 그것은 그들을 구원하신 하나님을 잊어버린다는 뜻이요, 약속의 땅을 선물로 주신 하나님의 은혜를 잊어버린다는 뜻입니다. 하나님을 잊어버리면 과연 어떤 일이 벌어질까요? 틀림없이 다른 신들을 섬기게 될 것이고, 그러면 결국에는 약속의 땅에서 쫓겨나고 말 것입니다. 약속의 땅은 오직 하나님을 섬기는 백성만 살 수 있는 곳이기 때문입니다.

따라서 하나님의 잔소리를 귀찮아하면 안 됩니다. 오히려 더욱 귀담아들어야 합니다. 중요한 것이 아니라면 그렇게 굳이 반복해서 말씀하실 필요가 없습니다. 우리가 아무리 나이가 많이 들었어도, 우리가 아무리 신앙생활을 오래 했어도 마땅히 들어야 할 말씀은 계속해서 들어야 하는 것입니다.

교만한 마음

하나님을 잊어버리는 '영적인 건망증'에 앞서서 나타나는 한 가지 증세가 있습니다. 바로 '교만한 마음'입니다.

네가 먹어서 배부르고 아름다운 집을 짓고 거주하게 되며 또 네 소와 양이 번성하며 네 은금이 증식되며 네 소유가 다 풍부하게 될 때에 네 마음이 교만하여 네 하나님 여호와를 잊어버릴까 염려하노라(신 8:12-14a).

지금 이스라엘 백성은 광야 생활의 막바지에 다다랐습니다. 지난

40년 동안 그들은 매일 하나님이 내려 주시는 '만나'를 먹으며 살아왔습니다. '만나'는 말 그대로 '일용(日用)한 양식'이었습니다. 하루에 필요한 양만큼만 거두어야 했습니다. 아무리 욕심 사납게 많이 거둔다고 해도 오래 보관할 수 없었습니다. 게다가 그들은 장막에서 살아왔습니다. 거의 매일 짐을 싸고 푸는 일을 반복해야 하는 참으로 고단한 생활이었습니다.

그런데 이제 약속의 땅에 들어가면 하나님이 골고루 나누어주시는 땅에 정착하여 살게 될 것입니다. 매번 거처를 옮겨 다녀야 하는 수고를 할 필요가 없습니다. 그곳에서 부지런히 농사를 지으면 한꺼번에 많은 수확을 얻을 수도 있습니다. 그러면 좋은 집을 지어서 편안하게 살게 될 것입니다. 소 떼와 양 떼가 늘어날수록 그만큼 더 많은 돈이 생길 것이고, 그에 따라서 생활 수준이 점점 더 높아질 것입니다. 그것이 하나님이 그들에게 주기로 약속하신 복입니다.

문제는 그다음입니다. 먹고살 만해지면 사람들은 곧잘 그들의 올챙이 시절을 잊어버리곤 합니다. 그들을 아끼고 먹이고 입히며 그곳까지 인도해 오신 하나님의 은혜를 잊어버립니다. 그 초기 증세가 바로 "마음이 교만해지는 것"입니다. 교만(驕慢)이란 스스로 잘난 체하며 뽐낸다는 뜻입니다. 히브리 원어를 직역하면 "마음이 높아지는 것"(your heart be lifted up, ESV)입니다. 그러니까 자기 힘으로 그 모든 일을 이루었다고 착각하게 되는 것이지요.

본문 17절은 교만한 마음을 다음과 같이 아주 실감 나게 표현합니다. "이 모든 것은 다 내가 이룬 것이다. 나 혼자서 이루었어. 나는 부자다. 모두 다 내 것이다!"(신 8:17, 메시지) 자기 힘으로 모든 것을 이루었다고 생각하면 하나님이 필요 없습니다. 지금까지 그들에게 베풀어 주신 은혜를 기억에서 지워버릴 뿐만 아니라 자신의 인생에 더 이상

하나님을 포함하지 않게 됩니다. 하나님 없이도 얼마든지 잘 먹고 잘살 수 있다고 생각하게 됩니다. 그렇게 하나님에게서 점점 멀어지는 것입니다.

겸손한 마음

그런데 정말 그럴까요? 하나님 없이도 잘 먹고 잘살게 될까요? 아닙니다. 하나님을 잊어버리면 그냥 하나님 없이 살게 되는 것이 아니라 반드시 다른 신들을 섬기게 되어 있습니다. 그리고 그 결과는 파멸입니다.

> 여러분이 하나님 여러분의 하나님을 잊고, 다른 신들과 어울려 그 신들을 섬기고 숭배하면, 분명히 경고하건대, 여러분은 그 일로 멸망하고 말 것입니다. 곧 파멸입니다(신 8:19, 메시지).

하나님께서 오래전부터 가나안에 터를 잡고 살아오던 아모리 족속을 심판하신 이유가 무엇입니까? 그들의 우상숭배 때문입니다. 그래서 하나님이 이스라엘 백성을 이집트에서 구원하여 약속의 땅으로 인도하신 것입니다. 당신의 백성을 통해서 아모리 족속의 죄악을 심판하려고 하셨던 것이지요(창 15:16). 그런데 만일 이스라엘 백성이 하나님을 잊어버리고 다른 신들과 어울린다면 어떻게 되겠습니까? 더 말할 것도 없습니다. 하나님이 멸망시킨 민족들과 똑같이 이스라엘 역시 망하게 될 것입니다(신 8:20).

따라서 이스라엘의 생존은 하나님의 음성에 순종하느냐에 달려 있습니다. 자기 힘으로 다 이루었다고 생각하는 교만한 마음으로는 하나님의 말씀에 순종하여 따를 수 없습니다. 오로지 겸손한 마음을 가질 때만 그 일이 가능합니다. 겸손한 마음에 대해서 본문은 이렇게 표현합니다.

네 하나님 여호와를 기억하라. 그가 네게 재물 얻을 능력을 주셨음이라. 이같이 하심은 네 조상들에게 맹세하신 언약을 오늘과 같이 이루려 하심이니라(신 8:18).

하나님은 재물을 얻기 위해서 애쓰는 사람들의 수고와 노력을 결코 가볍게 여기지 않으십니다. 하나님은 아무 일도 하지 않고 놀고먹는 사람에게까지 복을 주시지 않습니다. 그 대신 각 사람에게 재물 얻을 능력을 주십니다. 수고하고 노력하기만 하면 얼마든지 부를 일구어낼 수 있도록 필요한 힘을 주시는 것입니다. 그 사실을 솔직하게 인정하는 것이 바로 '겸손한 마음'입니다.

따라서 겸손한 마음을 가진 사람은 무엇을 성취하고 난 후에 "이 모두 내가 혼자서 이루었다!"라고 말하지 않습니다. 오히려 "하나님이 나를 통해 일하셨다!"라고 고백합니다. 하나님의 잔소리를 가볍게 여기지 않는 그런 겸손한 사람이 약속의 땅에서 오래오래 살 수 있는 것입니다.

□ 은혜 나누기
그동안 내가 듣기 싫어하던 하나님의 잔소리가 있었다면 함께 나누어 봅시다.
□ 공동 기도
하나님 아버지, "나의 나 된 것은 하나님의 은혜"(고전15:10)라고 고백한 바울처럼 우리도 늘 하나님의 은혜를 고백할 수 있게 해주세요. 우리가 수고하고 노력하여 이루었다 하더라도, 그렇게 할 수 있는 능력을 주신 하나님을 잊어버리지 않게 해주세요. 그리하여 늘 겸손한 마음으로 하나님의 음성에 순종하여 따르는 하나님의 백성이 되게 해주세요. 예수님의 이름으로 기도합니다. 아멘.

6월 첫째주 상대적인 의로움의 함정

□ 주님의 기도 주님이 가르쳐주신 기도로 가정예배를 시작합니다.

□ 찬송 부르기 274장(나 행한 것 죄뿐이니)

□ 성경 읽기 신명기 9:5(1-5)

※ 개역개정판

네가 가서 그 땅을 차지함은 네 공의로 말미암음도 아니며 네 마음이 정직함으로 말미암음도 아니요 이 민족들이 악함으로 말미암아 네 하나님 여호와께서 그들을 네 앞에서 쫓아내심이라. 여호와께서 이같이 하심은 네 조상 아브라함과 이삭과 야곱에게 하신 맹세를 이루려 하심이니라.

※ 메시지성경

여러분이 여기까지 온 것은 여러분이 행한 착한 행실 때문도 아니고, 여러분이 쌓아 올린 고상한 행위 때문도 아닙니다. 하나님 여러분의 하나님께서 저 민족들을 여러분 앞에서 쫓아내시려는 이유는, 그들이 몹시도 사악하기 때문입니다. 또한 그것은 여러분의 조상, 곧 아브라함과 이삭과 야곱에게 하신 약속을 지키시려는 것입니다.

□ 말씀 나누기

　시험을 보면 점수를 받게 되고 그것으로 성적과 등수가 정해집니다. 같은 점수라고 하더라도 평가하는 방식에 따라서 그 의미가 달라지지요. 예를 들어서 수학 문제가 몹시 어렵게 출제되어 빵점짜리가 수두룩하게 나왔다고 합시다. 다행스럽게 나는 50점을 맞았고 그보다 높은 점수를 받은 친구는 하나도 없습니다. 그러면 '상대 평가'로는 1등이 됩니다. 그렇지만 60점 이하는 무조건 낙제라고 정해 놓은 '절대 평가'로는 실패한 것이 됩니다.

만일 신앙생활에 점수를 매길 수 있다면 우리는 과연 몇 점짜리일까요? 그리고 하나님은 그 점수를 어떤 방식으로 평가하실까요? 분명한 것은 우리가 아무리 열심히 신앙생활을 하더라도 하나님의 엄격한 기준을 통과할 수는 없다는 사실입니다. 우리는 모두 죄인이기 때문입니다. 그런데 하나님은 '상대 평가'나 '절대 평가'의 기준을 사용하지 않으십니다. 그저 '은혜'로 우리를 평가하십니다. 그래서 '나 같은 죄인'도 구원 받아 하나님의 자녀가 될 수 있는 것입니다.

이스라엘 백성이 약속의 땅에 들어가게 된 것도 마찬가지입니다. 그들의 신앙생활은 하나님의 절대 기준에 턱없이 모자란 것이었지만, 그들을 긍휼히 여기시는 하나님의 은혜로 약속의 땅에 들어갈 수 있었습니다. 하나님은 이스라엘 백성이 그 사실을 잊어버리지 않기를 원하셨습니다.

하나님의 약속

오늘 본문에서 하나님은 약속의 땅을 주시겠다는 약속을 다시 한번 강조해서 말씀하십니다.

> 이스라엘아 들으라. 네가 오늘 요단을 건너 너보다 강대한 나라들로 들어가서 그것을 차지하리니 그 성읍들은 크고 성벽은 하늘에 닿았으며 크고 많은 백성은 네가 아는 아낙 자손이라. 그에 대한 말을 네가 들었나니 이르기를 누가 아낙 자손을 능히 당하리요 하거니와(신 9:1-2).

지금 가나안 땅을 차지하고 있는 나라들은 이스라엘보다 훨씬 더 강합니다. 그들이 쌓아놓은 성벽은 하늘에 닿을 만큼 높이 솟아 있고 그곳에 몸집이 대단히 큰 '아낙 자손'(the Anakites)이 살고 있습니다. 40년 전에 출애굽 세대 정탐꾼이 살펴볼 때와 조금도 달라지지 않았습니다. 특히 '아낙 자손'을 보았다는 보고에 이스라엘 백성은 크게 낙심했었지요(민 13:33). 아무도 아낙 자손과 맞설 수 없다고 생각했던 것입니다.

그러나 만일 그때 하나님의 말씀에 순종했더라면 지금쯤 출애굽 세대 이스라엘 백성은 가나안 땅에서 잘살고 있었을 것입니다. 왜냐면 가나안은 이스라엘 백성의 힘으로 정복해야 할 땅이 아니라 하나님이 그들에게 주시기로 약속한 땅이기 때문입니다. 오늘 본문에서 모세는 그 점을 더욱 강조합니다.

> 오늘 너는 알라. 네 하나님 여호와께서 맹렬한 불과 같이 네 앞에 나아가신즉 여호와께서 그들을 멸하사 네 앞에 엎드러지게 하시리니 여호와께서 네게 말씀하신 것같이 너는 그들을 쫓아내며 속히 멸할 것이라(신 9:3).

예전이나 지금이나 이스라엘 백성의 힘으로는 가나안의 강대한 나라들을 정복할 수 없습니다. 그래야 한다고 하나님이 말씀하신 적도 없습니다. 오히려 하나님께서 친히 이스라엘 백성 앞에 나아가셔서 그들을 굴복시키겠다고 약속하십니다. 이스라엘 백성은 단지 하나님이 시작하신 일을 뒤따라가며 완성하기만 하면 되는 것입니다.

실제로 여호수아가 이끄는 광야 세대 이스라엘 백성은 하나님의 약속을 믿고 그 말씀에 순종하여 가나안에 들어갔습니다. 그리고 그 땅을 차지하였습니다. 하나님이 차려놓으신 밥상에 믿음의 숟가락을 하나 얹어놓기만 했는데, 그것으로 충분했던 것입니다.

하나님의 걱정

약속의 땅에 들어가는 일은 조금도 걱정할 필요가 없습니다. 하나님은 반드시 약속을 지키시는 분이요 또한 그럴 만한 능력이 있는 분이시기 때문입니다. 문제는 들어가고 난 다음입니다. 앞 장에서 이미 살펴본 것처럼, 약속의 땅에 들어간 후에 그들이 하나님의 은혜를 잊어버리고 스스로 교만한 마음을 품게 될 것을 하나님은 걱정하셨습니다. 이번에는 '상대적인 의로움'이라는 함정에 빠지지 않을까 걱정하십니다.

> 하나님께서 그들을 여러분 앞에서 몰아내시거든, "하나님께서 우리를 이곳으로 이끌고 오셔서 저 민족들을 쫓아내비 하신 것은 내가 행한 모든 착한 행실 때문이다" 하고 생각하지 마십시오. 사실 그것은 저 민족들이 악을 저질렀기 때문입니다(신 9:4, 메시지).

하나님이 이스라엘 백성에게 가나안 땅을 넘겨주시는 이유는 두 가지입니다. 첫 번째는 그곳에 살던 사람들의 우상숭배에 대한 심판입니다. 하나님의 백성을 통해서 그들의 악을 심판하려고 하셨던 것이지요(창 15:16). 두 번째는 하나님이 아브라함과 이삭과 야곱에게 맹세하신 약속을 성취하시는 것입니다(신 9:5b). 그 어디에도 이스라엘 백성의 공로는 찾아볼 수 없습니다. 오직 하나님의 한량없는 은혜만 있을 뿐입니다.

그런데 가나안 땅을 차지한 후에 이스라엘 백성이 혹시라도 변심하지나 않을까 걱정하십니다. 그들이 가나안 족속들보다 무언가 더 의롭고 나은 점이 있었기에 약속의 땅을 차지하게 되었다고 생각하게 되는 것이지요. 메시지성경의 표현처럼 "내가 행한 모든 착한 행실"에 대한 보상으로 가나안 땅을 받았다고 생각하는 것입니다. 그것은 하나님의 은혜를 잊어버리는 '영적인 건망증'이나 자기 힘으로 모든 일을 이루었다고 생각하는 '교만한 마음'만큼이나 아주 위험한 생각입니다.

다른 사람보다 더 열심히 신앙생활하려는 사람일수록 그와 같은 상대적인 의로움의 함정에 쉽게 빠지는 것을 봅니다. 다른 사람과의 비교를 통해서 더 높이 평가 받으려는 유혹에 스스로 넘어가는 것이지요. 그것은 사실 '도토리 키 재기'입니다. 도토리끼리 누가 크냐 자랑하는 꼴입니다. 하나님의 은혜 앞에서 우리가 자랑할 수 있는 것은 아무것도 없습니다.

우리의 신앙생활은 하나님의 은혜에 대한 감격으로 시작되었습니다. 지금 우리가 누리고 있는 것은 모두 하나님이 베풀어 주신 은혜의 선물입니다. 그것을 우리의 수고나 공로에 대한 보상으로 바꾸면 안 됩니다. 바로 그때부터 우리의 마음에 감사가 사라지고 불평과 원망이 싹트기 시작하기 때문입니다.

□ 은혜 나누기

자신을 다른 사람보다 더 의롭다고 생각해 본 적은 없었는지 함께 나누어 봅시다.

□ 공동 기도

하나님 아버지, 우리는 하나님 앞에서 죄인입니다. 상대 평가로도 절대 평가로도 낙제 점수를 받을 수밖에 없는 존재입니다. 그런데도 우리를 사랑하여 구원하여 주신 은혜를 진심으로 감사드립니다. 이제부터 어떤 경우에도 다른 사람과 비교하지 않게 하시고, 언제나 하나님의 은혜에 감격하며 살게 해주세요. 예수님의 이름으로 기도합니다. 아멘.

6월 둘째주 역사 바로 알기

□ 주님의 기도 주님이 가르쳐주신 기도로 가정예배를 시작합니다.

□ 찬송 부르기 290장(우리는 주님을 늘 배반하나)

□ 성경 읽기 신명기 9:25-26(6-29)

※ 개역개정판

25그때에 여호와께서 너희를 멸하겠다 하셨으므로 내가 여전히 사십 주 사십 야를 여호와 앞에 엎드리고 26여호와께 간구하여 이르되 주 여호와여 주께서 큰 위엄으로 속량하시고 강한 손으로 애굽에서 인도하여 내신 주의 백성 곧 주의 기업을 멸하지 마옵소서.

※ 메시지성경

하나님께서 여러분을 멸하시겠다고 말씀하실 때에 나는 밤낮으로 사십 일을 하나님 앞에 엎드려, 여러분을 위해 하나님께 기도했습니다. "나의 주 하나님, 주의 관대하심으로 속량하시고, 그 크신 능력으로 이집트에서 이끌어 내신 당신의 백성, 당신의 소유를 멸하지 말아 주십시오."

□ 말씀 나누기

사람은 보고 싶은 것만 보려고 합니다. 자신의 관심이나 신념에 따라서 원하는 정보만을 선택하여 받아들이고, 그것에 따라서 판단하곤 합니다. 그러다 보니 객관적이고 종합적인 이해를 갖지 못합니다. 기억 또한 마찬가지입니다. 사람은 기억하고 싶은 것만 기억합니다. 정말 기억해야 할 것은 잊어버리고, 기억하지 않아도 될 것은 굳이 기억합니다. 게다가 그것을 현재의 감정이나 필요에 따라 구부려서 재해석합니다. 그리고 그것을 마치 실제로 일어난 일처럼 받아들이기도 합니다.

앞장에서 우리는 '상대적인 의로움'에 대해서 살펴보았는데, 그것이 바로 기억하고 싶은 것만 기억할 때 빠지는 함정입니다. 이스라엘 백성은 하나님의 은혜가 아니었다면 감히 약속의 땅에 들어갈 수 없었습니다. 하나님의 백성이라면 적어도 그 사실을 잊어버리면 안 됩니다. 그런데 하나님의 걱정처럼 그들은 약속의 땅에 들어간 후에 곧바로 하나님의 은혜를 잊어버립니다. 그리고 자신의 의로움에 대한 당연한 결과로 그들이 가나안 땅을 차지했다고 착각하게 됩니다.

그래서 역사를 제대로 알아야 합니다. 실제로 어떤 일이 일어났는지 객관적인 사실을 정확하게 알고 기억해야 합니다. 모세는 이스라엘 백성이 본래 어떤 사람들이었는지 잘 알고 있었습니다. 그들은 하나님의 말씀에 불순종하여 망할 수밖에 없었습니다. 그렇지만 모세의 적극적인 중보 기도와 하나님의 은혜로 겨우겨우 살아남아 약속의 땅을 밟을 수 있었습니다. 그런데도 '상대적인 의로움'을 주장할 수는 없는 일이지요.

목이 곧은 백성

오늘 본문에서 모세는 시내산에서 있었던 일을 회상하면서, 그때 하나님이 이스라엘 백성을 가리켜서 '목이 곧은 백성'이라고 말씀하셨던 사실을 언급합니다.

> 여호와께서 또 내게 말씀하여 이르시되 내가 이 백성을 보았노라 보라 이는 목이 곧은 백성이니라 나를 막지 말라 내가 그들을 멸하여 그들의 이름을 천하에서 없애고 너를 그들보다 강대한 나라가 되게 하리라(신 9:13-14).

당시에 하나님은 이스라엘 백성에게 몹시 화가 나셨습니다. 그 이유는 그들이 "자기를 위하여 우상을 부어 만들었기" 때문입니다(신 9:12). 모세가 하나님으로부터 십계명을 받기 위해 시내산에 올라가 있는 동안 산 밑에 있던 이스라엘 백성은 금송아지 형상을 만들고, 그 앞에서 먹고 마시며 뛰놀았습니다(출 32:1-6).

하나님은 그들을 향해서 '목이 곧은 백성'(a stiff-necked people)이라고 하십니다. 마치 말(馬)이 고집스럽게 목을 뻣뻣이 세우고 주인에게 저항하는 모습처럼 이스라엘 백성이 하나님의 말씀에 순종하지 않았다는 뜻입니다. 그런데 이번 한 번의 사건으로 그렇게 판단하시는 것은 아닙니다. 하나님은 오랫동안 그들의 교만과 불순종을 지켜보셨습니다. 하지만 이제 더는 참을 수 없다고 하면서 아주 무서운 심판을 선언하십니다.

> "나를 막지 마라. 내가 저들을 멸망시키겠다. 내가 저들을 지상에서 완전히 쓸어버리겠다. 그러고 나서 너와 새롭게 시작하여, 내가 저들보다 낫고 저들보다 큰 민족으로 만들겠다"(신 9:14, 메시지).

하나님은 그들을 구원하기 위하여 지금까지 얼마나 많은 일을 행하셨는지 모릅니다. 그런데 하나님이 애써 왔던 그 모든 일을 아예 없던 것으로 하시겠다는 겁니다. 그리고 아예 처음으로 돌아가서 모세를 통해서 다시 새롭게 시작하시겠다는 것입니다. 하나님이 얼마나 화가 나셨으면 이렇게까지 말씀하실까요?

그런데 "나를 막지 마라!"라는 말씀에서 하나님의 복잡한 심경이 느껴집니다. 하나님은 공의로운 분이기에 목이 곧은 이스라엘 백성에 대해서 엄중하게 심판하셔야 합니다. 그것이 마땅한 일입니다. 그렇지만 동시에 하나님은 은혜로운 분이기에 이스라엘 백성에 대한 연민을 가지고 계십니다. "나를 막지 마라!"는 하나님의 말씀이 오히려 "나를 좀 말려 달라!"는 뜻으로 들리는 이유입니다.

모세는 하나님의 마음을 즉시 알아차렸습니다. 그리고 이스라엘 백성을 위한 중보 기도를 시작했습니다. 바로 이때 모세가 나서서 하나님께 간구하지 않았다면 어떻게 되었을까요? 출애굽 세대에게는 40년 광야 생활의 기회가 주어지지 않았을 것이고, 광야 세대에게는 가나안 땅에 들어가는 또 다른 기회가 주어지지 않았을 것입니다.

모세의 중보

따라서 우리는 하나님의 마음을 돌이키게 만든 모세의 중보 기도를 주목해야 합니다. 그 속에 과연 어떤 내용이 담겨 있을까요?

그때에 여호와께서 너희를 멸하겠다 하셨으므로 내가 여전히 사십 주 사십 야를 여호와 앞에 엎드리고 여호와께 간구하여 이르되 주 여호와여 주께서 큰 위엄으로 속량하시고 강한 손으로 애굽에서 인도하여 내신 주의 백성 곧 주의 기업을 멸하지 마옵소서(신 9:25-26).

모세는 이스라엘이 '주의 백성'이요 '주의 기업'이라는 사실을 거듭 확인합니다. 그들이 아무리 큰 잘못을 저질렀다고 하더라도 그들은 하나님께서 이집트에서 구해내신 하나님의 백성이 분명하다는 겁니다. 그렇기에 만일 하나님의 말씀처럼 그들을 멸망시킨다면 오히려 이집트 사람들에게 잘못된 메시지를 주게 될 것이라 말합니다. 하나님이 그들을 인도할 능력이 없어서 광야에서 죽였다고 할지도 모른다는 것입니다(신 9:28). 그러니 아무리 화가 나더라도 한 번 더 생각해서 거두어 달라고 간청합니다.

그러면서 모세는 하나님이 조상들에게 주셨던 약속을 상기시킵니다. "주의 종 아브라함과 이삭과 야곱을 생각하사 이 백성의 완악함과 악과 죄를 보지 마옵소서"(신 9:27). 하나님은 아브라함과 이삭과 야곱에게 '후손에 대한 약속'과 '땅에 대한 약속'을 누누이 말씀하셨습니다. 실제로 그 약속을 지키기 위해서 지금까지 일해오셨습니다. 그런데 이제 와서 그 모든 일을 다 엎어버린다면, 하나님은 약속을 지키지 않는 분이 되고 맙니다. 이와 같은 모세의 간곡한 호소에 결국 하나님은 마음을 돌이키셨습니다(출 32:14).

모세의 간절한 기도가 하나님을 감동했기 때문일까요? 아닙니다. 모세가 그렇게 기도할 수 있도록 하나님께서 여지를 남겨두신 때문입니다. 모세는 단지 하나님의 마음을 알아차리고 중보했을 뿐입니다. 이러한 역사를 바로 알고 있다면 이스라엘 백성 중에 그 누구도 하나님께 자기의 의로움을 감히 앞세우지 못할 것입니다.

바울의 고백처럼 '나의 나 된 것'은 물론 '하나님의 은혜'입니다(고전 15:10). 그와 동시에 나를 위해 간구하는 '누군가의 중보 기도'가 있었기 때문입니다. 자녀들은 특히 부모의 눈물 어린 중보 기도를 기억해야 합니다. 그럴 때 우리는 상대적인 의로움의 함정에 빠지지 않고 언제나 겸손한 마음으로 신앙생활할 수 있는 것입니다.

□ 은혜 나누기
누군가의 중보 기도가 자신을 회복시켰던 경험이 있다면 함께 나누어 봅시다.

□ 공동 기도
하나님 아버지, 우리는 연약합니다. 우리 안에는 선한 것이 하나도 없습니다. 상황에 따라서 여전히 하나님을 손쉽게 배반하는 그런 존재입니다. 그런데도 우리를 포기하지 않으시는 하나님의 은혜를 진심으로 감사드립니다. 앞으로는 그 은혜를 절대로 잊어버리지 않게 해주시고, 언제나 겸손하게 하나님의 말씀에 순종하며 살게 해주세요. 예수님의 이름으로 기도합니다. 아멘.

6월 셋째주 두 번째 십계명 돌판

- 주님의 기도 주님이 가르쳐주신 기도로 가정예배를 시작합니다.
- 찬송 부르기 304장(그 크신 하나님의 사랑)
- 성경 읽기 신명기 10:1-2(1-5)

  ※ 개역개정판

  ¹그때에 여호와께서 내게 이르시기를 너는 처음과 같은 두 돌판을 다듬어 가지고 산에 올라 내게로 나아오고 또 나무궤 하나를 만들라. ²네가 깨뜨린 처음 판에 쓴 말을 내가 그 판에 쓰리니 너는 그것을 그 궤에 넣으라 하시기로.

  ※ 메시지성경

  그러자 하나님께서 이렇게 대답하셨습니다. "너는 돌판 두 개를 처음 것과 같이 만들어라. 산으로 가지고 올라와 나를 만나라. 또 나무로 궤를 하나 만들어라. 처음 돌판, 곧 네가 깨뜨려 버린 돌판에 있던 말을 내가 그 돌판에 새겨 줄 테니, 너는 그것을 그 궤에 넣어라."

- 말씀 나누기

  모세가 십계명을 받기 위해 시내산에 올라가 있는 동안 산 밑에 있던 이스라엘 백성은 금송아지 형상을 만들고, 그 앞에서 먹고 마시며 뛰놀았습니다. 그 일에 대해서 하나님은 몹시 진노하셨습니다. 아예 그들을 없애버리고 다시 새롭게 출발할 생각까지 하실 정도였으니 말입니다. 그러나 모세의 간절한 중보로 인해 결국에는 노여움을 푸셨지요. 지난 시간에 우리가 살펴본 내용입니다.

모세가 이렇게 시내산 사건을 새삼스럽게 끄집어내는 이유가 있습니다. 이스라엘 백성이 약속의 땅에 들어가고 난 후에 상대적인 의로움이라는 함정에 빠지지 않도록 하기 위해서입니다. 다시 말해서 그들이 가나안 땅을 차지하게 된 것은 다른 민족들보다 의롭기 때문이 아니라는 겁니다. 오직 그들을 이집트에서 불러내신 하나님의 은혜와 그들의 허물을 덮어주신 하나님의 너그러움 때문입니다. 그것을 잊지 말고 기억해야 한다는 겁니다.

하나님의 마음을 돌이키는 일에 모세의 중보 기도가 결정적인 역할을 한 것은 틀림없습니다. 그렇지만 그 역시 모세의 공로가 아닙니다. 엄밀하게 따지면 이때 모세도 하나님의 무서운 책망을 받아야 했습니다. 하나님께서 만들어 주신 십계명 돌판을 함부로 깨뜨려 버렸기 때문입니다. 만일 하나님이 모세의 허물을 너그럽게 덮어주지 않으셨다면 어떻게 되었을까요?

모세가 깨뜨린 십계명

모세는 그 사실을 잘 알고 있었습니다. 그래서 그때의 일을 다음과 같이 설명합니다.

> 그때에 여호와께서 내게 이르시기를 너는 처음과 같은 두 돌판을 다듬어 가지고 산에 올라 내게로 나아오고 또 나무궤 하나를 만들라. 네가 깨뜨린 처음 판에 쓴 말을 내가 그 판에 쓰리니 너는 그것을 그 궤에 넣으라 하시기로(신 10:1-2).

여기에서 문득 십계명을 새겨넣은 처음 돌판은 과연 누가 준비했을지 궁금해집니다. 물론 하나님이 준비하셨습니다. 그것을 어떻게 알 수 있을까요? 성경에 기록되어 있습니다. "그 두 돌판은 하나님께서 만드시고 손수 새겨서 쓰신 것이었다"(출 32:16, 메시지). 처음 돌판을 준비한 분은 분명히 하나님이십니다. 그리고 그 돌판에 십계명을 새겨넣으신 분도 역시 하나님이십니다. 그래서 처음에 모세를 시내산으로 부르실 때 돌판을 준비해 오라고 하지 않으셨던 것입니다(출 24: 12).

그런데 모세는 하나님으로부터 받은 돌판을 산 아래로 던져 깨뜨려 버렸습니다. 이스라엘 백성이 금송아지 앞에서 춤추는 모습을 보고서 치밀어 오르는 분노를 참을 수 없었기 때문입니다. 그리고 그들이 보는 앞에서 금송아지 형상을 가루가 되도록 빻아서 물에 뿌리고 그 물을 마시게 했습니다. 심지어 레위 지파를 동원하여 금송아지 제의에 적극적으로 참여했던 삼천 명을 죽였습니다. 우상숭배에 대한 분노를 그런 식으로 표현한 것이지요.

그렇지만 이와 같은 모세의 분노는 정당한 것이 아니었습니다. 십계명 돌판은 하나님이 만들어서 직접 새겨 주신 것입니다. 말하자면 이스라엘 백성을 위한 하나님의 특별한 선물입니다. 그 돌판 자체보다 더 중요한 것은 거기에 새겨진 내용입니다. 하나님의 백성답게 살아가는 지침입니다. 그것을 가르쳐야 할 책임이 모세에게 있습니다. 게다가 하나님은 모세의 간절한 요청에 응답하여 화를 거두기로 이미 약속한 상태였습니다(출 32:14).

그런데 시내산 밑으로 내려와서는 오히려 필요 이상으로 모세가 더 흥분하고 더 분노해서 십계명 돌판을 산산조각 내버린 것입니다. 그 돌판은 그냥 돌판이 아닙니다. 시내산에서 하나님께 배운 '성막 예배'의 가장 중요한 상징입니다. 아무리 화가 나도 그렇게 함부로 취급해서는 안 될 일이지요. 이스라엘 백성만큼이나 모세도 부족하기는 매한가지였습니다.

다시 써주신 말씀

따라서 시내산 금송아지 제작 사건과 관련하여 자기의 의로움을 주장할 수 있는 사람은 이스라엘 백성 중에 아무도 없습니다. 오직 그들을 포기하지 않고 계속해서 다듬어 가시는 하나님의 은혜가 있을 뿐입니다. 하나님은 모세를 다시 시내산으로 부르셔서 십계명 돌판을 주시겠다고 하십니다.

"너는 돌판 두 개를 처음 것과 같이 만들어라. 산으로 가지고 올라와 나를 만나라. 또 나무로 궤를 하나 만들어라. 처음 돌판, 곧 네가 깨뜨려 버린 돌판에 있던 말을 내가 그 돌판에 새겨 줄 테니, 너는 그것을 그 궤에 넣어라"(신 10:1-2, 메시지).

지난번과 비교하여 한 가지 달라진 점은 모세가 십계명 돌판을 직접 제작하는 수고를 해야 한다는 사실입니다. 바로 그것이 하나님이 모세에게 물으신 책임입니다. 이때 모세의 반응은 어땠을까요? 왜 그렇게 힘든 일을 시키느냐고 불평했을까요? 아닙니다. 오히려 감사했을 것입니다. 모세는 자기 잘못을 알고 있었습니다. 만일 그 일에 대해서 엄중한 책임을 물으셨다면 감히 하나님 앞에 다시 설 수 없음을 잘 알고 있었던 것입니다.

그러면서 하나님은 지난번과 똑같은 말씀을 다시 새겨 주시겠다고 약속하십니다. 이스라엘 백성의 범죄에도 불구하고 하나님의 말씀은 달라지지 않았습니다. 그것이 바로 은혜입니다. 시대가 아무리 달라져도 하나님의 백성을 향한 하나님의 기대는 조금도 달라지지 않습니다. 출애굽 세대에 주신 말씀과 광야 세대에 주시는 하나님의 말씀이 다르지 않은 이유입니다.

그렇게 두 번째 십계명 돌판이 만들어졌고 이번에는 조각목으로 만든 궤에 넣어서 조심스럽게 보관하도록 하셨습니다. 그렇지만 남유다의 멸망과 예루살렘 성전의 파괴와 더불어 십계명의 돌판은 어디론가 사라지고 맙니다. 그 후에 하나님은 예레미야 선지자를 통해서 "바벨론에 포로로 잡혀가 살다 돌아올 사람들이 더는 언약궤를 찾지 않을 것이고 다시는 만들지 않을 것"(렘 3:16-17)이라고 하면서 그 이유를 이렇게 설명하십니다.

> 그러나 그날 후에 내가 이스라엘 집과 맺을 언약은 이러하니 곧 내가 나의 법을 그들의 속에 두며 그들의 마음에 기록하여 나는 그들의 하나님이 되고 그들은 내 백성이 될 것이라(렘 31:33).

그렇습니다. 돌판에 새겨진 하나님의 말씀보다 마음 판에 새겨진 하나님의 말씀이 더 중요합니다. 그것이 우리를 하나님의 백성으로 만들어 갑니다.

▫ 은혜 나누기

나의 마음에 새겨진 하나님의 말씀이 있다면 함께 나누어 봅시다.

▫ 공동 기도

하나님 아버지, 우리 가정이 하나님의 말씀을 모신 성전이 되게 해주세요. 아니 우리의 마음에 하나님의 말씀이 새겨지게 해주세요. 그리하여 오직 우리 발에 등불이요 우리 길에 빛이 되시는 하나님의 말씀에 따라서만 살아가게 해주세요. 예수님의 이름으로 기도합니다. 아멘.

6월 넷째주 하나님의 기대 (1)

□ 주님의 기도 주님이 가르쳐주신 기도로 가정예배를 시작합니다.

□ 찬송 부르기 370장(주 안에 있는 나에게)

□ 성경 읽기 신명기 10:12-13(12-16)

※ 개역개정판

12 이스라엘아 네 하나님 여호와께서 네게 요구하시는 것이 무엇이냐 곧 네 하나님 여호와를 경외하여 그의 모든 도를 행하고 그를 사랑하며 마음을 다하고 뜻을 다하여 네 하나님 여호와를 섬기고 13 내가 오늘 네 행복을 위하여 네게 명하는 여호와의 명령과 규례를 지킬 것이 아니냐

※ 메시지성경

그러니 이스라엘 여러분, 하나님께서 여러분에게 기대하시는 것이 무엇이겠습니까? 그것은 바로 여러분이 그분 앞에서 거룩하고 경건하게 살고, 그분께서 여러분 앞에 두신 길을 따라 걸으며, 그분을 사랑하고, 마음을 다해 하나님 여러분의 하나님을 섬기며, 내가 오늘 여러분에게 명령하는 하나님의 계명과 법도를 지키는 것입니다. 이것이야말로 여러분이 잘 사는 길입니다.

□ 말씀 나누기

세상 모든 부모는 자녀에 대해서 어떤 기대를 품게 됩니다. 그것은 자녀를 사랑하는 부모로서 지극히 자연스러운 일입니다. 하지만 큰 기대를 품기 전에 먼저 자녀의 능력이나 꿈을 충분히 고려해야 합니다. 만일 부모의 지나친 기대치를 만족시키지 못하면 아이들은 점점

자신감이나 자존감을 잃어버릴 뿐만 아니라 마침내 부모와의 관계에도 심각한 문제가 생길 수 있기 때문입니다. 바로 여기에 모든 부모의 고민이 있습니다. 과연 자녀에게 무엇을 얼마만큼 기대하는 것이 옳을까요?

하나님에게도 같은 고민이 있었습니다. 하나님은 이 세상의 많은 백성 중에 특별히 이스라엘 백성을 선택했습니다. 이제 그들을 약속의 땅으로 인도하려고 하십니다. 하나님은 그들이 약속의 땅에서 어떻게 살아가는 모습을 보고 싶어 하실까요? 먼저 그들의 타고난 능력과 한계를 고려하지 않을 수 없습니다. 지나친 기대는 처음부터 아예 아무것도 하지 않게 만들 수 있기 때문입니다. 그렇다고 아무렇게나 살도록 그냥 내버려 둘 수도 없는 일입니다. 만일 그렇다면 그들을 굳이 선택할 이유도 없었지요.

사랑을 기대하신다

이스라엘 백성을 향한 하나님의 기대는 아주 소박합니다. 그들에게 지나치게 많은 것을 요구하지 않으십니다. 그들이 감당할 수 없는 일을 요구하지도 않으십니다. 하나님은 그들에게 사랑을 기대하십니다.

> 이스라엘아 네 하나님 여호와께서 네게 요구하시는 것이 무엇이냐. 곧 네 하나님 여호와를 경외하여 그의 모든 도를 행하고 그를 사랑하며 마음을 다하고 뜻을 다하여 네 하나님 여호와를 섬기고(신 10:12).

여기에서 모세는 하나님이 이스라엘 백성에게 기대하시는 것을 네 가지 동사로 설명합니다. '경외하는 것'(to fear), '행하는 것'(to walk), '사랑하는 것'(to love) 그리고 섬기는 것(to serve)입니다. 경외(敬畏)란 공경하면서 동시에 두려워한다는 뜻입니다. 하나님을 함부로 대하지 않는 태도를 이렇게 표현하는 것입니다. 하나님을 경외하는 사람이 동시에 우상을 섬길 수는 없습니다. 그것은 하나님을 우습게 여기는 사람이나 할 수 있는 일입니다.

하나님 경외는 하나님이 가르쳐주신 도(道)를 따라서 걷는 것으로 표현됩니다. 그것은 마치 부모를 공경하는 자녀가 부모의 말을 무겁게 받아들이는 것과 같습니다. 부모의 말을 가볍게 생각하는 자녀가 어떻게 부모에게 효도할 수 있겠습니까. 그러나 단지 율법의 조문을 지키는 게 전부는 아닙니다. 그것은 기본적인 원칙에 대한 가르침일 뿐입니다. 그 원칙을 일상적인 삶의 모든 부분에 적용하면서 마음을 다하고 뜻을 다하여 하나님을 섬겨야 합니다.

이 모두는 '하나님 사랑'으로 귀결됩니다. 하나님의 사랑을 맛보아 아는 사람만이 하나님을 사랑할 수 있습니다. 하나님의 은혜를 받은 사람만이 하나님의 기대에 따라 살 수 있습니다. 그런 사람은 어떤 경우에도 결코 하나님을 소홀하게 취급하지 않습니다. 언제나 하나님 앞에 옷깃을 여밉니다. 하나님의 말씀을 소중하게 여깁니다. 그 말씀대로 살아보려고 애를 씁니다. 어느 자리에서든 하나님을 섬깁니다. 예배의 자리에서만이 아니라 일상적인 삶의 자리에서도 늘 하나님을 섬기는 자로 살아갑니다.

하나님을 사랑하는 사람은 아무리 힘든 일도 아주 쉽게 해냅니다. 그러나 하나님을 사랑하지 않으면 아주 작은 일도 제대로 해내기 쉽지 않습니다. 하나님은 우리에게 완벽한 삶을 요구하지 않으십니다. 하나님은 우리에게 사랑을 기대하십니다. 하나님이 우리를 사랑하셨듯이 우리도 하나님을 사랑하기를 기대하십니다. 사랑으로 충분합니다. 하나님을 사랑하면 모든 일을 할 수 있습니다.

행복을 기대하신다

하나님을 사랑하는 사람은 하나님의 명령과 규례를 지키게 되어 있습니다.

> 내가 오늘 네 행복을 위하여 네게 명하는 여호와의 명령과 규례를 지킬 것이 아니냐(신 10:13).

구약에 기록된 율법이 모두 몇 개나 될까요? 어느 랍비의 연구에 따르면 '~하지 말라'는 부정적인 명령이 365개이고, '~하라'는 긍정적인 명령이 248개라고 합니다. 모두 합해서 613개입니다. 그런데 그렇게 많은 명령을 지키는 것이 과연 가능한 일일까요? 그래서 예수님 당시의 율법 전문가들 사이에는 '가장 큰 계명'에 대한 논쟁이 있었습니다. 예수님에게 어느 율법사가 같은 질문을 던진 이유입니다(마 22:36). 모든 계명을 지킬 수는 없으니 가장 중요한 몇 가지 계명만 골라서 지키겠다는 속셈이 여기에 깔린 것입니다.

그러나 그것은 오직 율법을 지킴으로써 하나님으로부터 구원 받을 수 있다고 생각하는 율법주의적인 사고방식이 만들어 낸 정말 웃지 못할 희극입니다. 하나님은 물론 이스라엘 백성이 하나님의 명령과 규례를 지킬 것을 기대하셨습니다. 그렇지만 그것은 구원 받을 사람을 골라내기 위해서가 아닙니다. 율법은 오히려 구원 받은 하나님의 백성이 약속의 땅에서 어떻게 살아가야 할지에 대한 구체적인 지침이었습니다.

하나님은 이스라엘 백성이 얼마나 완벽하게 율법을 지키는지 시험해 보려고 하지 않으셨습니다. 그것은 하나님의 관심사가 아닙니다. 하나님은 그들이 행복하게 사는 모습을 기대하셨습니다. "오늘 네 행복을 위하여 네게 명하는 여호와의 명령과 규례"가 바로 하나님의 기대를 잘 설명하고 있습니다. 메시지성경의 표현대로 하자면 이것이야말로 '잘 사는 길'(live a good life)입니다. 하나님은 우리가 행복하게 잘 살기를 바라십니다. 그래서 계명과 법도를 가르쳐주신 것입니다.

물론 모든 사람이 하나님의 기대를 충족한 것은 아닙니다. 하나님이 정해 놓으신 행복의 길 대신에 다른 길로 걸어갔습니다. 그래서 더러는 망하기도 했습니다. 그렇지만 그것은 단지 율법을 지키지 않았기 때문이 아닙니다. 하나님을 사랑하지 않았기 때문입니다. 아니, 하나님보다 더 사랑하는 것이 있었기에 하나님이 가르쳐주신 삶의 지침을 따르지 않았던 것이지요.

하나님은 우리에게 어떤 엄청난 것을 기대하지 않으십니다. 오로지 하나님을 사랑하기를 기대하십니다. 그리고 우리의 행복을 위해서 가르쳐주신 말씀대로 살아가기를 기대하십니다. 우리가 행복하게 잘 사는 모습을 보기를 원하십니다. 그것이 그동안 우리에게 베풀어 주신 하나님의 사랑을 갚는 유일한 길입니다.

□ 은혜 나누기
하나님의 기대가 부담스럽게 느껴졌던 일이 있었다면 함께 나누어 봅시다.
□ 공동 기도
하나님 아버지, 오늘 말씀을 통해 우리를 향한 하나님의 기대가 무엇인지 알게 해주셔서 고맙습니다. 하나님의 놀라운 사랑을 모두 다 갚을 수는 없지만, 우리가 할 수 있는 일부터 찾아서 하나씩 순종할 수 있게 해주세요. 그렇게 하나님의 마음을 기쁘게 해드리는 하나님의 백성이 되게 해주세요. 예수님의 이름으로 기도합니다. 아멘.

6월 다섯째주 하나님의 기대 (2)

□ 주님의 기도 주님이 가르쳐주신 기도로 가정예배를 시작합니다.

□ 찬송 부르기 218장(네 맘과 정성을 다하여서)

□ 성경 읽기 신명기 10:16, 19(14-22)

※ 개역개정판

16그러므로 너희는 마음에 할례를 행하고 다시는 목을 곧게 하지 말라 …

19너희는 나그네를 사랑하라. 전에 너희도 애굽 땅에서 나그네 되었음이니라.

※ 메시지성경

그러니 여러분은 마음의 굳은살을 베어 내고, 제멋대로 고집부리는 것을 멈추십시오. … 여러분은 낯선 외국인을 보살펴 따뜻하게 대해야 합니다. 기억하십시오. 여러분도 전에는 이집트 땅에서 외국인이었습니다.

□ 말씀 나누기

지난 시간에 살펴본 것처럼 하나님은 우리에게 어떤 엄청난 것을 기대하지 않으십니다. 오로지 하나님을 사랑하기를 기대하십니다. 그리고 우리가 행복하게 잘 사는 모습을 보고 싶어 하십니다. 그러기 위해서 우리는 하나님이 가르쳐주신 말씀대로 살아야 합니다. 하나님의 뜻을 헤아려 알고 하나님과 바른 관계를 맺을 때만 우리는 진정으로 행복할 수 있기 때문입니다.

사실 자녀를 향한 부모의 기대도 이와 크게 다르지 않습니다. 이 세상의 모든 부모는 자녀가 행복하게 살아가는 모습을 보고 싶어 합니다. 그러나 문제는 행복의 기준이 저마다 다르다는 사실입니다. 남들보다 더 많이 가져야만 행복할 수 있고, 남들보다 더 높이 올라가야만 만족할 수 있다고 생각하는 부모는 자녀의 능력이나 꿈을 전혀 고려하지 않고 지나친 요구를 하게 됩니다. 그리고 그런 욕심이 결국에는 자녀를 불행한 삶으로 이끌게 됩니다.

하나님을 경외하는 부모는 그렇게 하지 않습니다. 우리를 향한 하나님의 기대 이상을 자녀에게 요구하지 않습니다. 기회가 있을 때마다 오직 하나님과의 바른 관계 안에서만 행복한 인생이 펼쳐질 수 있음을 힘주어 가르칩니다. 그 출발이 바로 하나님을 사랑하는 것입니다.

하나님의 관심사

누군가를 사랑하게 되면 자연스럽게 그 사람의 관심사에 마음이 가게 마련입니다. 마찬가지로 하나님을 사랑하게 되면 자연스럽게 하나님의 관심사를 주목할 수밖에 없습니다. 하나님은 특별히 사회적 약자에 관심을 두고 계십니다.

> 너희의 하나님 여호와는 신 가운데 신이시며 주 가운데 주시요 크고 능하시며 두려우신 하나님이시라. 사람을 외모로 보지 아니하시며 뇌물을 받지 아니하시고 고아와 과부를 위하여 정의를 행하시며 나그네를 사랑하여 그에게 떡과 옷을 주시나니 너희는 나그네를 사랑하라. 전에 너희도 애굽 땅에서 나그네 되었음이니라(신 10:17-19).

여기에서 모세는 하나님이 어떤 분이신지 힘주어 말합니다. 하나님은 위대하고 강하고 두려우신 분입니다. 이 세상에 여호와 하나님과 감히 견줄 수 있는 다른 신은 존재하지 않습니다. 그런데 하나님은 힘이 있는 사람을 편애하거나 돈 많은 사람에게 뇌물을 요구하지 않으십니다. 오히려 가장 힘이 없는 고아와 과부가 공평하게 대우 받기를 원하십니다. 그리고 나그네(foreigners), 즉 외국인 노동자가 음식과 옷을 구할 수 있도록 따뜻하게 보살피는 그런 분이십니다.

하나님이 이스라엘 백성을 선택하신 것도 바로 같은 이유입니다. 그들은 위대한 민족이 아니었습니다. 오히려 이집트 땅에서 종살이하던 떠돌이 히브리인들이었습니다. 하나님은 그들을 불쌍히 여겨 구원하셨고, 이제 약속의 땅으로 인도하고 계시는 것입니다. 따라서 약속의 땅에 들어가고 나서 그들은 과거의 자신과 똑같은 처지에 있는 나그네를 사랑해야 합니다. 그들 중에 섞여 사는 낯선 외국인들을 잘 보살펴 따뜻하게 대해야 합니다. 그것이 이스라엘을 향한 하나님의 기대입니다.

한 율법사가 예수님을 시험하기 위하여 "율법 중에서 어느 계명이 크냐"고 물었을 때 예수님은 이와 같은 하나님의 기대를 정확하게 짚어서 이렇게 대답하셨습니다.

> 예수께서 이르시되 네 마음을 다하고 목숨을 다하고 뜻을 다하여 주 너의 하나님을 사랑하라 하셨으니 이것이 크고 첫째 되는 계명이요 둘째도 그와 같으니 네 이웃을 네 자신같이 사랑하라 하셨으니 이 두 계명이 온 율법과 선지자의 강령이니라(마 22:37-40).

그렇습니다. '하나님 사랑'과 '이웃 사랑'이 당신의 백성을 향한 하나님의 가장 큰 기대입니다. 여기에서 '이웃'은 구체적으로 외국인 노동자와 결혼 이주 여성을 가리킵니다(레 19:19, 38). 그들이 바로 오늘 본문에 나오는 '나그네'입니다. 하나님을 사랑하는 사람은 그들을 사랑해야 합니다. 왜냐면 하나님의 관심사는 사회적인 약자를 돌보는 것이기 때문입니다. 그 마음은 예나 지금이나 한결같습니다. 따라서 약자를 이용하여 자신의 욕심을 채우려고 하는 사람은 하나님을 사랑하는 사람이 아닙니다. 오히려 하나님의 뜻을 정면으로 거스르는 사람입니다.

마음의 할례

자, 이제 하나님이 기대하시는 것이 무엇인지 분명하게 가르쳐주었으니 더 이상 걱정할 일이 없겠지요? 아닙니다. 하나님은 이스라엘 백성이 그 가르침을 쉽게 잊어버릴 것을 아셨습니다. 그래서 다음과 같은 경고를 덧붙여 놓으셨습니다.

> 그러므로 너희는 마음에 할례를 행하고 다시는 목을 곧게 하지 말라(신 10:16).

'할례'는 하나님과 특별한 관계를 맺는 상징적인 표식입니다. 유대인 아이들은 출생한 지 8일 만에 할례를 받는데, 그것은 자녀를 하나님의 백성이요 약속의 자녀로 고백하는 예식이었습니다. 오늘날의 유아 세례와 비슷한 의미를 담고 있다고 말할 수 있습니다. 그런데 하나님은 할례를 몸이 아니라 마음에 행해야 한다고 말씀하십니다. 이게 무슨 뜻일까요?

메시지성경은 "마음의 굳은살을 베어 내라"고 합니다. 여기에서 '마음'은 '심장'(heart)을 가리킵니다. 심장의 근육은 일단 부드러워야 합니다. 그래야 온몸에 따뜻한 피를 공급할 수 있습니다. 그런데 그 근육이 굳어버리면 어떻게 될까요? 심장이 뛰지 않겠지요. 다시 말해서 다른 사람의 어려움이나 아픔에 대해서 공감하지 못하는 것입니다. 그러니 거기에서 무엇을 기대할 수 있겠습니까? 굳은살로 뒤덮인 심장으로는 사회적 약자에 대한 불쌍한 마음을 품을 수 없습니다.

하나님의 은혜를 기억하는 동안 우리의 심장은 온몸에 따뜻한 피를 공급합니다. 그러나 그 은혜를 당연하게 여기기 시작하면서 우리의 심장은 점점 굳기 시작합니다. 그러다가 마침내 온몸이 차가워집니다. 그 마지막 단계가 바로 "목이 곧아지는 것"입니다. 하나님은 시내산에서도 이스라엘 백성을 '목이 곧은 백성'이라고 책망하셨습니다 (신 9:13). 마치 말(馬)이 고집스럽게 목을 뻣뻣이 세우고 주인에게 저항하는 모습처럼 하나님의 말씀에 순종하지 않는다는 뜻입니다.

단지 하나님에게만 그러지 않습니다. 가난하고 소외된 이웃에게도 목에 힘을 주고 대하게 됩니다. 도움이 필요한 사람들을 따뜻한 시선으로 바라보려고 하지 않습니다. 오히려 자신이 가진 부나 능력을 과시하는 대상으로 여깁니다. 가진 게 없다고 무시하고, 힘이 없다고 함부로 대합니다. 그것이 바로 하나님의 계약 백성이라는 정체성을 잃어버린 모습입니다.

따라서 약속의 땅에 들어가는 일보다 더 중요한 게 하나 있습니다. 그것은 약속의 땅에서 하나님의 계약 백성답게 살아가는 것입니다. '하나님 사랑'과 '이웃 사랑'이 그 구체적인 실천 방법입니다. 그것이 약속의 땅에서 오래오래 행복하게 살아가는 유일한 비결이요, 계약 백성을 향한 하나님의 소박한 기대입니다.

□ 은혜 나누기
낯선 외국인을 따뜻하게 보살피는 실천 가능한 방법을 함께 나누어 봅시다.
□ 공동 기도
하나님 아버지, 우리를 구원해 주신 하나님의 은혜를 절대로 잊지 않게 해주세요. 가난하고 소외된 이웃을 향한 하나님의 관심을 절대로 놓치지 않게 해주세요. 하나님에게도 이웃에게도 목이 곧은 사람이 되지 않게 해주시고, 하나님의 마음으로 사회적 약자를 품고 돌보는 우리 가정이 되게 해주세요. 예수님의 이름으로 기도합니다. 아멘.

하나님 백성의 신앙생활

(7~9월)

7월 첫째주 **부모의 책임**

☐ 주님의 기도 주님이 가르쳐주신 기도로 가정예배를 시작합니다.

☐ 찬송 부르기 325장(예수가 함께 계시니)

☐ 성경 읽기 신명기 11:1-2a, 7(1-7)

※ 개역개정판

¹그런즉 네 하나님 여호와를 사랑하여 그가 주신 책무와 법도와 규례와 명령을 항상 지키라. ²너희의 자녀는 알지도 못하고 보지도 못하였으나… ⁷너희가 여호와께서 행하신 이 모든 큰일을 너희의 눈으로 보았느니라.

※ 메시지성경

그러므로 하나님 여러분의 하나님을 사랑하십시오. 여러분이 사는 날 동안 그분의 규례와 법도를 잘 지키고, 그분의 계명을 지키십시오. 오늘 여기에서 가장 중심에 있어야 할 사람은 여러분의 자녀가 아닙니다. 그들은 하나님께서 행하신 일을 알지도 못하고, 그분이 행하신 일을 본 적도 없으며, 그분의 징계를 경험하지도 못했고, 그분의 위대하심에 놀란 적도 없기 때문입니다. … 하나님께서 행하신 이 모든 크고 위대한 일을 두 눈으로 본 사람은, 다름 아닌 여러분입니다.

☐ 말씀 나누기

자녀의 신앙생활에 대하여 부모가 얼마만큼 책임을 져야 할지 참으로 고민스럽습니다. 그냥 자유로운 선택에 맡겨두자니 제대로 신앙생활하지 않을 게 뻔한 일입니다. 그렇다고 시시콜콜 간섭하자니 자꾸만 잔소리가 늘어날 것이고, 그걸 좋아할 자녀는 없지요. 그나마 어렸을 때는 부모의 말씀에 순종적이지만, 나이를 먹으면서 점점 자기의 주장이 강해집니다. 만일 부모가 신앙생활을 강요한다고 느끼면 반발심이 더욱 커질 것이 분명합니다. 그렇다면 어떻게 해야 할까요?

이것은 단지 부모와 자녀 사이에 국한된 문제가 아닙니다. 하나님의 은혜를 경험한 사람과 그렇지 않은 사람 사이에서 얼마든지 생겨날 수 있는 문제입니다. 사실 혼자서 조용히 신앙생활하려고 한다면 그런 고민을 할 필요가 없습니다. 신앙생활이란 단지 개인이 선택할 일이요, 그 선택의 결과에 대해서 또한 본인이 책임을 지는 것으로 생각하면 아주 간단해집니다.

그러나 만일 그 사람이 우리와 특별한 관계에 있다면 이야기가 달라집니다. 그렇게 가만히 내버려 두다가 결국에 우리와 함께 천국에 들어가지 못하게 된다면 과연 우리에게 아무런 책임이 없다고 말할 수 있을까요? 가정에서 자녀에게 신앙을 계승해 주는 일이나 다른 사람에게 복음을 전하는 일이나 문제의 핵심은 크게 다르지 않습니다. 우리가 믿는 하나님을 얼마나 책임 있게 다른 사람에게 전해야 하느냐는 것입니다.

경험하지 못한 자녀

우리의 자녀는 아직 인생을 충분히 경험하지 못했습니다. 따라서 하나님에 대한 경험 역시 부족할 수밖에 없습니다. 모세는 그 사실을 먼저 솔직하게 인정해야 한다고 광야 세대 이스라엘 백성에게 말합니다.

그런즉 네 하나님 여호와를 사랑하여 그가 주신 책무와 법도와 규례와 명령을 항상 지키라. 너희의 자녀는 알지도 못하고 보지도 못하였으나(신 11:1-2a).

하나님의 백성이라면 하나님을 사랑하는 것이 마땅한 일입니다. 하나님이 가르쳐주신 책무(requirements)와 법도(decrees)와 규례(laws)와 명령(commands)을 마음에 새겨 항상 지켜야 합니다. 그것이 하나님 백성의 도리입니다. 그러나 엄밀하게 말하면 그것은 하나님이 그들을 위해 어떤 일을 행하셨는지 잘 아는 부모 세대에게나 해당하는 이야기입니다.

자녀 세대는 하나님이 그들을 위해서 어떤 일을 행하셨는지 아직 잘 알지 못합니다. 따라서 그들은 왜 하나님을 사랑해야 하는지, 왜 하나님의 계명을 꼭 지켜야 하는지 그 필요성을 부모 세대만큼 절실하게 느끼지 못합니다. 다시 말해서 부모 세대에게는 당연한 일이지만, 자녀 세대에게는 당연한 일이 아닐 수도 있다는 것입니다. 그 사실을 우리는 먼저 인정해야 합니다.

메시지성경이 이 부분을 아주 실감 나게 표현합니다. "그들은 하나님께서 행하신 일을 알지도 못하고, 그분이 행하신 일을 본 적도 없으며, 그분의 징계를 경험하지도 못했고, 그분의 위대하심에 놀란 적도 없습니다"(신 11:2, 메시지). 정말 그렇습니다. 자녀 세대는 하나님이 어떤 분인지 잘 알지 못합니다. 하나님의 위대하심에 놀란 적도 없고, 하나님의 징계가 얼마나 무서운지 경험하지도 못했기 때문입니다.

하나님을 믿지 않는 사람들 역시 마찬가지입니다. 그들은 하나님의 풍성한 은혜와 준엄한 심판을 알지 못합니다. 그래서 그것을 이미 경험하여 잘 알고 있는 우리만큼 신앙생활에 대한 절실함이 없습니다. 물론 그렇다고 해서 하나님을 믿지 않아도 괜찮다는 뜻은 아닙니다. 그들도 반드시 하나님을 믿어야 합니다. 그래야 구원 받습니다. 단지 하나님의 말씀을 대하는 기본적인 태도가 다를 수 있다는 사실을 우리는 먼저 이해하고 있어야 한다는 것입니다.

경험하여 아는 부모

자, 그렇다면 어떻게 해야 할까요? 그들이 앞으로 인생살이를 통해서 스스로 하나님을 충분히 경험할 때까지 그냥 가만히 내버려 두어야 할까요? 아닙니다. 우리가 힘써서 해야 할 일이 있습니다. 그것은 우리가 먼저 신앙생활의 모범을 보이는 것입니다. 메시지성경이 다음과 같이 잘 표현합니다.

그러므로 하나님 여러분의 하나님을 사랑하십시오. 여러분이 사는 날 동안 그분의 규례와 법도를 잘 지키고, 그분의 계명을 지키십시오. 오늘 여기에서 가장 중심에 있어야 할 사람은 여러분의 자녀가 아닙니다. … 하나님께서 행하신 이 모든 크고 위대한 일을 두 눈으로 본 사람은, 다름 아닌 여러분입니다 (신 11:1-2, 7, 메시지).

정말 그렇습니다. 신앙생활의 중심에 서야 할 사람은 우리의 자녀가 아닙니다. 하나님이 행하신 크고 위대한 일을 직접 목격한 우리가 그 중심에 서야 합니다. 그것도 말로만이 아니라 삶으로 신앙생활에 임하는 우리의 진심을 보여주어야 합니다. 온 마음을 다해 하나님을 사랑하고 매 순간 최선을 다해 하나님을 섬기는 우리의 모습을 보여주면 그들은 자연스럽게 신앙생활에 관심을 두게 될 것입니다. 그러면서 크고 작은 하나님의 은혜를 체험하기 시작하는 것입니다.

그 반대의 경우도 역시 마찬가지입니다. 하나님을 섬기는 것이 가장 중요하다고 말하면서 실제로는 하나님께 드리는 예배를 소홀하게 여기는 부모의 모습을 보면 자녀는 과연 어떤 생각을 하게 될까요? 성경이 가르쳐주는 말씀과 전혀 다르게 살아가는 부모를 통해 자녀는 과연 무엇을 배우게 될까요? 신앙생활에 대한 부모의 권면을 무겁게 받아들이게 될까요?

자녀들은 부모의 말이 아니라 삶으로 설득됩니다. 비단 자녀만 그런 것이 아닙니다. 하나님을 믿지 않는 사람들도 하나님을 믿는 우리를 주목하고 있습니다. 우리의 말과 행동이 일치하는지 주의 깊게 살핍니다. 그러다가 믿는 그대로 살지 않는 우리의 모습을 보면 마치 기다렸다는 듯이 신랄하게 비판하곤 하지요. 우리는 하나님에 대한 믿음으로 인해 차라리 세상의 핍박을 받게 되는 한이 있더라도 겉과 속이 다른 이중적인 모습으로 인해 사람들에게 욕을 먹어서는 안 될 것입니다.

□ 은혜 나누기

오늘 말씀을 묵상하면서 느낀 점이 있다면 함께 나누어 봅시다.

□ 공동 기도

하나님 아버지, 우리는 말로만이 아니라 삶으로도 하나님을 잘 섬기게 해주세요. 솔선수범하는 우리의 신앙생활을 보고 하나님을 믿는 사람이 생기게 해주세요. 자녀는 부모의 삶을 통해 신앙의 바른 모범을 발견하게 하시고, 부모는 책임 있는 신앙생활을 통해 신앙의 세대 계승에 성공하게 해주세요. 예수님의 이름으로 기도합니다. 아멘.

7월 둘째주 은혜로만 살 수 있는 땅

▫ 주님의 기도 주님이 가르쳐주신 기도로 가정예배를 시작합니다.

▫ 찬송 부르기 310장(아 하나님의 은혜로)

▫ 성경 읽기 신명기 11:13-15(8-17)

※ 개역개정판

13내가 오늘 너희에게 명하는 내 명령을 너희가 만일 청종하고 너희의 하나님 여호와를 사랑하여 마음을 다하고 뜻을 다하여 섬기면 14여호와께서 너희의 땅에 이른 비, 늦은 비를 적당한 때에 내리시리니 너희가 곡식과 포도주와 기름을 얻을 것이요 15또 가축을 위하여 들에 풀이 나게 하시리니 네가 먹고 배부를 것이라.

※ 메시지성경

이제부터 여러분이, 내가 오늘 여러분에게 명령하는 계명을 순종하는 마음으로 듣고, 하나님 여러분 그분께서 제때에 가을비와 봄비를 내려 주셔서, 여러분이 곡식과 포도와 올리브를 거두게 해주실 것입니다. 또한 여러분의 가축들이 뜯어먹을 풀도 무성하게 해주실 것입니다. 여러분은 먹을거리를 풍성히 얻게 할 것입니다.

▫ 말씀 나누기

광야 세대 이스라엘 백성은 지금 가나안 땅에 들어가기 위해 준비 중입니다. 그들에게 가나안은 '약속의 땅'이었습니다. 하나님은 기회가 있을 때마다 그들의 조상에게 가나안 땅을 선물로 주시겠다고 말씀하셨습니다. 아브라함에게도, 이삭에게도, 야곱에게도 언제나 똑같이 맹세하셨습니다. 이제 그 약속이 바야흐로 성취되려는 것입니다.

또한 하나님은 가나안 땅을 가리켜서 '젖과 꿀이 흐르는 땅'이라고 반복해서 말씀하셨습니다(출 3:8; 레 20:24; 민 14:8). 그래서 이스라엘 백성은 더욱 기대가 컸습니다. 젖과 꿀이 물처럼 흐른다고 하니 그리 힘들여 일하지 않아도 잘 먹고 잘살 수 있는 낙원처럼 생각했던 것이지요. 그러나 그것은 큰 오해입니다. 그 오해를 바로잡아야 합니다. 그러지 않으면 그들은 반드시 실망하게 될 것입니다.

물론 가나안은 '약속의 땅'이요 '젖과 꿀이 흐르는 땅'입니다. 그렇지만 그 의미는 사람들이 욕심껏 부풀려 놓은 기대와는 전혀 다릅니다. 하나님이 그들에게 약속하신 가나안 땅은 오직 하나님의 은혜로만 살 수 있는 곳입니다.

비를 흡수하는 땅

하나님은 가나안 땅과 이집트 땅을 다음과 같이 비교하여 설명하십니다.

> 네가 들어가 차지하려 하는 땅은 네가 나온 애굽 땅과 같지 아니하니 거기에서는 너희가 파종한 후에 발로 물 대기를 채소밭에 댐과 같이 하였거니와 너희가 건너가서 차지할 땅은 산과 골짜기가 있어서 하늘에서 내리는 비를 흡수하는 땅이요 네 하나님 여호와께서 돌보아 주시는 땅이라(신 11:10-12a).

이집트는 나일강이 준 선물이라고 사람들은 말합니다. 일 년 내내 거의 비가 내리지 않는 사막이라는 환경 속에서 이집트 문명의 화려한 꽃을 피우게 된 것은 전적으로 나일강 덕분이었습니다. 그곳에서 사람들은 씨를 뿌리고 나서 열심히 '발로 물 대기'만 하면 언제라도 농사를 지을 수 있었습니다. 그러니까 이집트 땅에서 풍요로운 결실은 오로지 사람의 수고와 노력에 달린 것입니다.

그러나 가나안 땅은 전혀 다릅니다. 왜냐면 가나안은 '비를 흡수하는 땅'이기 때문입니다. 다시 말해서 비가 오기는 하지만 곧바로 땅속으로 스며드는 토양입니다. 아무리 씨를 뿌려놓아도 만일 적절한 때에 비가 오지 않는다면 그해 농사를 망칠 수밖에 없습니다. 그렇다고 '발로 물 대기'를 할 수 있는 강도 가나안에는 없습니다. 따라서 가나안 땅에서 살아가려면 사람의 노력과 수고만으로는 절대 부족합니다. 반드시 하나님의 은혜가 있어야 합니다.

그래서 하나님은 이렇게 말씀하십니다. 가나안은 '하나님께서 돌보아 주시는 땅'이요 '하나님의 눈이 항상 그 위에 있는 땅'이라고 말입니다(12절). 이 말씀은 마치 이집트 땅은 사람들이 스스로 돌볼 수 있는 땅이라는 뜻처럼 들립니다. 하긴 결코 마르는 법이 없는 나일강을 끼고 있으니, 그곳에서는 사람들이 땀 흘려 노력하기만 하면 얼마든지 원하는 만큼 결실을 얻을 수 있었습니다.

그러나 가나안에서는 하나님의 돌보심이 있어야 사람들이 살 수 있습니다. 메시지성경은 이렇게 풀이합니다. "정원사이신 하나님 여러분의 하나님께서 친히 가꾸시고, 일 년 내내 홀로 돌보시는 땅입니다." 하나님을 '정원사'(the gardener)라고 묘사하는 것이 아주 인상적입니다. 정원을 아름답게 가꾸기 위해서는 정원사의 특별한 관심과 수고가 있어야 한다는 사실을 우리는 잘 압니다. 하나님께서 그렇게 친히 정원사가 되셔서 일 년 내내 가나안 땅을 돌보신다는 것입니다.

물론 그렇다고 해서 사람의 노력이 전혀 필요 없다는 그런 뜻은 아닙니다. 그저 하늘만 쳐다보면서 아무것도 하지 말고 가만히 있으라는 말도 아닙니다. 오히려 하나님의 은혜가 아니면 사람의 노력이 헛수고가 될 수밖에 없다는 사실을 잊어버리지 말라는 말씀입니다.

이른 비와 늦은 비

자, 그렇다면 '젖과 꿀이 흐르는 땅'을 어떻게 설명해야 할까요? 앞에서 언급한 것처럼 그 표현은 가나안 땅이 불로소득(不勞所得)을 보장하는 곳이라는 의미가 아닙니다. 오히려 양이나 염소를 키우면서 젖을 구할 수 있고, 꿀처럼 달고 맛있는 대추야자 열매를 얻을 수 있다는 뜻입니다. 가나안은 가축을 키우면서 동시에 농사를 지으며 살기에 아주 적절한 땅입니다. 그래서 '젖과 꿀이 흐르는 땅'인 것입니다.

거기에는 물론 하나님의 은혜가 있어야 합니다. 하나님은 다음과 같이 약속하십니다.

> 여호와께서 너희의 땅에 이른 비, 늦은 비를 적당한 때에 내리시리니 너희가 곡식과 포도주와 기름을 얻을 것이요 또 가축을 위하여 들에 풀이 나게 하시리니 네가 먹고 배부를 것이라(신 11:14-15).

'이른 비와 늦은 비'를 메시지성경은 '가을비와 봄비'로 풀이합니다. 우리나라와는 다르게 가나안에서는 가을에 씨를 뿌려서 그다음 해 봄이 지나서 추수합니다. 그러니까 이른 비는 씨를 뿌릴 때 필요한 비이고, 늦은 비는 추수할 때 필요한 비입니다. 그렇게 때를 맞추어 비가 내려야 곡식과 포도주와 올리브기름의 풍성한 결실을 거둘 수 있습니다.

가축을 기르는 것도 마찬가지입니다. 양과 염소를 기르려면 들에 뜯어먹을 풀이 무성해야 합니다. 그 또한 비가 필요합니다. 비가 너무 자주 내려도 안 되고, 너무 적게 내려도 안 됩니다. 때맞추어 내리는 이른 비와 늦은 비를 통해서 풀이 잘 자라고, 그것을 먹으면서 자라난 가축들을 통해서 사람들은 풍성한 먹을거리를 얻을 수 있습니다. 어릴 적 목동 생활을 경험한 다윗이 "여호와는 나의 목자이시니 내게 부족함이 없으리로다"(시 23:1)라고 고백한 것도 바로 그 때문입니다.

이와 같은 은혜의 약속에는 물론 하나님의 명령을 청종하고 하나님을 사랑하여 잘 섬기라는 단서 조항이 붙어 있습니다(13절). 그것은 약속의 땅에서 생존하는 필수조건입니다. 약속의 땅이란 오로지 하나님의 백성답게 살아가는 사람에게만 허락되는 곳이기 때문입니다. 하나님의 은혜를 잊어버리면 약속의 땅에서 살아갈 자격을 잃어버리게 됩니다. 그래서 가나안은 오직 하나님의 은혜로만 살 수 있는 땅입니다.

□ 은혜 나누기

우리 가정을 약속의 땅으로 만들기 위해 우리가 해야 할 일이 무엇인지 함께 나누어 봅시다.

□ 공동 기도

하나님 아버지, 우리를 구원하여 하나님의 백성으로 삼아주신 은혜를 진심으로 감사드립니다. 우리에게 허락해 주신 삶의 자리가 오직 하나님의 은혜로만 살 수 있는 약속의 땅이라는 사실을 잊어버리지 않게 해주세요. 그리하여 늘 하나님의 은혜 안에 머물면서 범사에 감사하며 살아가게 해주세요. 예수님의 이름으로 기도합니다. 아멘.

7월 셋째주 약속의 땅 경계

□ 주님의 기도 주님이 가르쳐주신 기도로 가정예배를 시작합니다.

□ 찬송 부르기 86장(내가 늘 의지하는 예수)

□ 성경 읽기 신명기 11:24-25(18-25)

※ 개역개정판

24너희의 발바닥으로 밟는 곳은 다 너희의 소유가 되리니 너희의 경계는 곧 광야에서부터 레바논까지와 유브라데 강에서부터 서해까지라. 25너희의 하나님 여호와께서 너희에게 말씀하신 대로 너희가 밟는 모든 땅 사람들에게 너희를 두려워하고 무서워하게 하시리니 너희를 능히 당할 사람이 없느니라.

※ 메시지성경

그렇습니다. 그분께서 여러분보다 크고 강한 민족들을 몰아내실 것입니다. 여러분이 발을 딛는 곳마다 여러분의 땅이 될 것입니다. 여러분 땅의 경계는 광야에서 레바논 산맥에 이르기까지, 유프라테스 강에서 지중해에 이르기까지 뻗어나갈 것입니다. 아무도 여러분의 앞길을 막지 못할 것입니다. 여러분이 가는 곳이면 어디든지, 하나님께서 약속하신 대로 공포와 전율을 여러분보다 앞서 보내실 것입니다.

□ 말씀 나누기

톨스토이의 단편 『사람에게는 얼마만큼의 땅이 필요한가?』라는 소설에 등장하는 주인공 '파홈'은 평범한 농부였습니다. 그는 남들처럼 더 많은 땅을 갖고 싶어 했습니다. 그러던 어느 날 헐값에 땅을 살 수 있다는 말을 듣고 찾아갔더니 그곳에서는 '하루 단위'로 땅을 판다는 것입니다. 그러니까 하루 동안 발로 밟은 땅은 얼마든지 가질 수 있다는 이야기입니다. 단 해가 지기 전에 출발점으로 돌아와야 합니다. 그러지 않으면 무효가 됩니다.

파홈은 그 계약에 동의하고 다음 날 아침 일찍 서둘러서 출발했습니다. 오로지 땅 부자가 되겠다는 꿈에 부풀어서 걷다 보니 음식 먹는 시간도 아까웠습니다. 앞에 놓인 땅들이 더 비옥하고 탐스럽게 보여서 걸음을 멈출 수 없었습니다. 어느덧 해가 서쪽으로 기울기 시작했습니다. 그제야 출발점을 향해 내달리기 시작했습니다. 너무 힘들어 도중에 포기하고 싶었지만 그럴 수 없었습니다. 마지막 젖 먹던 힘까지 짜내어 뛰고 또 뛰었습니다.

해가 저물기 바로 직전에 가까스로 도착한 파홈은 그만 정신을 잃고 쓰러졌습니다. 그리고 다시는 일어나지 못했습니다. 사람들은 그곳에 땅을 파고 그를 묻어주었습니다. 그에게 필요한 땅은 겨우 그만큼이었던 것이지요. 지나치게 욕심부리다 죽음으로 끝나버리는 허무한 인생을 풍자한 이야기입니다.

발바닥으로 땅 밟기

오늘 본문에도 그와 비슷한 이야기가 기록되어 있습니다. 하나님은 이스라엘 백성에게 그들이 발바닥으로 밟는 곳을 모두 주시겠다고 약속하십니다. 이 말씀은 톨스토이의 소설과 무엇이 다를까요?

> 너희의 발바닥으로 밟는 곳은 다 너희의 소유가 되리니 너희의 경계는 곧 광야에서부터 레바논까지와 유브라데 강에서부터 서해까지라(신 11:24).

여기에서 '광야'와 '레바논'은 각각 가나안 남쪽 끝과 북쪽 끝을 가리킵니다. '유브라데강'은 서쪽으로 아주 먼 곳에 있고, '서해'는 동쪽의 지중해를 의미합니다. 동서남북으로 이 지역의 경계를 연결해 보면 가나안 땅을 훌쩍 넘어섭니다. 그 넓은 땅을 모두 이스라엘 백성에게 주시겠다고 약속하시는 것입니다.

그러나 실제로 그들은 가나안 땅조차도 다 차지하지 못했습니다. 다윗과 솔로몬 시대에 가서 조금 더 영토를 확장했지만, 그 역시 하나님이 약속하신 경계에는 미치지 못했습니다. 자, 그렇다면 무엇이 문제였을까요? 그들도 '파훔'처럼 지나치게 욕심을 부리다가 결국 차지하지 못했던 것일까요? 아니면 하나님의 약속을 믿을 수가 없어서 아예 땅을 밟으려는 시도조차 하지 않았던 것일까요?

이 대목에서 우리는 성경이 말하는 '발바닥으로 땅 밟기'는 '파훔'처럼 욕심껏 땅을 밟고 다니는 것과는 전혀 다른 의미라는 사실을 기억해야 합니다. '너희의 발바닥'(the sole of your foot)은 '너희의 신발 바닥'(the sole of your shoe)이 아닙니다. '발바닥'은 신발을 벗어버린 '맨 발바닥'을 의미합니다. 이것은 성경에서 아주 중요한 상징입니다.

하나님이 가나안 땅에서 군대 장관의 모습으로 여호수아를 만나셔서 "네가 선 곳은 거룩한 땅이니 네 발에서 신을 벗으라"고 말씀하셨지요(수 5:15). 당시의 종들은 주인 앞에 설 때 반드시 신발을 벗어야 했습니다. 그러니까 하나님은 여호수아에게 "네가 나의 종이라는 사실을 인정하겠느냐?"라고 물으신 것입니다. 그렇다면 지금 당장에 신발을 벗음으로써 그것을 증명하라는 요구입니다. 여호수아는 즉시 신발을 벗습니다.

"발바닥으로 땅을 밟는다"는 것도 마찬가지입니다. 그 말씀은 하나님의 주인 됨을 인정하고 그 뒤를 따라서 겸손하게 순종하면서 사는 것을 의미합니다. 약속의 땅은 사람의 힘으로 욕심껏 정복하는 땅이 아닙니다. 하나님의 약속을 붙잡고 그의 말씀에 맨발로 순종하며 따라갈 때 받게 되는 은혜의 선물입니다. 그럴 때 가나안은 하나님이 다스리는 거룩한 약속의 땅이 되고, 그 땅의 지경이 점점 확장되는 것입니다.

따라서 이스라엘 백성이 하나님께서 약속하신 땅을 차지하지 못한 이유는 그들이 실제로 발바닥으로 땅을 밟고 다니지 않았기 때문이 아닙니다. 오히려 하나님의 말씀에 겸손하게 순종하는 믿음의 삶이 부족했기 때문입니다.

은혜의 단서 조항

지난 시간에 우리는 '이른 비와 늦은 비'의 은혜를 주시겠다는 약속에 단서 조항이 붙어 있는 것을 살펴보았습니다. 오늘 말씀도 똑같습니다.

> 너희가 만일 내가 너희에게 명하는 이 모든 명령을 잘 지켜 행하여 너희의 하
> 나님 여호와를 사랑하고 그의 모든 도를 행하여 그에게 의지하면 여호와께서
> 그 모든 나라 백성을 너희 앞에서 다 쫓아내실 것이라(신 11:22-23a).

얼핏 읽으면 앞부분의 말씀(신 11:13)과 크게 다르지 않은 것처럼 보입니다. 그렇지만 자세히 살펴보면 오늘 본문에 두 가지 두드러지는 강조점이 있다는 사실을 발견하게 됩니다.

그 하나는 '모든 명령', '모든 도', '모든 나라 백성'처럼 '모든'이 강조되고 있다는 것입니다. 하나님의 명령은 우리의 마음에 내키는 대로 고를 수 있는 것이 아닙니다. 하나님이 가르쳐주신 길(道) 역시 마찬가지입니다. 우리의 호불호에 따라서 취사선택할 수 있는 게 아닙니다. '모든 명령'을 잘 지켜야 하고 '모든 도'를 행해야 합니다. 그럴 때 하나님께서 '모든 나라 백성'을 친히 다 쫓아내실 것이라는 은혜의 약속이 성취됩니다.

이 말씀은 뒤집어도 진리입니다. 하나님이 주시기로 약속한 그 넓은 지역에 살고 있던 모든 민족을 다 쫓아내지 못한 이유가 무엇입니까? 이스라엘 백성이 하나님의 명령 중에 극히 일부분만을 지켰기 때문입니다. 하나님이 가르쳐주신 길 중에 극히 일부만 행했기 때문입니다. 다시 말해서 '발바닥'으로 땅을 밟지 않았던 것이지요. 하나님의 말씀에 온전히 순종하여 따르지 않았던 것이지요.

또 다른 한 가지 강조점은 "그에게 의지하라"는 말씀입니다. 메시지성경은 "그분께 꼭 붙어 있으라"(stick close to him. MSG)로 풀이합니다. 순종하여 따르기 힘든 말씀처럼 보인다고 해서 지레 겁먹거나 포기하지 말고, 쉬운 길로 보인다고 해서 하나님의 도움 없이 혼자 걸으려고 하지 말고 늘 하나님을 의지하고 언제나 하나님에게 꼭 붙어 있으라는 것입니다.

그러면 하나님이 우리를 위해 일하십니다. 하나님께서 반드시 약속을 지키십니다. 약속의 땅은 그렇게 하나님의 말씀에 순종하는 만큼 더 넓어집니다.

□ 은혜 나누기

우리는 하나님의 말씀에 몇 퍼센트나 순종하고 있는지 각자 점검해 봅시다.

□ 공동 기도

하나님 아버지, 우리는 아직도 마음의 신발을 온전히 벗지 못하고 있습니다. 자존심의 신발, 자기 의의 신발, 세상 욕심의 신발을 벗지 못했습니다. 이제라도 신발을 벗어버리고 맨발로 하나님의 말씀에 순종하게 해주세요. 언제나 하나님에게 꼭 붙어 있게 해주세요. 예수님의 이름으로 기도합니다. 아멘.

7월 넷째주 하나님이 원하시는 예배

□ 주님의 기도 주님이 가르쳐주신 기도로 가정예배를 시작합니다.

□ 찬송 부르기 44장(지난 이레 동안에)

□ 성경 읽기 신명기 12:5-7(1-14)

※ 개역개정판

5오직 너희의 하나님 여호와께서 자기의 이름을 두시려고 너희 모든 지파 중에서 택하신 곳인 그 계실 곳으로 찾아 나아가서… 7거기 곧 너희의 하나님 여호와 앞에서 먹고 너희의 하나님 여호와께서 너희의 손으로 수고한 일에 복 주심으로 말미암아 너희와 너희의 가족이 즐거워할지니라.

※ 메시지성경

여러분은 하나님 여러분의 하나님께서 택하셔서 자기 이름으로 표시하신 곳, 이스라엘 온 지파를 위해 정해 주신 곳으로 가서, 그곳에서 모임을 가지십시오. … 거기, 곧 하나님 여러분의 하나님 앞에서 잔치를 벌이십시오. 하나님 여러분의 하나님께서 주시는 복으로 성취한 모든 것을 두고 여러분의 가족과 함께 기뻐하십시오.

□ 말씀 나누기

지난 몇 해 동안 우리가 경험한 코로나 팬데믹의 광풍은 오래전에 수가성 여인이 예수님에게 질문했던 '예배 처소'의 문제를 다시 수면 위로 오르게 했습니다. 우리는 어디에서 예배해야 할까요? 예수님 당시의 유대인들은 시온산에 세운 예루살렘 성전에서 예배해야 한다고 주장했습니다. 반면 사마리아인들은 그리심산에 세운 사마리아 성전에서 예배해야 한다고 했습니다. 과연 어느 주장이 맞는 것일까요?

그에 대한 예수님의 대답은 "이 산에서도 말고 예루살렘에서도 말라"(요 4:21)는 것이었습니다. 그러면서 하나님은 영과 진리로 예배하는 자들을 찾으신다고 하셨습니다(요 4:23). 다시 말해서 '어디서' 예배하느냐보다 '어떻게' 예배하느냐가 더 중요한 문제라는 가르침입니다. 자, 그렇다면 코로나 팬데믹 상황에서 만들어진 '온라인 예배'를 우리는 새로운 예배의 형태로 받아들여야 할까요? 아니면 기독교의 전통에 따라서 교회에 모여서 드리는 대면 예배를 어떻게든 고수해야 할까요?

하나님은 '예배 처소'의 문제와 관련하여 오래전에 이미 분명한 원칙을 가르쳐주셨습니다. 그 원칙은 지금까지 바뀌지 않았고 앞으로도 계속 그럴 것입니다. 오늘 우리가 묵상할 본문의 내용입니다.

어디서 예배할 것인가?

이스라엘은 하나님의 명령에 따라 시내산에서 제작한 '성막'을 중심으로 예배하는 공동체가 되도록 부름을 받았습니다. 그러나 40년 광야 생활하는 동안 성막 예배는 제자리를 찾지 못했습니다. 하나님은 광야 세대 이스라엘 백성이 약속의 땅에 들어가서 어떻게 예배해야 할지 모세를 통해서 가르쳐주고 계십니다.

여러분은 하나님 여러분의 하나님께서 택하셔서 자기 이름으로 표시하신 곳, 이스라엘 온 지파를 위해 정해 주신 곳으로 가서, 그곳에서 모임을 가지십시오(신 12:5, 메시지).

이스라엘 백성은 아무 데서나 예배할 수 없습니다. 특히 가나안에 사는 민족들이 자기 신들을 섬기기 위해서 높은 산이나 낮은 산에 만들어 놓은 산당을 하나님께 예배하는 장소로 사용하면 안 됩니다. 그것은 가차 없이 허물어버려야 합니다(2절). 그리고 그들이 섬기는 신들의 이름들은 흔적도 없이 모두 지워버려야 합니다(3절). 그러지 않고 그곳을 예배 처소로 적당히 사용하려고 한다면, 그 예배는 오히려 하나님을 욕보이는 것이 되고 말 것입니다.

그렇다면 이스라엘 백성은 어디에서 예배를 드려야 할까요? 예배 처소는 하나님 자신이 선택하셔서 '자기 이름'으로 표시하실 것입니다. 그런데 그곳은 가나안의 신들처럼 하나님이 '사는 집'이 아닙니다. 단지 하나님께서 '자기 이름'을 두시려고 택한 곳입니다(11절). 그곳에서 하나님은 이스라엘 백성을 만나주실 것입니다. 그곳이 어디일까요? 바로 성막(The Tabernacle)입니다. 이스라엘 백성은 성막이 자리 잡은 곳에 모여서 예배를 드려야 합니다.

이 말씀에 따라서 광야 세대 이스라엘 백성은 약속의 땅에 들어가서 '길갈'에 성막을 세우고, 그곳에서 첫 번째 유월절을 지켰습니다. 가나안 땅을 어느 정도 장악한 후에 성막을 '실로'로 옮겼습니다. 어느 지역에서든지 접근하기 쉬웠기 때문입니다. 그다음에 성막은 '기브온'으로 옮겨집니다. 그런 식으로 성막은 얼마든지 옮길 수 있지만, 동시에 두 군데, 세 군데에 세울 수는 없었습니다.

세월이 흐른 후에 솔로몬은 "하나님의 이름을 위하여" 예루살렘 성전을 건축하게 됩니다(삼하 7:13). 그때부터 '성전'이 '성막'의 역할을 대신하게 됩니다. 그러나 성전 예배는 오래 지속되지 못했습니다. 솔로몬의 죽음 이후에 북이스라엘과 남유다로 분열된 이스라엘은 얼마 지나지 않아 각각 앗수르와 바벨론제국에게 멸망하고 말았기 때문입니다. 그것은 우상숭배에 대한 하나님의 심판이었습니다.

포로기 후에는 '회당'이 하나님께서 그의 백성을 만나주시는 주요

장소가 됩니다. 그리고 신약 시대에는 '교회'가 그 역할을 이어받습니다. 이처럼 예배 처소는 시대에 따라서 얼마든지 달라질 수 있습니다. 그러나 어떤 경우에도 사람이 편의에 따라서 제 마음대로 예배 처소를 선택할 수 없습니다(13절). 우리가 예배하는 자리는 오직 하나님이 정하십니다. 우리는 반드시 하나님의 이름을 두시려고 선택한 곳으로 나아가서 '영'과 '진리'로 예배해야 합니다. 그러면 하나님이 우리를 만나주십니다.

누구와 예배할 것인가?

어디서 예배할 것인가도 중요하지만, 그보다 더 중요한 문제가 있습니다. 그것은 누구와 함께 예배할 것인가 하는 것입니다.

> 거기, 곧 하나님 여러분의 하나님 앞에서 잔치를 벌이십시오. 하나님 여러분의 하나님께서 주시는 복으로 성취한 모든 것을 두고 여러분의 가족과 함께 기뻐하십시오(신 12:7, 메시지).

하나님은 이스라엘 백성에게 매년 유월절(무교절)과 맥추절(칠칠절)과 장막절(초막절)의 세 가지 절기를 지키라고 명령하시면서 이렇게 말씀하셨습니다. "너희의 모든 남자는 일 년에 세 차례, 주 하나님께 나와야 한다"(출 23:17, 메시지). 여기에서 '남자'는 가장(家長)을 의미합니다. 그렇다면 그 집안을 대표하여 가장만 절기를 지키러 가면 될까요? 물론 아닙니다. 가장이 가면 나머지 가족도 함께 따라가야 합니다. 이 말씀은 하나님께 예배하는 일을 책임지고 앞장서야 할 사람이 가장이라는 의미입니다.

오늘 본문에서도 하나님이 정해 놓으신 성소에 가서 예배할 때 반드시 가족이 동행해야 한다는 점을 특별히 강조합니다. 하나님 앞에서 잔치를 벌이면서 가족과 함께 기뻐해야 합니다. 그런데 가족이 전부가 아닙니다. 뒷부분에 보면 "너희와 너희의 자녀와 노비와 함께" 하나님 앞에서 즐거워하라고 되어 있습니다(신 12:12). '노비'(奴婢)는 사내종과 계집종을 아울러 이르는 말입니다. 주인의 명령에 따라서 일하는 노예입니다. 그들도 주인과 함께 예배하는 자리에 가야 한다 는 것입니다.

한 걸음 더 나아가서 절기를 지킬 때 "외국인과 고아와 과부 할 것 없이 모두 다 하나님 앞에서 기뻐해야 한다"(신 16:11, 메시지)고 말씀하 십니다. 그들은 사회적인 약자들입니다. 하나님께 예배하는 자리에서 그들이 소외당하지 않도록 조심해야 합니다. 오히려 적극적으로 그들 을 초청하여 함께 예배하고 음식을 나누어 먹어야 합니다. 바로 그것 이 이스라엘 백성을 향한 하나님의 기대입니다.

교회 다니는 사람이라고 해서 모두 하나님의 백성은 아닙니다. 하 나님이 원하시는 예배를 드리는 사람이 진정한 하나님의 백성입니다. 우리 가정과 우리 교회가 그렇게 하나님이 원하시는 예배를 드리는 믿음의 공동체가 되기를 간절히 소망합니다.

▢ 은혜 나누기

주변의 사회적인 약자를 초청하여 함께 드리는 가정예배를 한번 기획해 봅시다.

▢ 공동 기도

하나님 아버지, 우리가 드리는 예배가 언제나 하나님이 기뻐하시는 예배가 되 게 해주세요. 하나님이 원하시는 곳에서 하나님이 원하시는 방식으로 하나님 의 이름을 높이게 해주세요. 특별히 가정예배를 통해서 모든 가족이 함께 하나 님을 예배할 수 있게 해주세요. 예수님의 이름으로 기도합니다. 아멘.

8월 첫째주 우상숭배의 유혹

□ 주님의 기도 주님이 가르쳐주신 기도로 가정예배를 시작합니다.

□ 찬송 부르기 336장(환난과 핍박 중에도)

□ 성경 읽기 신명기 13:6-8a(1-18)

※ 개역개정판

6네 어머니의 아들 곧 네 형제나 네 자녀나 네 품의 아내나 너와 생명을 함께하는 친구가 가만히 너를 꾀어 이르기를 너와 네 조상들이 알지 못하던 다른 신들 7곧 네 사방을 둘러싸고 있는 민족 혹 네게서 가깝든지 네게서 멀든지 땅 이 끝에서 저 끝까지에 있는 민족의 신들을 우리가 가서 섬기자 할지라도 8너는 그를 따르지 말며 듣지 말며.

※ 메시지성경

그리고 여러분의 형제나 아들이나 딸이나, 여러분이 사랑하는 아내나 여러분의 평생 친구가 은밀히 다가와서, (여러분이나 여러분의 조상이 전혀 알지 못하는 신들, 땅의 이 끝에서 저 끝까지 원근 각처에 있는 민족들의 신들을 들먹이며) "가서 다른 신들을 섬깁시다"하고 꾀거든, 여러분은 그를 따르지도 말고 그의 말을 듣지도 마십시오.

□ 말씀 나누기

신앙의 세대 계승을 방해하는 가장 심각한 위협이 무엇일까요? 이런 질문을 받으면 사람들은 우선 신앙적인 박해 상황을 마음에 떠올릴 것입니다. 하긴 그런 상황에서 자녀에게 믿음을 전해준다는 것은 절대로 쉬운 일이 아닐 것입니다. 그러나 기독교 역사는 전혀 다른 이야기를 우리에게 전해줍니다. 기독교에 대한 박해로 인해 예배당은 많이 무너졌지만, 믿음의 공동체는 역설적으로 더욱 큰 부흥을 경험했기 때문입니다.

신앙의 위기는 오히려 환난과 핍박이 없을 때 찾아옵니다. 경제적으로 어려울 때는 신실하게 하나님을 믿던 사람들이 먹고살 만해지면서 달라집니다. 예전처럼 절박하게 하나님을 찾지 않게 되고, 점점 하나님 외의 다른 것에 눈을 돌리게 되고, 마침내 세상의 방식을 따르기 시작하지요. 그래서 교회의 교적부에는 이름이 올라가 있지만 신앙인의 정체성을 잃어버리고 살아가는 사람들이 생겨나는 것입니다.

그렇습니다. 신앙적인 박해보다 편안한 생활의 유혹이 신앙의 세대 계승을 더욱 방해합니다. 하나님은 이스라엘 백성이 가나안 땅에 들어간 후에 그와 같은 위기를 경험하게 될 것을 잘 아셨습니다. 그래서 모세를 통해서 미리 경고하셨습니다. 오늘 우리가 묵상할 본문 말씀의 내용입니다.

유혹은 어디서 오는가?

'우상숭배'는 단순히 사람이 만들어 놓은 우상 앞에 절하는 것만을 의미하지 않습니다. 하나님보다 더 사랑하는 것은 모두 우상입니다. 그리고 우상숭배의 유혹은 멀리에서 오지 않습니다.

네 어머니의 아들 곧 네 형제나 네 자녀나 네 품의 아내나 너와 생명을 함께하는 친구가 가만히 너를 꾀어 이르기를 너와 네 조상들이 알지 못하던 다른 신들을… 우리가 가서 섬기자 할지라도(신 13:6-7a).

다른 신들을 섬기자고 유혹하는 사람들이 누구입니까? 모두 나와 가장 가까운 사람들입니다. 그중에서 '네 형제'를 제일 먼저 언급하니다. 그러면서 '네 어머니의 아들'로 덧붙여서 설명합니다. 이는 다른 어머니에게서 형제들이 태어나는 일부다처제의 상황에서 이해해야 합니다. 예를 들어서 야곱의 아들 요셉에게는 배다른 형제들이 여럿 있었지만, '어머니의 아들'은 오직 베냐민 하나였습니다. 그들 사이가 특별할 수밖에 없습니다.

'네 자녀', 즉 아들과 딸은 역시 나와 가장 가까운 사이입니다. 대개의 아버지는 자녀가 원하는 것을 웬만하면 다 들어주려고 합니다. '네 품의 아내'는 '특별히 사랑하는 아내'(your dear wife. MSG)라는 뜻입니다. 사랑하고 아끼는 사람의 소원을 들어주지 못할 이유가 없습니다. '너와 생명을 함께하는 친구'는 '평생의 친구'(your lifelong friend. MSG)를 의미합니다. 그런 친구의 부탁을 거절하기는 쉽지 않습니다.

아무튼 그처럼 특별한 관계 속에 있는 사람들이 어느 날 가만히 다가와서 다른 신을 섬기자고 하면서 나를 꾀는 것입니다. 자, 그럴 때 어떻게 해야 할까요? 잘 모르는 사람이라면 얼마든지 단호하게 거절할 수 있을 겁니다. 그렇지만 가깝게 지내는 사람의 은밀한 부탁이라면 이야기가 달라집니다. 그것을 거절했다가는 지금까지의 좋은 관계에 금이 갈지도 모릅니다. 그렇다고 덥석 받아들일 수도 없으니, 참으로 난감한 상황입니다.

그러나 이것을 뒤집어 놓으면 그동안 내가 신앙생활의 빈틈을 너무나 자주 보여주었다는 이야기가 됩니다. 한번 생각해 보십시오. 그렇게 가깝게 지내는 사이였다면 평상시의 내 모습을 누구보다 잘 알고 있을 것입니다. 내가 만일 하나님을 신실하게 섬기면서 하나님의 말씀에 온전히 순종하면서 살았다면 감히 다른 신을 섬기자고 그럴 수는 없는 일 아니겠습니까.

따라서 우상숭배의 유혹을 받거나 그것에 넘어가는 것은 사실 다른 사람 탓이 아닙니다. 가깝게 지내는 사람의 부탁을 차마 거절할 수 없었다는 변명은 하나님 앞에 통하지 않습니다. 그동안 신실하게 하나님을 믿지 않았기에 그 허술한 틈새로 우상숭배의 유혹이 비집고 들어오는 것입니다.

어떻게 대응할 것인가?

여기에서 우리는 다른 신을 섬기자고 유혹하는 사람들의 접근 방식을 알 필요가 있습니다. 그들은 처음부터 하나님을 완전히 버리고 다른 신을 선택하라고 당당히 요구하지는 않습니다. 단지 '너와 네 조상이 전혀 알지 못하던' 새로운 신들을 소개할 뿐입니다. 그러다가 굳이 '하나님만' 섬길 필요는 없지 않겠느냐고 유혹합니다. 다시 말해서 새로운 신을 섬기면서 동시에 하나님을 잘 섬길 수 있다고 설득하는 것입니다.

기드온이 죽고 난 후에 세겜 사람들이 도입한 '바알브릿'이라는 신흥 종교가 바로 그 대표적인 예입니다(삿 8:33). '바알브릿'은 '바알'(Baal)과 '브릿'(berith)의 합성어입니다. '바알'은 가나안 종교를 대표하는 우상이고, '브릿'은 이스라엘 백성이 여호와 하나님과 맺은 '계약'을 의미합니다. 그러니까 우상을 섬기는 '바알 신앙'과 하나님을 섬기는 '계약 신앙'이 혼합된 것입니다. 그들은 바알과 하나님을 동시에 섬길 수 있다고 생각했습니다. 자, 그러면 양쪽에서 주는 복을 모두 다 받게 될까요?

아닙니다. 오히려 무서운 하나님의 심판을 받게 됩니다. 실제로 세겜 사람들은 그 일로 인해서 비극적인 최후를 맞이했습니다(삿 9:22-57). 그렇다면 우상숭배의 유혹이 우리에게 다가올 때 어떻게 대응해야 할까요?

너는 그를 따르지 말며 듣지 말며 궁휼히 여기지 말며 애석히 여기지 말며 덮

어 숨기지 말고 너는 용서 없이 그를 죽이되 죽일 때에 네가 먼저 그에게 손을
대고 후에 뭇 백성이 손을 대라(신 13:8-9).

성경의 가르침은 무서우리만큼 단호합니다. 그들을 따르지도 말
고, 그들의 말을 듣지도 말라고 합니다. 그들이 누구입니까? 나와 가
장 가까운 사람들입니다. 나의 형제요 자녀요 아내요 친구들입니다.
그러나 우상숭배의 문제에 대해서만큼은 아주 단호하게 대응해야 합
니다. 한 걸음 더 나아가서 그들을 불쌍히 여기거나 덮어서 숨겨주려
고 하지 말고 오히려 죽이라고까지 말씀하십니다.

물론 이 말씀을 오늘날의 상황에 곧이곧대로 적용할 수는 없습니
다. 하지만 이를 통해 하나님께서 우상숭배를 얼마나 심각하게 다루
시는지 알아야 합니다. 가까운 사람들과의 관계를 단절하는 아픔을
겪게 되더라도 우리는 오로지 하나님만을 섬기기로 작정해야 합니다.
아니, 그런 일이 생기기 전에 처음부터 우리의 정체성을 분명히 해야
합니다. 가까이 지내는 사람들에게 우리가 믿는 하나님을 담대히 선
포해야 합니다.

□ 은혜 나누기

가까운 사람에게서 다른 종교를 가지자는 제안을 받아본 적이 있습니까? 그때
어떻게 대응했는지 함께 나누어 봅시다.

□ 공동 기도

하나님 아버지, 하나님을 향한 우리의 믿음을 부끄러워하지 않게 해주세요.
하나님의 백성이라는 우리의 정체성을 감추지 않게 해주세요. 오히려 가까운
사람들에게부터 우리의 믿음을 담대하게 선포할 수 있게 도와주세요. 그리하
여 우리 가정은 믿음의 세대 계승에 성공하는 가정이 되게 해주세요. 예수님의
이름으로 기도합니다. 아멘.

8월 둘째주 십일조 규례의 정신

□ **주님의 기도** 주님이 가르쳐주신 기도로 가정예배를 시작합니다.
□ **찬송 부르기** 220장(사랑하는 주님 앞에)
□ **성경 읽기** 신명기 14:28-29(22-29)

※ 개역개정판

28매 삼 년 끝에 그 해 소산의 십분의 일을 다 내어 네 성읍에 저축하여 29너희 중에 분깃이나 기업이 없는 레위인과 네 성중에 거류하는 객과 및 고아와 과부들이 와서 먹고 배부르게 하라. 그리하면 네 하나님 여호와께서 네 손으로 하는 범사에 네게 복을 주시리라.

※ 메시지성경

여러분은 매 삼 년 끝에 그해에 거둔 모든 곡식의 십분의 일을 거두어들여, 창고에 따로 저장해 두십시오. 재산이나 유산이 없는 레위인과 여러분의 동네에 사는 외국인과 고아와 과부를 위해 그것을 비축해 두십시오. 그러면 그들이 먹을거리를 풍성히 얻게 될 것이고, 하나님 여러분의 하나님께서 여러분이 하는 모든 일에 복을 주실 것입니다.

□ **말씀 나누기**

'십일조'는 소득의 십분의 일을 하나님께 드리는 것을 말합니다. 십일조는 이스라엘 백성을 향하신 하나님의 명령입니다. 곡식이든 나무의 열매든, 땅에서 거둔 소출의 십분의 일은 하나님 것이라고 말씀하셨습니다(레 27:30). 소 떼와 양 떼 역시 마찬가지입니다. 목자의 지팡이 밑으로 통과하는 열 번째 짐승은 좋은 것이든 나쁜 것이든 무조건 하나님께 구별하여 드려야 하며, 만일 다른 것으로 바꾸려고 했다면 그것까지 다 바쳐야 한다고 했습니다(레 27:32-33).

따라서 하나님의 백성이라면 반드시 십일조를 드려야 합니다. 만일 십일조를 하지 않는다면 그것은 마치 하나님의 소유를 훔치는 것과 똑같다고까지 말씀하셨습니다(말 3:8). 하나님 것을 몰래 도둑질하면서 복을 받을 줄로 생각하면 안 되지요. 예수님도 온전한 십일조를 강조했습니다(마 23:23). 그런데 소득의 십분의 일을 하나님께 드린다는 것은 말처럼 쉬운 일이 아닙니다. 정말 대단한 결심을 하지 않고서는 그렇게 할 수 없습니다.

그래서 이 문제로 부담을 느끼면서 신앙생활하는 사람이 적지 않습니다. 어떤 사람들은 구약 시대에 적용되던 율법을 오늘날 굳이 지킬 필요는 없다고 주장합니다. 심지어 한국교회에 스며든 물질만능주의가 목회자들이 십일조를 특별히 강조하는 진정한 이유라고 비판하기도 합니다. 정말 그럴까요? 십일조 규례의 정신을 제대로 알고 있다면 그런 식으로 함부로 말하지 못할 것입니다.

하나님을 향한 고백

우선 하나님이 왜 십일조를 요구하시는지 그 이유부터 정확하게 알아야 하겠습니다. 사실 하나님에게는 부족함이 없습니다. 이 세상을 창조하신 하나님께서 무엇이 아쉽다고 사람이 가진 소산의 일부를 바치라고 요구하겠습니까? 그것은 하나님 자신이 아니라 이스라엘 백성을 위한 것입니다. 아니, 더 정확하게 표현하면 하나님이 이스라엘 백성에게 확인하고 싶은 것이 하나 있기 때문입니다. 그게 무엇일까요?

하나님의 백성으로서 그들의 정체성입니다. 하나님의 백성은 자신이 가진 재물이 모두 하나님에게 왔다는 사실을 기꺼이 인정하기 때문입니다. 한번 생각해 보십시오. 하나님이 십일조를 요구한다고 해서 십분의 일만 하나님의 소유이고 그 나머지는 사람의 소유일까요? 아닙니다. 십분의 십이 모두 다 하나님 것입니다. 하나님으로부터 오지 않은 건 하나도 없습니다. 그 사실을 인정하는 최소한의 요구가 바로 십일조입니다.

하나님은 이스라엘 백성을 향해 이렇게 말씀하셨습니다. "내가 너희를 여러 민족 가운데서 구별하여 내 것이 되게 했다"(레 20:26, 메시지). 이 세상에 많은 민족이 있지만, 그중에서도 이스라엘을 특별히 구별하여 하나님의 소유가 되게 하셨다는 것입니다. 그뿐만이 아닙니다. 그들에게 농사를 짓고 목축을 할 수 있는 젖과 꿀이 흐르는 가나안 땅을 주셔서 그곳에 살게 하셨습니다. 따라서 하나님은 이스라엘 백성에게 십일조가 아니라 그 이상도 얼마든지 요구하실 수 있습니다.

그러나 그렇게 하지 않으시고 단지 십분의 일을 구별하여 드리면 그것으로 그들의 신앙고백을 인정해 주기로 하신 것입니다. 어떤 고백입니까? "나는 하나님이 거룩하게 구분하신 하나님의 백성이며, 내가 가진 것은 모두 하나님이 주신 것입니다!"라는 고백입니다. 말로만의 고백은 진정한 고백이 아닙니다. 예수님은 "네 보물 있는 그곳에 네 마음도 있다"(마 6:21)라고 말씀하셨습니다. 우리가 가장 소중하게 생각하는 재물을 하나님께 드리지 않으면서 어떻게 감히 우리의 마음을 드리면서 하나님을 섬긴다고 말할 수 있겠습니까.

이웃을 향한 돌봄
십일조에는 하나님을 향한 신앙고백과 함께 이웃을 향한 돌봄의 마음이 담겨 있습니다. 하나님은 이스라엘 백성이 십일조를 드리는지, 드리지 않는지에만 관심을 두지 않으십니다. 오히려 그것을 어디에 사용하는지에 더욱 큰 관심을 두고 계십니다. 오늘 본문에 보면 십일조를 사용해야 하는 세 가지 경우가 나옵니다. 첫 번째는 레위인을 위해서 사용하는 것입니다.

> 네 성읍에 거주하는 레위인은 너희 중에 분깃이나 기업이 없는 자이니 또한 저버리지 말지니라(신 14:27).

레위 지파는 다른 지파처럼 가나안 땅을 분배 받지 못했습니다. 그것은 오로지 하나님의 성전에서 예배하는 일에만 전념하기 위해서입니다. 분배 받은 땅이 없으니 땅의 소산도 당연히 없습니다. 그들의 경제적인 필요를 누군가가 채워주어야 합니다. 그래서 하나님은 이스라엘 백성이 드리는 십일조를 레위 자손에게 기업으로 주라고 말씀하신 것입니다(민 18:21).

두 번째는 하나님 앞에 모여서 함께 예배하는 사람들을 위해서 사용하는 것입니다.

> 네 하나님 여호와 앞 곧 여호와께서 그의 이름을 두시려고 택하신 곳에서 네 곡식과 포도주와 기름의 십일조를 먹으며 또 네 소와 양의 처음 난 것을 먹고 네 하나님 여호와 경외하기를 항상 배울 것이니라(신 14:23).

이스라엘 백성은 일 년에 세 차례 절기를 지켜야 합니다(출 23:17). 그때마다 번제와 함께 화목제를 드려야 합니다. 번제는 하나님께 온전히 태워서 드리는 '속죄'의 예물이고, 화목제는 예배에 참여한 사람들과 함께 나누는 '교제'의 예물입니다. "너와 네 권속이 함께 먹고 즐거워하라"(26절)는 말씀이 바로 화목제를 의미합니다. 우리가 교회에 모여 하나님께 예배를 드릴 때마다 반드시 애찬을 나누는 이유입니다. 식탁 교제를 통해서 하나님께 드리는 예배가 완성되는 것입니다.

마지막 세 번째는 경제적인 약자를 위해서 사용하는 것입니다. 매 삼 년 끝에 그 해 소산의 십분의 일을 다 내어 네 성읍에 저축하여 너희 중에 분깃이나 기업이 없는 레위인과 네 성 중에 거류하는 객과 및 고아와 과부들이 와서 먹고 배부르게 하라(신 14:28-29a).

본래 소산물의 십일조는 매년 드리게 되어 있습니다(22절). 그렇지만 3년에 한 번 드리는 특별한 십일조는 어렵게 사는 이웃을 돌보기 위해서 따로 창고에 저장해 두어야 했습니다. 믿음의 공동체로서 그들이 돌보아야 할 이웃은 레위인은 물론이고 그들과 함께 살고 있는 외국인 노동자와 고아와 과부입니다. 모두 경제적인 약자들입니다. 십일조는 그들을 돌보기 위해서 사용해야 하는 헌금입니다.

시대와 세상은 얼마든지 바뀔 수 있지만, 이와 같은 하나님의 관심은 절대로 바뀌지 않습니다. 신약 시대의 하나님 백성으로서 우리 교회와 가정은 십일조 규례에 담긴 정신을 잘 이해하고 또한 정직하게 지켜야 할 것입니다. 그러면 우리를 통해 하나님의 나라가 점점 확장될 뿐 아니라 우리가 하는 모든 일에 하나님께서 복을 더해주실 것입니다(29절).

□ 은혜 나누기
정직한 십일조 헌금 생활에 대해서 함께 나누어 봅시다.
□ 공동 기도
하나님 아버지, 오늘 묵상을 통해 십일조 규례에 담긴 하나님의 뜻을 분명히 알게 해주셔서 감사합니다. 이제부터 하나님이 주신 소득의 십분의 일을 정직하게 구별하여 하나님께 드리게 해주세요. 그렇게 하나님을 향한 우리의 신앙을 분명히 고백하면서 동시에 어려운 이웃을 향한 하나님의 사랑을 마음껏 펼칠 수 있게 해주세요. 예수님의 이름으로 기도합니다. 아멘.

8월 셋째주 면제년 규례의 정신

□ 주님의 기도 주님이 가르쳐주신 기도로 가정예배를 시작합니다.

□ 찬송 부르기 452장(내 모든 소원 기도의 제목)

□ 성경 읽기 신명기 15:7-8(1-11)

※ 개역개정판

7네 하나님 여호와께서 네게 주신 땅 어느 성읍에서든지 가난한 형제가 너와 함께 거주하거든 그 가난한 형제에게 네 마음을 완악하게 하지 말며 네 손을 움켜쥐지 말고 8반드시 네 손을 그에게 펴서 그에게 필요한 대로 쓸 것을 넉넉히 꾸어주라.

※ 메시지성경

하나님 여러분의 하나님께서 주시는 저 땅에서 함께 살아가는 여러분의 동족 가운데 곤경에 처하거나 도움이 필요한 이를 만나거든, 못 본 척 고개를 돌리지 마십시오. 여러분의 지갑을 꼭 닫지 마십시오. 그러면 안 됩니다. 그의 처지를 살펴보고, 여러분의 지갑을 열어 그가 필요로 하는 만큼 넉넉하게 꾸어 주십시오.

□ 말씀 나누기

하나님이 이스라엘 백성에게 기대하시는 것이 하나 있습니다. 그것은 그들이 하나님을 믿지 않는 사람과 확실하게 구별되는 것입니다. "내가 거룩하니 너희도 거룩하라"(레 11:45). 우리말 '거룩'에 해당하는 히브리어 '코데쉬'(qodesh)는 본래 '구별'(apartness)을 의미합니다. 하나님은 사람이 만든 우상들과 본질적으로 다른 분입니다. 그래서 거룩하십니다. 마찬가지로 하나님을 믿는 백성 역시 다른 사람들과 무언가 달라야 합니다.

어떤 점에서 달라야 할까요? 우선 하나님께 예배하는 장소와 시간을 거룩하게 구별하는 것에서부터 달라야 합니다. 우리가 주일(主日)을 '주님의 날'로 구별하여 하나님 앞에 나아가서 예배하는 이유입니다. 가정예배 역시 마찬가지입니다. 우리의 가정을 하나님께 예배드리는 장소로 만듦으로써 하나님을 믿지 않는 세상 사람과 구별되는 것입니다. 그뿐만이 아닙니다. 경제생활에서도 다른 점이 드러나야 합니다.

감리교의 창시자 웨슬리(John Wesley) 목사님이 이런 유명한 말을 남겼습니다. "당신의 지갑이 회개하기 전까지 당신은 진정으로 회개한 것이 아니다!" 삭개오는 예수님을 영접한 후에 자신의 소유 절반을 가난한 사람에게 나누어주고, 남을 속여서 번 돈이 있다면 그 피해액을 네 배로 보상하겠다고 약속했지요(눅 19:8). 그렇게 지갑을 활짝 여는 것이 진정한 의미의 회개입니다.

지난 시간에 살펴본 십일조 규례와 더불어 면제년 규례가 하나님 백성을 향한 이와 같은 하나님의 기대를 잘 드러내고 있습니다.

면제년과 안식년

우선 '면제년'에 대해서 알아보겠습니다. 면제년(免除年)이란 돈을 빌려준 사람(채권자)이 돈을 빌려 간 사람(채무자)에게서 받아야 할 이자를 면제해 주는 특별한 해를 의미합니다.

> 매 칠 년 끝에는 면제하라. 면제의 규례는 이러하니라. 그의 이웃에게 꾸어준 모든 채주는 그것을 면제하고 그의 이웃에게나 그 형제에게 독촉하지 말지니

이는 여호와를 위하여 면제를 선포하였음이라(신 15:1-2).

'면제년'은 사실 '안식년'의 또 다른 표현입니다. 안식년은 7년마다 한 번씩 농사를 쉬는 해입니다. 따라서 안식년에는 평상시처럼 씨를 뿌리거나 포도원을 가꾸면 안 됩니다(레 25:4). 그렇게 함으로써 땅을 쉬게 할 뿐만 아니라 이스라엘 백성은 그 땅의 진정한 주인이 하나님이라는 사실을 몸으로 체험하면서 고백하게 하는 것입니다. 다른 나라에서는 이런 규례를 찾아볼 수 없습니다. 오직 하나님의 백성 이스라엘만 가지고 있는 아주 독특한 제도입니다.

그런데 문제는 경제적 약자입니다. 생활에 여유가 있는 사람이야 7년마다 한 해쯤 농사를 건너뛴다고 해도 얼마든지 먹고 살 수 있지만, 하루 벌어서 하루 먹고 사는 사람들은 그럴 수가 없습니다. 하나님은 그것까지 잘 알고 계셨습니다. 그래서 씨를 뿌리거나 포도원을 가꾸지 않아도 자연스럽게 얻게 되는 안식년의 소출이 경제적인 약자에게 먼저 돌아갈 수 있도록 특별히 배려하셨던 것입니다(레 25:6).

먹을거리는 그런 식으로 해결한다고 해도, 빌린 돈은 어떻게 해야 할까요? 일하지 않으면 돈을 벌지 못하고, 그러면 빚을 갚을 길도 없어지니 말입니다. 바로 이 대목에 면제년 규례가 등장합니다. 안식년에는 꾸어준 돈을 갚거나 이자를 내놓으라고 채무자를 '독촉'하지 말라는 것입니다. 그렇게 함으로써 가난한 사람도 마음 놓고 안식년을 지킬 수 있게 하려는 것이지요. 안식년은 이스라엘 백성 모두가 함께 지켜야 합니다. 그러지 않으면 그 의미가 퇴색하고 맙니다.

그런데 여기에서 우리가 주의해야 할 것이 하나 있습니다. 면제년 규례는 이자를 '면제'해주는 것이지 빚을 '탕감'해주는 게 아니라는 사실입니다. 한번 생각해 보세요. 만일 7년마다 무조건 빚을 탕감하게 해준다면 과연 어떤 일이 벌어질까요? 그 제도를 악용하는 못된 마음을 가진 사람들이 반드시 생겨날 것입니다. 면제년 규례는 경제적인 약자를 돌보는 법이지 물질에 탐욕을 품은 사람들까지 구제하는 법이 아닙니다.

가난한 형제

하나님의 백성다움은 가난한 형제를 대하는 마음으로 드러납니다. 그 점에서 이스라엘 백성은 분명히 구별되어야 합니다. 면제년 규례는 그중의 한 가지 예일 뿐입니다.

> 네 하나님 여호와께서 네게 주신 땅 어느 성읍에서든지 가난한 형제가 너와 함께 거주하거든 그 가난한 형제에게 네 마음을 완악하게 하지 말며 네 손을 움켜쥐지 말고 반드시 네 손을 그에게 펴서 그에게 필요한 대로 쓸 것을 넉넉히 꾸어주라(신 15:7-8).

어느 사회에나 가난한 사람은 반드시 있게 마련입니다(11절). 예수님도 "가난한 자들은 항상 너희와 함께 있을 것"이라고 말씀하셨습니다(마 26:11). 그런데 약속의 땅에서는 본래 가난한 형제가 있으면 안 됩니다. 왜냐면 그들은 모두 공평하게 땅을 분배 받았기 때문입니다. 똑같은 조건에서 출발했는데, 살다 보니까 어떤 사람은 남들보다 부자가 되기도 하고 또 어떤 사람은 가난해지기도 한 것입니다.

그러나 하나님의 관심은 가난의 원인을 규명하는 것이 아니라 가난한 형제를 어떻게 돌볼 것인지에 있습니다. 우선 가난한 형제에게 '완악한 마음'을 품지 말라고 하십니다. 메시지성경은 이를 "못 본 척 고개를 돌리지 말라"고 풀이합니다. 경제적인 도움이 필요한 형제를 못 본 척 외면하는데 그 사람의 지갑이 열릴 리가 없지요.

그런데 이런 경우에 보통은 '인색한 마음'이라는 표현을 쓰지 '완악한 마음'이라고 하지는 않습니다. 여기에서 우리는 가난한 형제를 함부로 판단하고 정죄하는 그런 못된 마음이 '완악'이라는 말속에 포함되어 있다는 사실을 알게 됩니다. 사람들은 왜 가난한 형제에게 선뜻 손을 펼치지 못하는 것일까요? 그들의 게으름이나 능력 없음을 탓하기 때문입니다. 그런 사람에게 내가 열심히 노력해서 번 소득을 나눠주고 싶지 않은 것이지요. 그래서 손을 움켜쥐고 지갑을 꼭 닫는 것입니다.

본문은 면제년을 앞두고서는 아예 돈을 빌려주려고 하지 않는 사람을 예로 들어 설명합니다(9절). 돈을 빌려주지 않는 이유가 무엇일까요? 면제년에는 이자를 받지 못하기 때문입니다. 하나님은 그것이 '죄'가 된다고 말씀하십니다. 이런 마음이 바로 '완악한 마음'입니다. 만일 그들이 누리고 살아가는 모든 것이 하나님이 주신 은혜의 선물이라는 사실을 믿는다면 그럴 수는 없습니다. 선인과 악인에게 골고루 해를 비추시는 하나님(마 5:45)을 믿는다면 이유를 묻지 않고 무조건 가난한 형제의 필요를 채워주는 일에 나설 것입니다.

하나님은 그렇게 너그러운 마음으로 가난한 형제를 돌보는 사람을 친히 돌보아 주십니다. 그가 하는 일마다 복을 더해주십니다(10절). 그래서 하나님 백성은 다른 사람들과 더욱더 구별되는 것입니다.

□ 은혜 나누기
우리의 주변에 도움이 필요한 형제가 있는지 함께 이야기해 봅시다.

□ 공동 기도
하나님 아버지, 우리의 지갑이 회개하게 도와주세요. 가난한 형제를 보고도 손을 움켜쥐는 인색한 사람이 되지 않게 하시고, 함부로 그들을 판단하고 정죄하는 완악한 마음을 품지 않게 해주세요. 돌봄이 필요한 사람에게 하나님의 사랑이 흘러가는 통로로 우리 가정을 사용해 주세요. 예수님의 이름으로 기도합니다. 아멘.

신앙생활의 절기

- 주님의 기도 주님이 가르쳐주신 기도로 가정예배를 시작합니다.
- 찬송 부르기 251장(놀랍다 주님의 큰 은혜)
- 성경 읽기 신명기 16:1-3a(1-17)

  ※ 개역개정판

  1아빕월을 지켜 네 하나님 여호와께 유월절을 행하라. 이는 아빕월에 네 하나님 여호와께서 밤에 너를 애굽에서 인도하여 내셨음이라. 2여호와께서 자기의 이름을 두시려고 택하신 곳에서 소와 양으로 네 하나님 여호와께 유월절 제사를 드리되 3유교병을 그것과 함께 먹지 말고 이레 동안은 무교병 곧 고난의 떡을 그것과 함께 먹으라….

  ※ 메시지성경

  아빕월을 지켜 하나님 여러분의 하나님께 유월절 제사를 드리십시오. 하나님 여러분의 하나님께서 여러분을 아빕월 밤에 이집트에서 건져 내셨습니다. 하나님께서 자기 이름을 두고 예배받으시려고 택하신 그곳에서, 하나님 여러분의 하나님께 유월절 제물을 드리십시오. 누룩을 넣은 빵을 그 제물과 함께 먹어서는 안 됩니다. 칠일 동안 누룩을 넣지 않은 빵, 곧 궁핍한 시절에 먹었던 빵을 그 제물과 함께 먹으십시오….

- 말씀 나누기

  인간의 삶은 매년 반복되는 시간의 흐름과 아주 밀접한 관계를 맺고 있습니다. 농사를 짓지 않는 사람이라도 봄, 여름, 가을, 겨울이라는 계절의 변화에 민감하지 않으면 안 됩니다. 신앙생활도 마찬가지입니다. 세상살이를 위해서 양력과 음력의 흐름에 익숙해야 하듯이, 신앙생활을 위해서 익숙해져야 하는 시간의 흐름이 있습니다. 우리는 그것을 '교회력' 또는 '신앙의 절기'라고 부릅니다.

하나님은 이스라엘 백성에게 매년 세 가지 절기를 지키라고 명령하셨습니다. 유월절(무교절)과 칠칠절(맥추절) 그리고 초막절(수장절)이 바로 그것입니다. 이때 집안의 가장(家長)은 모든 가족을 인솔하여 하나님이 정해 놓으신 성소로 가서 예배를 드려야 했습니다. 그렇게 매년 반복되는 신앙생활의 사이클을 통해서 하나님은 그들이 하나님 백성으로서의 정체성을 잃어버리지 않게 하셨던 것입니다.

기독교의 교회력에도 구약의 3대 절기가 모두 포함되어 있습니다. 물론 절기의 이름이나 지키는 날짜가 조금씩 달라지기는 했어도, 그 내용과 정신은 조금도 달라지지 않았습니다. 신약의 하나님 백성으로서 우리 그리스도인은 이와 같은 신앙의 절기에 익숙해져야 합니다. 그럴 때 해를 거듭할수록 우리의 신앙이 성숙해질 수 있습니다.

유월절과 무교절

이스라엘 백성이 지켜야 할 첫 번째 절기는 '유월절'입니다.

아빕월을 지켜 네 하나님 여호와께 유월절을 행하라. 이는 아빕월에 네 하나님 여호와께서 밤에 너를 애굽에서 인도하여 내셨음이라(신 16:1).

유월절(逾越節)이란 '넘어간다'(pass over)라는 뜻의 히브리어 페사흐(pesach)라는 말에서 나왔습니다. 하나님은 이집트에 초태생 죽음의 열 번째 재앙을 예고하시면서 동시에 그것을 피할 수 있는 길을 모세에게 가르쳐주셨습니다. 어린 양의 피를 문설주와 인방에 바르면 그 표적을 보고 죽음의 사자가 그냥 넘어가겠다고 약속하신 것입니다

(출 12:13). 그 약속은 실제로 이루어졌고, 말씀에 순종하여 따랐던 이스라엘 백성은 이집트의 노예 생활에서 해방되었습니다. 그날을 기념하는 절기가 바로 유월절입니다.

'유월절'을 다른 말로 '무교절'(無酵節)이라고도 하는데, 이는 이집트에서 탈출할 때 누룩을 넣지 않은 빵을 급히 먹었다고 해서 생겨난 이름입니다. 실제로 이스라엘 백성은 유월절 기간 내내 누룩을 넣지 않은 빵, 즉 '고난의 떡'을 먹었습니다(신 16:3). 그렇게 함으로써 그들이 어떻게 이집트에서 떠나왔는지 평생 잊지 않고 생생하게 기억하게 했던 것입니다.

오늘날의 그리스도인은 '유월절' 대신에 '부활절'을 지킵니다. 그러나 그 의미는 크게 다르지 않습니다. 유월절은 이스라엘 백성을 이집트의 압제에서 구원하신 사건을 기억하는 것이라면, 부활절은 예수님이 유월절 어린 양이 되셔서 십자가에 달려 죽으시고 부활하심으로 인류를 구원하신 사건을 기억하는 것이기 때문입니다. 예수님의 십자가 사건이 유월절 기간에 일어난 것 역시 우연의 일치가 아닙니다.

칠칠절과 초막절

이스라엘 백성이 지켜야 할 두 번째 절기는 바로 '칠칠절'입니다. 일곱 주를 셀지니 곡식에 낫을 대는 첫날부터 일곱 주를 세어 네 하나님 여호와 앞에 칠칠절을 지키되 네 하나님 여호와께서 네게 복을 주신 대로 네 힘을 헤아려 자원하는 예물을 드리고(신 16:9-10).

칠칠절(七七節)이란 말 그대로 '일곱 주'만에 지키는 절기입니다. 그 출발선은 '곡식에 낫을 대는 첫날부터'입니다. 이는 유월절이 지난 첫 안식일 다음 날을 의미합니다. 이때 곡식의 첫 이삭 한 단을 추수하여 흔들어 하나님께 드렸습니다(레 23:9-14). 그러고 나서 본격적으로 보리 추수를 시작했습니다. 그렇게 7주 동안의 보리 수확을 모두 마친후에 '칠칠절'을 지켰던 것입니다. 오늘날 대부분의 한국교회가 7월 첫째 주일에 지키는 '맥추절'이 바로 여기에 해당합니다.

물론 보리를 추수하는 것이 좋은 일이긴 하지만, 가을의 풍성한 수확과 비교하면 아주 소박합니다. 그렇지만 그들이 감사해야 하는 이유가 따로 있었습니다. "여러분도 전에는 이집트 땅에서 종이었음을 잊지 마십시오. 이 법도를 부지런히 지키십시오"(신 16:12, 메시지). 그러니까 보리 추수가 감사의 조건이 아닙니다. 과거 종살이하던 때를 생각해 보니 지금의 삶이 너무나 감사한 것입니다. 그래서 보리 수확을 기회 삼아 하나님께 맥추절을 지키며 감사하는 것이지요.

이스라엘 백성이 지켜야 할 세 번째 절기는 바로 '초막절'입니다.

너희 타작마당과 포도주 틀의 소출을 거두어들인 후에 이레 동안 초막절을 지킬 것이요(신 16:13).

'초막절'(草幕節)이란 농작물을 거두어서 창고에 저장하던 시기에 나뭇가지로 얼기설기 장막을 짓고 지키는 절기입니다. 그래서 '장막절' 또는 '수장절'로 불리기도 합니다. 현재 교회력의 '(추수)감사절'이 바로 여기에 해당합니다. 초막절에는 일 년 농사를 마무리하면서 하나님께 감사하고 동시에 과거 그들의 조상이 40년 광야 생활하던 때를 기억하는 두 가지 의미가 담겨 있습니다.

그러고 보면 유월절과 칠칠절과 초막절의 이름과 내용은 다르지만 모두 '감사절'입니다. '유월절'은 이집트의 압제에서 구원 받은 것을 감사하는 절기요, '칠칠절'은 가장 처음 수확한 열매를 드리면서 감사하는 절기요, '초막절'은 한 해의 농사를 다 마치고 나서 하나님께 감사하는 절기이기 때문입니다. 그리고 그 밑바탕에는 그들을 이집트의 압제에서 구원해 주신 하나님의 은혜를 되새기는 공통분모가 깔려 있습니다.

절기를 지킬 때 반드시 남종이나 여종과 같은 사회적인 약자나 외국인 노동자와 고아와 과부와 같은 경제적인 약자를 초청하여 함께 하나님께 예배드리면서 음식을 나누어 먹어야 하는 이유 역시 이스라엘 백성이 본래 이집트에서 종살이하던 사람이었다는 사실에 근거합니다(11, 14절). 앞에서 우리가 묵상한 십일조 규례와 면제년 규례의 정신도 이와 다르지 않습니다.

그렇습니다. 하나님의 은혜를 기억하는 사람은 절대로 혼자서 절기를 지키지 않습니다. 언제나 사회적인 약자를 기억하고 배려합니다. 하나님 앞에서 그들과 함께 즐거워합니다. 그들이 바로 하나님의 백성입니다.

□ 은혜 나누기
우리가 주일(主日)을 거룩하게 지켜야 하는 이유에 대해 함께 이야기해 봅시다.
□ 공동 기도
하나님 아버지, 우리를 죄에서 구원해 주신 은혜를 진심으로 감사드립니다. 평생 살아가면서 그 은혜를 잊지 않게 해주세요. 하나님이 우리에게 명령하신 절기의 의미를 잘 깨닫게 하시고, 매년 반복되는 신앙생활의 사이클을 통해서 우리의 신앙이 잘 익어가게 해주세요. 예수님의 이름으로 기도합니다. 아멘.

9월 첫째주 공의로운 재판

□ **주님의 기도** 주님이 가르쳐주신 기도로 가정예배를 시작합니다.

□ **찬송 부르기** 516장(옳은 길 따르라 의의 길을)

□ **성경 읽기** 신명기 16:20(18-20)

※ 개역개정판

너는 마땅히 공의만을 따르라. 그리하면 네가 살겠고 네 하나님 여호와께서 네게 주시는 땅을 차지하리라.

※ 메시지성경

옳은 것, 바른 것! 오직 올바른 것만 따르십시오! 그렇게 할 때에만 여러분이 참으로 살고, 하나님 여러분의 하나님께서 여러분에게 주시는 땅을 차지할 수 있습니다.

□ **말씀 나누기**

"유전무죄 무전유죄"(有錢無罪 無錢有罪)라는 표현이 있습니다. 돈이 있으면 죄가 있어도 무죄(無罪)로 풀려나고, 돈이 없으면 죄가 없어도 유죄(有罪)로 처벌받는다는 뜻입니다. 돈의 힘이나 사회적인 지위가 법 위에 군림하는 불평등한 현실을 비꼬는 말입니다. 예전에는 실제로 이런 일들이 참 많았습니다. 지금은 과연 어떨까요? 별로 달라진 것 같지 않습니다. 오히려 더욱 교묘한 방식으로 "유전무죄 무전유죄"의 원칙이 알게 모르게 작동하고 있습니다. 그것이 사람이 다스리는 세상의 모습입니다.

그러나 하나님이 왕이 되어 다스리는 이스라엘은 달라야 합니다. 하나님은 공의롭고 정직하신 분입니다(신 32:4). 하나님이 통치하는 나라에서는 돈이 있는지 없는지에 따라서 유죄와 무죄가 판가름 나는 그런 억울한 일이 생기면 절대로 안 됩니다. 만일 그런 일이 있다면 그것은 하나님이 더 이상 이스라엘의 왕이 아니라는 뜻이요, 이스라엘 백성이 하나님의 다스림을 받지 않는 이방 민족으로 변질했다는 뜻이 됩니다.

따라서 '공의로운 재판'은 하나님의 백성으로서 이스라엘의 정체성을 증명하는 결정적인 잣대입니다. 지금까지 우리가 묵상해 온 것처럼 하나님은 사회적인 약자와 경제적인 약자를 배려하고 돌보는 일에 특별한 관심을 가지고 계십니다. 공정하고 정직한 재판 역시 그 연장선상에 놓여 있습니다.

공정한 조직

공의로운 재판을 위해서는 무엇보다 그 일을 맡아서 공정하게 처리하는 사람들이 필요합니다. 그래서 하나님은 공정한 조직을 갖추라고 명령하십니다.

> 네 하나님 여호와께서 네게 주시는 각 성에서 네 지파를 따라 재판장들과 지도자들을 둘 것이요 그들은 공의로 백성을 재판할 것이니라(신 16:18).

여기에 보면 사법적인 절차에 필요한 두 가지 직책이 나옵니다. '재판장'과 '지도자'가 그것입니다. 우리말 '재판장들'에 해당하는 히브리어는 '쇼페팀'(shophetim)입니다. 사사(士師) 혹은 판관(判官)으로 번역되기도 합니다. 쇼페팀이 지도력을 발휘하던 특정한 시기를 가리켜서 우리는 '사사 시대'라고 부릅니다. 사사 시대의 쇼페팀은 재판장뿐만 아니라 군사 지도자의 역할까지 감당했지만, 오늘 본문에서 쇼페팀은 단순하게 죄의 유무를 최종적으로 판단하는 역할을 하는 판사들(judges)로 소개됩니다.

그다음에 우리말 '지도자들'로 번역된 히브리어는 '쇼테림'(shoter-im)입니다. 이들은 천부장이나 백부장처럼 행정적인 책임을 수행하는 관리(officials)를 통틀어서 지칭하는 말입니다. 그러니까 쇼테림은 사법부의 판단이 내려지면 그 결과에 따라서 실제로 법을 집행하는 역할을 하는 사람들입니다. 이처럼 사법부와 행정부의 조직을 분리하는 것은 공정한 법의 집행을 위해서 필수적입니다.

그러나 그보다 더 중요한 원칙이 이 말씀에 담겨 있습니다. 그것은 하나님이 주시는 각 성에서 '지파를 따라' 쇼페팀과 쇼테림을 세워야 한다는 말씀입니다. 다시 말해서 지방분권적인 사법 체계를 갖추어야 한다는 것입니다. 한번 생각해 보십시오. 만일 힘 있는 어느 지파나 유력한 몇몇 사람이 재판을 독점한다면 과연 어떤 일이 벌어질까요? 과거 독재정권 시절에 얼마나 많은 불공정한 재판이 있었는지, 그로 인해 얼마나 많은 사람이 억울하게 죽임을 당하거나 옥살이했는지 생각해 보면 쉽게 짐작할 수 있습니다.

하나님이 통치하는 나라, 이스라엘에서는 그런 일이 절대로 있어서는 안 됩니다. 그러려면 무엇보다 공정한 조직을 갖추어야 합니다. 사법부와 행정부를 분리하여 각각의 역할을 책임지게 해야 합니다. 그리고 권력이 어느 한 지파나 개인에게 집중되지 않도록 해야 합니다. 이것은 고대 근동의 다른 나라에서는 찾아볼 수 없는 이스라엘만의 독특한 모습이었습니다. 바로 여기에서부터 오늘날의 민주적인 제도가 싹트기 시작했습니다.

공정한 판단

그다음에는 재판장들이 신앙적인 양심에 따라서 공정하게 판단하는 것이 중요합니다.

너는 재판을 굽게 하지 말며 사람을 외모로 보지 말며 또 뇌물을 받지 말라.

뇌물은 지혜자의 눈을 어둡게 하고 의인의 말을 굽게 하느니라(신 16:19).

여기에서 하나님은 세 가지 원칙을 말씀하십니다. 그 첫 번째는 '재판을 굽게 하지 않는 것'입니다. 메시지성경은 이 말씀을 "법을 왜곡하지 말라"(Don't twist the law)라는 말로 쉽게 풀이합니다. 같은 법인데 이 사람에게는 이렇게, 저 사람에게는 저렇게 적용하는 것이지요. 정치적인 이해 계산에 따라서 법을 자기 마음대로 왜곡하는 못된 버릇은 아직도 완전히 없어지지 않았습니다. 재판을 굽게 하는 사회에는 결코 정의가 세워지지 않습니다.

두 번째 원칙은 '사람을 외모로 보지 않는 것'입니다. 그것은 마치 얼굴 모습이 도둑처럼 생겼다고 해서 실제로 도둑질했다고 단정하는 것과 똑같습니다. 그 사람의 겉모습이나 조건이나 출신 성분으로 섣불리 죄의 유무를 판단하려고 하면 안 됩니다. 메시지성경은 "어느 한쪽을 편들지 마십시오"(Don't play favorites)라고 풀이합니다. 개인적인 감정에 따라 어느 한쪽을 편드는 재판관이 있는 한 그 사회에 정의가 세워질 수 없습니다. 모든 재판관은 오직 하나님의 말씀을 판단의 기준으로 삼아야 합니다.

마지막 세 번째 원칙은 '뇌물을 받지 않는 것'입니다. 바로 이 대목에서 "유전무죄 무전유죄"가 등장합니다. 뇌물은 재판관의 눈을 어둡게 만듭니다. 죄를 범하지 않은 의인이 아무리 자신의 결백을 주장해도 그것을 무시해 버립니다. 어떻게 해서든지 그 사람을 죄인으로 만듭니다. 반대편으로부터 뇌물을 받았기 때문입니다. 그래서 같은 죄를 범하고도 돈이 있으면 무죄가 되기도 하고, 돈이 없으면 유죄가 되기도 하는 것입니다.

공의로운 재판은 이스라엘 백성이 약속의 땅에서 생존할 수 있는 비결입니다.

> 너는 마땅히 공의만을 따르라. 그리하면 네가 살겠고 네 하나님 여호와께서 네게 주시는 땅을 차지하리라(신 16:20).

약속의 땅은 아무나 살 수 있는 곳이 아닙니다. 오직 하나님의 백성만 그 땅을 차지할 수 있습니다. 하나님을 사랑하고 하나님의 계명을 지키는 자는 그 땅에서 천 대까지라도 살 수 있습니다(출 20:6). 그러나 하나님의 백성다움을 상실하면 그 즉시 쫓겨납니다. 하나님은 반드시 약속을 지키십니다. 은혜의 약속도 지키고, 심판의 약속도 지키십니다. 이스라엘의 역사가 그 사실을 우리에게 증언합니다.

옳음보다 사사로운 이익을 추구하는 사회, 그래서 억울한 죄인을 만들어 내는 사회를 하나님은 그냥 내버려 두지 않으십니다. 반드시 심판하십니다. 정의롭지 못하면서 약속의 땅에서 살 수 있는 길은 없습니다. 하나님은 당신의 백성이 오직 공의를 선택하기를 기대하십니다. 그것만이 우리가 살길입니다.

□ 은혜 나누기

현재 우리 사회는 과연 공의로운지, 그렇지 않다면 그 이유는 무엇인지 함께 이야기해 봅시다.

□ 공동 기도

하나님 아버지, 우리 가정에 하나님이 다스리는 나라가 이루어지게 해주세요. 오직 공의가 강물처럼 흐르는 우리나라가 되게 해주세요. 법을 만들고 집행하는 특권을 가진 사람들에게 하나님을 두려워하는 마음을 주셔서 이 땅에 더 이상 억울한 죄인이 만들어지지 않게 해주세요. 예수님의 이름으로 기도합니다. 아멘.

9월 둘째주 이스라엘의 왕

- 주님의 기도 주님이 가르쳐주신 기도로 가정예배를 시작합니다.
- 찬송 부르기 202장(하나님 아버지 주신 책은)
- 성경 읽기 신명기 17:18-19(14-20)

  ※ 개역개정판

  18그가 왕위에 오르거든 이 율법서의 등사본을 레위 사람 제사장 앞에서 책에 기록하여 19평생에 자기 옆에 두고 읽어 그의 하나님 여호와 경외하기를 배우며 이 율법의 모든 말과 이 규례를 지켜 행할 것이라.

  ※ 메시지성경

  왕이 해야 할 일은 이러합니다. 왕위에 오른 사람이 맨 먼저 할 일은, 레위인 제사장들의 감독 아래 이 계시의 말씀을 두루마리에 직접 기록하는 것입니다. 왕은 그것을 늘 곁에 두고 날마다 연구하여 하나님을 경외하는 것이 무슨 뜻인지 배우고, 이 규례와 법도를 성심껏 따르고 지키면서 살아야 합니다.

- 말씀 나누기

  이스라엘 백성이 가나안 땅에 정착하던 당시 주변의 모든 나라에는 왕이 있었습니다. 오직 이스라엘에만 왕이 없었습니다. 아니, 더 정확하게 말하면 이스라엘을 통치하는 왕은 사람이 아니라 하나님이었습니다. 이스라엘은 처음부터 '하나님이 다스리는 나라'로 출발했습니다. 그것이 다른 나라들과 이스라엘을 확실하게 구별하는 특징이었습니다.

출발은 그렇게 했지만, 가나안에 정착하여 살면서 하나님이 통치하는 나라의 백성이라는 그들의 정체성이 크게 흔들렸습니다. 특히 주변 나라들과 크고 작은 전쟁을 치르면서 중앙집권적인 왕정(王政)의 필요성을 점점 느끼게 되었습니다. 그들은 결국 다른 나라들처럼 왕을 세워 달라고 하나님께 직접 요구하게 됩니다(삼상 8:5). 군사적인 명분을 앞세웠지만 그것은 단지 핑계였을 뿐 하나님의 왕 되심을 거부하는 그들의 감추어진 속내를 드러낸 것입니다.

오늘 본문에서 하나님은 장차 그런 일이 벌어질 것을 예견하셨습니다. 그들의 집요한 요구를 마냥 거절할 수 없다는 것도 잘 알고 계셨습니다. 그렇지만 어떤 경우에도 하나님은 이스라엘의 왕 되심을 절대로 포기하지 않으십니다. 오히려 왕정이라는 새로운 정치 시스템 속에서도 오로지 하나님만이 이스라엘의 진정한 왕이 되실 수 있음을 분명히 선포하십니다.

왕이 될 사람

하나님은 이스라엘 백성이 가나안에 정착한 후에 그들의 입에서 "주위의 모든 민족처럼 왕을 세우자"라는 말이 나올 것을 아셨습니다. 그러나 아무나 이스라엘의 왕이 될 수 있는 것은 아닙니다.

> 하나님께서 여러분에게 주시는 땅에 들어가서 그 땅을 차지하고 자리를 잡은 다음에, "주위의 모든 민족처럼 왕을 세워야겠다"는 말이 나오면, 반드시 하나님께서 택하시는 사람을 왕으로 세우십시오. 여러분의 동족 가운데서 왕을 고르십시오(신 17:14-15, 메시지).

여기에서 하나님은 이스라엘의 왕이 세워지는 두 가지 원칙을 말씀하십니다. 첫 번째는 이스라엘의 왕은 반드시 하나님이 선택하여 세우셔야 한다는 사실입니다. 그 누구도 스스로 이스라엘의 왕이 될 수 없습니다. 사람들의 인기 투표를 통해서 뽑힐 수 있는 것도 아닙니다. 오로지 하나님만이 왕을 선택하실 수 있습니다.

실제로 하나님은 이스라엘의 열두 지파 중에서 가장 약한 베냐민 지파에서 이스라엘의 초대 왕을 기름 부어 세우셨습니다. 그가 바로 '사울왕'입니다. 사울왕이 하나님의 말씀에 불순종하자 즉시 그를 버리시고 이새의 막내아들이었던 '소년 다윗'에게 기름을 부어 차기 왕으로 삼으셨습니다. 다윗의 여러 아들이 있었지만, 그중에서도 하나님은 특별히 '솔로몬'을 지명하여 왕으로 세우셨습니다.

물론 스스로 왕이 되겠다고 나선 사람이 더러 있었습니다. 대중적인 인기를 앞세워서 왕이 되려고 한 사람도 있었습니다. 그러나 그들 중에 이스라엘의 왕이 된 사람은 아무도 없었습니다. 하나님이 그들을 왕으로 선택하지 않으셨기 때문입니다. 왕이 되었다고 해서 그 임기가 영원히 보장되는 것은 아닙니다. 사울왕처럼 얼마든지 도중에 물러나게 하실 수 있습니다. 이스라엘의 진정한 왕은 하나님이시기 때문입니다.

두 번째 원칙은 이스라엘의 왕은 반드시 동족 가운데서 골라야 한다는 사실입니다. 다시 말해서 이스라엘 사람만이 왕이 될 수 있습니다. 그 이유는 하나님에 대한 기본적인 신앙이 있어야 하기 때문입니다. 이스라엘의 역사에서 몇 번의 위기가 있었지만 대체로 이 원칙이 지켜졌습니다. 그러다가 에돔 출신 이방인이었던 헤롯이 이스라엘의 왕이 되면서 이 원칙이 깨지고 말았습니다. 그가 베들레헴 유아 학살 사건의 주범이 된 것은 조금도 이상한 일이 아닙니다. 하나님을 믿지 않는 사람이 이스라엘의 왕이 되면 그런 일이 벌어집니다.

왕이 해야 할 일

물론 이스라엘 사람이라고 해서 모두 하나님에 대한 바른 신앙을 가지고 있는 것은 아닙니다. 따라서 이스라엘의 왕으로 선택되면 가장 먼저 해야 할 일이 있습니다.

> 왕이 해야 할 일은 이러합니다. 왕위에 오른 사람이 맨 먼저 할 일은, 레위인 제사장들의 감독 아래 이 계시의 말씀을 두루마리에 직접 기록하는 것입니다. 왕은 그것을 늘 곁에 두고 날마다 연구하여 하나님을 경외하는 것이 무슨 뜻인지 배우고, 이 규례와 법도를 성심껏 따르고 지키면서 살아야 합니다(신 17:18-19, 메시지).

왕위에 오르고 나면 가장 먼저 율법서의 복사본을 직접 기록해야 합니다. 그리고 그것을 늘 곁에 두고 날마다 연구해서 하나님을 경외하는 것이 무슨 뜻인지 배워야 했습니다. 또한 율법의 가르침에 따라서 이스라엘을 다스려야 했습니다. 바로 여기에서 '율법의 복사본'(듀테로노미온, Deuternomion)이라는 의미의 '신명기'(申命記)라는 책 이름이 생겨났습니다.

자, 그렇다면 왕은 어떤 이유로 그렇게 율법서의 복사본을 가까이 해야 했을까요? 그래야 왕이 되었다고 스스로 마음이 교만해져서 형제들 위에 군림하지 않게 될 것이기 때문입니다. 그리고 '하나님이 다스리는 나라'라는 이스라엘의 정체성을 잃어버리지 않고 계속해서 지킬 수 있기 때문입니다. 그러면 하나님은 그의 왕권을 보장해 주십니다. '그와 그의 자손의 왕위에 있는 날'이 아주 오래 지속될 것이라고 약속하십니다(20절).

그런데 왕이 평생토록 지참해야 했던 율법의 복사본은 구체적으로 어떤 책을 가리킬까요? 물론 '신명기'입니다. 이스라엘 역사에서 훌륭한 왕으로 평가받는 사람들의 공통점은 그들 모두 한결같이 신명기 말씀을 가까이했다는 사실입니다. 가장 대표적인 인물이 바로 '요시야(Josiah)왕'입니다. 그는 예루살렘 성전을 새롭게 단장하다가 우연히 벽 속에 감추어져 있던 율법의 복사본을 발견합니다. 그리고 그 말씀에 기초하여 대대적인 종교개혁을 단행합니다(왕하 22:13). 요시야왕이 발견한 율법의 복사본이 바로 '신명기'였습니다.

율법의 복사본은 이스라엘의 왕들만 읽어야 하는 필독서가 아닙니다. 하나님의 백성이라면 누구나 반드시 읽어야 합니다. 다음 세대를 믿음의 세대로 세워가기 위한 교과서로 신명기보다 더 좋은 책은 없습니다. 우리가 올해 가정예배를 통해서 신명기를 묵상하는 이유입니다. 하나님의 백성다움은 '제도'에 의해서가 아니라 '말씀'에 의해서 지켜집니다. 그래서 하나님의 말씀을 가까이하는 사람에게 희망이 있습니다.

▫ 은혜 나누기

나는 하나님의 말씀을 얼마나 가까이하는지 함께 나누어 봅시다.

▫ 공동 기도

하나님 아버지, 높은 자리에 올라가는 것보다 하나님의 말씀을 가까이하는 것이 더 중요하다는 사실을 깨닫게 해주세요. 세상의 지식을 많이 쌓는 것보다 하나님을 경외하는 법을 배우는 것이 먼저라는 사실을 알게 해주세요. 그리하여 어떤 경우에도 우리가 하나님 백성이라는 사실을 잊지 않고 살아가게 해주세요. 예수님의 이름으로 기도합니다. 아멘.

9월 셋째주 하나님이 싫어하는 것

□ 주님의 기도 주님이 가르쳐주신 기도로 가정예배를 시작합니다.

□ 찬송 부르기 321장(날 대속하신 예수께)

□ 성경 읽기 신명기 18:9, 13-14(9-14)

※ 개역개정판

9네 하나님 여호와께서 네게 주시는 땅에 들어가거든 너는 그 민족들의 가증한 행위를 본받지 말 것이니… 13너는 네 하나님 여호와 앞에서 완전하라. 14네가 쫓아낼 이 민족들은 길흉을 말하는 자나 점쟁이의 말을 듣거니와 네게는 네 하나님 여호와께서 이런 일을 용납하지 아니하시느니라.

※ 메시지성경

하나님 여러분의 하나님께서 여러분에게 주시는 땅에 들어가거든, 여러분은 그곳에 사는 민족들의 역겨운 생활방식을 본받지 마십시오. … 하나님 여러분의 하나님께 온전히 충성하십시오. 여러분이 저 땅에서 쫓아낼 민족들은 지금도 마술사와 무당들과 놀아나고 있지만, 여러분은 그렇게 해서는 안 됩니다. 하나님 여러분의 하나님께서는 그런 일을 금하십니다.

□ 말씀 나누기

자아정체성이 싹트면 아이들은 가장 먼저 '좋고 싫음'의 감정을 분명히 드러내어 말하기 시작합니다. 대부분은 부모의 지시나 명령에 대해 "싫어!", "안 해!"와 같은 부정적인 언어로 자기 의사를 표현하지요. 이럴 때 부모는 자녀의 행동을 단지 '미운 짓'으로 성급하게 판단하여 감정적으로 대응하면 안 됩니다. 그것은 아이가 성장하면서 자연스럽게 배워가는 의사소통의 과정이기 때문입니다.

지혜로운 부모는 부정적인 언어에 담긴 아이의 속마음을 잘 헤아리면서 동시에 바른 습관을 가르치는 기회로 삼습니다. 예를 들어 잠자기 전에 이를 닦아야 하는데 그날따라 싫다고 하면서 아이가 고집을 부립니다. 그렇다면 이를 닦는 일 자체의 문제가 아닐 가능성이 매우 높습니다. 그런데도 무조건 아이의 고집을 꺾으려고만 하면 어떻게 되겠습니까? 부모는 아이의 속상한 마음을 어루만져 주면 됩니다. 그러면 다 해결됩니다.

이렇듯 부모 자녀의 건강한 관계는 부정적인 언어에 대한 지혜로운 대응에 달려 있습니다. 자녀는 부모가 싫어하는 것을 하지 않아야 하고, 부모 역시 자녀가 싫어하는 것을 억지로 강요하지 말아야 합니다. 신앙생활도 마찬가지입니다. 하나님과 바른 관계를 유지하려면 최소한 하나님이 싫어하는 일을 하지 말아야 합니다.

역겨운 생활 방식

오늘 본문에서 하나님은 당신이 싫어하는 것이 있다고 분명히 말씀하십니다. 그것은 이스라엘 백성이 하나님을 믿지 않는 민족들과 구별되지 못하는 것입니다.

> 하나님 여러분의 하나님께서 여러분에게 주시는 땅에 들어가거든, 여러분은 그곳에 사는 민족들의 역겨운 생활방식을 본받지 마십시오(신 18:9, 메시지).

하나님이 이스라엘 백성에게 주기로 약속하신 가나안 땅에는 이미 다른 민족들이 살고 있었습니다. 그들은 하나님을 알지도 믿지도 않는 사람들이었습니다. 그들의 살아가는 방식을 가리켜서 하나님은 '역겹다'(abominable)라고 말씀하십니다. 끔찍하게 싫어하신다는 뜻입니다. 사실 하나님은 가나안 민족들의 역겨운 생활 방식을 심판하기 위해서 이스라엘 백성을 선택하셨습니다(창 15:16).

그런데 그들이 약속의 땅에 들어가서 하나님이 싫어하시는 생활 방식을 그대로 모방하여 따라 한다면 어떻게 되겠습니까? 부모가 싫어하는 일을 골라서 하는 자녀는 반드시 부모의 호된 꾸지람을 받게 되어 있습니다. 하나님 아버지의 엄중한 꾸지람은 부모의 꾸지람과 감히 비교할 수 없습니다. 하나님이 싫어하는 일을 하는 사람은 약속의 땅에서 살아남을 수가 없습니다. 그러니 어떤 경우에도 하나님이 싫어하는 일은 절대로 하지 말아야 합니다.

하나님은 가장 먼저 아들이나 딸을 불 가운데로 지나게 하는 '유아 희생 제사'를 언급하십니다. 이것은 암몬 민족이 섬기는 몰렉 종교의 풍습입니다(레 18:21). 어떻게 자녀를 희생 제물로 바칠 수 있나 싶지만, 복을 받기 위해서는 수단 방법을 가리지 않는 것이 바로 우상숭배의 특징입니다. 자기가 낳은 자녀를 희생해서라도 복을 받기만 하면 그만입니다. 점이나 마술이나 운세를 풀이하거나 주문을 거는 것도 모두 화를 피하고 복을 받기 위해서 하는 종교적 행위입니다. 심지어 죽은 사람의 혼백을 불러내어 소원을 성취하려고 하기도 합니다.

지금까지 가나안 땅에 살던 민족들은 그런 생활 방식에 따라서 살아왔습니다. 그러고도 복을 받을 줄로 생각하고 있으니, 참으로 어리석기 짝이 없습니다. 복을 주거나 저주를 내릴 수 있는 분은 오직 하나님 한 분밖에 없는데 말입니다. 하나님을 믿지 않으니 그걸 알 리가 없지요. 그런데 문제는 가나안 민족들이 아니라 이스라엘 백성입니다. 하나님은 이스라엘 백성을 사용하여 가나안 민족들의 역겨운 생활 방식을 이제 심판하려고 하십니다(12절). 그렇다면 그들이 약속의 땅에 들어가서 어떻게 살아야 할까요?

하나님을 알지 못하는 민족들과 확실하게 구별되어 살아야 합니다. 그러려면 하나님이 싫어하시는 일은 흉내를 낼 생각조차 하지 말아야 합니다. 하나님은 당신의 백성이 마술사와 무당들과 함께 놀아나는 것을 절대로 용납하지 않으십니다(14절). 그것은 하나님과 귀신을 동시에 섬기는 일이기 때문입니다. 하나님은 그렇게 양다리를 걸치는 것을 제일 싫어하십니다. 그렇게 살다가는 하나님이 쫓아내신 가나안 민족들처럼 그들도 약속의 땅에서 쫓겨날 것입니다.

하나님의 기대

물론 하나님이 싫어하는 일을 하지 않는 것도 중요하지만, 그보다 더 중요한 것은 하나님이 좋아하시는 일을 적극적으로 하는 것입니다. 이스라엘 백성을 향한 하나님의 기대는 아주 단순합니다.

> 너는 네 하나님 여호와 앞에서 완전하라(신 18:13).

말은 아주 단순하지만, 그 의미는 그리 단순하게 느껴지지 않습니다. 사람의 중심을 살피시는 하나님 앞에 누가 감히 완전하다 할 수 있겠습니까? 그렇다면 하나님은 우리에게 불가능할 일을 요구하시는 걸까요? 아닙니다. "하나님 앞에서 완전하라"고 요구하실 때 하나님은 노아를 염두에 두고 계셨습니다.

> … 노아는 의인이요 당대에 완전한 자라. 그는 하나님과 동행하였으며(창 6:9).

노아는 당대에 '완전한 자'였습니다. 이에 해당되는 히브리어 '타밈'(tamim)을 영어로는 '무흠(無欠)한'(blameless)으로 번역합니다. 그러나 우리는 홍수 이후의 이야기를 통해서 노아가 실제로는 그렇게 의롭지도 완전하지도 않다는 사실을 잘 알고 있습니다. 그는 실수가 많은 사람이었습니다. 그런데도 하나님은 그를 '완전한 자'로 인정하여 선택하신 것입니다. 그 이유가 무엇일까요?

하나님이 노아에게서 특별히 눈여겨보셨던 것이 한 가지 있습니다. 노아는 하나님과 동행하고 있었던 것입니다! 그렇습니다. 하나님은 노아가 완벽한 사람이기에 선택하신 것이 아닙니다. 오히려 어떤 경우에도 하나님과 동행할 수 있는 충성스러운 사람으로 보셨습니다. 그래서 노아와 함께 다시 시작하려고 했던 것입니다. 그것이 모든 세대의 하나님 백성을 향해서 품고 계시는 변함없는 하나님의 기대입니다.

따라서 '완전하라'는 명령보다 '하나님 앞에서'(코람 데오, *Coram Deo*)라는 말씀이 더 중요합니다. 우리를 지켜보시는 하나님 앞에서 충성스럽게 살기만 하면 됩니다. 그러면 하나님의 마음을 기쁘게 해드릴 수 있습니다. 그러나 하나님 앞에서 점점 멀어지면 결국에는 하나님이 그토록 싫어하시는 생활 방식에 따라서 살게 되는 것입니다.

□ 은혜 나누기

하나님 앞에서 살아가는 구체적인 예를 함께 나누어 봅시다.

□ 공동 기도

하나님 아버지, 지금까지 우리는 알게 모르게 하나님이 싫어하시는 일을 너무나 많이 해왔습니다. 우리의 죄를 용서해 주세요. 이제부터는 오로지 하나님이 좋아하시는 일만 할 수 있도록 우리를 도와주세요. 무엇보다 하나님 앞에서 예배하는 일을 멈추지 않게 하시고, 하나님을 믿지 않는 세상 사람들과 확실하게 구별되어 살아갈 수 있게 해주세요. 예수님의 이름으로 기도합니다. 아멘.

▫ 주님의 기도 주님이 가르쳐주신 기도로 가정예배를 시작합니다.

▫ 찬송 부르기 424장(아버지여 나의 맘을)

▫ 성경 읽기 신명기 19:15-17(15-21)

※ 개역개정판

15또 사람의 모든 악에 관하여 또한 모든 죄에 관하여는 한 증인으로만 정할 것이 아니요 두 증인의 입으로나 또는 세 증인의 입으로 그 사건을 확정할 것이며 16만일 위증하는 자가 있어 어떤 사람이 악을 행하였다고 말하면 17그 논쟁하는 쌍방이 같이 하나님 앞에 나아가 그 당시의 제사장과 재판장 앞에 설 것이요.

※ 메시지성경

어떤 범죄나 죄도 한 사람의 증언만으로는 유죄 판결을 내릴 수 없습니다. 증인이 두세 사람은 있어야 그 일을 판결할 수 있습니다. 악의를 가진 증인이 나타나서 어떤 사람에게 죄가 있다고 말하면 다툼에 연루된 두 당사자는 하나님 앞에, 그 당시 직무를 맡은 제사장과 재판관들 앞에 서야 합니다.

▫ 말씀 나누기

1997년에 개봉된 〈라이어 라이어〉(Liar Liar)라는 영화가 있습니다. 제목에서 충분히 짐작할 수 있듯이 이 영화의 주인공은 거짓말쟁이 변호사입니다. 그는 법정에서 승소하기 위해서 거짓말을 밥 먹듯이 하는 사람입니다. 그의 거짓말은 일상생활에서도 계속되어 전처와 하나밖에 없는 아들에게 이미 오래전에 신용을 잃은 상태입니다.

어느 날 아들의 생일 파티에 참석하겠다고 철석같이 약속하지만, 이번에도 역시 그 약속을 지키지 못합니다. 실망한 아들은 생일 케이크의 촛불을 끄면서 소원을 빌지요. 하루만이라도 아빠가 거짓말하지 못하게 해달라고 말입니다. 그리고 신기하게도 그 소원이 이루어집니다. 그동안 거짓말로 살아오던 사람이 갑자기 참말을 하게 되면서 여러 가지 소동이 벌어집니다.

상대방의 기분을 상하지 않게 하려고 사용하는 거짓말을 사람들은 '착한 거짓말'(White Lie)이라고 합니다. 그러나 거짓말은 그냥 거짓말입니다. 그 본질은 달라지지 않습니다. 거짓은 반드시 또 다른 거짓을 낳게 되어 있습니다. 그러다가 점점 눈덩이처럼 커져서 나중에는 감당할 수 없게 되지요. 일상생활에서도 그런데 하물며 법정에서는 더 말할 것도 없습니다. 하나님의 백성은 언제 어디서나 정직해야 합니다. 특히 죄의 유무를 판단하는 법정에 선 증인은 오직 진실만을 말해야 합니다.

정직한 증언

앞에서 이미 묵상했듯이(신 16:18-20) 하나님이 통치하는 이스라엘에서 모든 재판은 공정하고 정직하게 진행되어야 합니다. 그래야 억울한 사람이 생기지 않습니다. '공정한 재판'을 위해서는 무엇보다 '정직한 증언'이 필요합니다.

> 어떤 범죄나 죄도 한 사람의 증언만으로는 유죄 판결을 내릴 수 없습니다. 증인이 두세 사람은 있어야 그 일을 판결할 수 있습니다(신 19:15, 메시지).

누군가에게 죄가 있다고 판단하려면 그 사실을 뒷받침해 주는 분명한 근거가 있어야 합니다. 아무도 부정할 수 없는 확실한 물증이 있다면 가장 좋겠지만, 적어도 그 사실을 목격한 사람의 증언이라도 있어야 합니다. 그런데 한 사람의 증언으로는 유죄 판결을 내릴 수 없습니다. 적어도 두세 사람이 같은 증언을 할 때 비로소 그 증언의 효력이 인정됩니다.

이렇게 하는 이유는 분명합니다. 사적인 감정이나 복수심이 판결에 영향을 미치지 않게 하기 위해서입니다. 유죄 판결을 받은 사람은 반드시 그 죄에 상응하는 벌을 받아야 합니다. 구약 성경이 기록되던 당시에는 죽음으로 다스리는 벌이 참 많았습니다. 예를 들어 하나님 외의 다른 신을 섬기다가 붙잡히면 남자든 여자든 돌을 던져 죽이는 투석형(投石刑)의 처벌을 받게 되어 있습니다(신 17:5).

만일 한 사람의 증언으로 죄를 결정한다면 과연 어떤 일이 벌어질까요? 무고(誣告)나 위증(僞證)으로 억울하게 죽임을 당하는 사람이 많이 생겨날 것입니다. 따라서 한 사람의 증언으로는 충분하지 않습니다. 똑같은 사실을 똑같이 증언하는 사람이 적어도 두세 사람이 있을 때 비로소 그 사건을 확정할 수 있습니다.

그리고 형을 집행할 때 증인이 가장 먼저 손을 대어야 합니다(신 17:7). 다시 말해서 투석형을 집행할 때 증인이 가장 먼저 돌을 들어야 합니다. 그렇게 자신의 증언에 대하여 책임지게 함으로써 함부로 증언할 수 없게 했던 것입니다. 사람들이 간음죄로 고소당한 여자를 예수님께 데려왔을 때 "너희 가운데 죄 없는 사람이 먼저 돌로 치라"(요 8:7)고 말씀하신 장면도 바로 이런 맥락에서 이해해야 합니다. 처음 돌을 든 사람에게 가장 큰 책임이 돌아갑니다.

만일 증인이 없어서 마땅히 물어야 할 죄를 묻지 못한다면 어떻게 될까요? 하나님이 직접 그 죄를 물으십니다. 가인이 동생 아벨을 죽였을 때 그 사건을 목격한 사람은 아무도 없었습니다. 그러나 하나님은 아벨의 피가 땅에서부터 울부짖는 소리를 듣고 가인을 심판하셨습니다(창 4:10). 따라서 죄인이든 증인이든 하나님 앞에 늘 정직해야 합니다. 그러지 않으면 하나님의 무서운 심판대 앞에 서게 됩니다.

위증(僞證)의 판결

하나님은 '위증'(perjury)을 아주 심각한 죄로 여기셨습니다. 십계명의 제9계명에서 "네 이웃에 대하여 거짓 증거하지 말라"(출 20:16)고 말씀하신 이유입니다. 여기에서 '거짓 증거'가 바로 '위증'을 의미합니다. 법정에 증인으로 출석한 사람은 자기가 직접 보거나 들어서 알고 있는 사실만을 증언해야 합니다. 사실과 다르게 거짓으로 증언하는 사람을 하나님은 가만히 두지 않으십니다.

그런데 하나님의 말씀을 우습게 여기는 사람이 더러 있습니다. 거짓 증인을 매수하여 나봇을 모함하여 죽이고 그의 포도원을 강제로 빼앗았던 아합왕의 아내 이세벨이 바로 그 대표적인 예입니다(왕상 21장). 그렇게 악의를 가지고 거짓말로 고소할 때 어떻게 해야 할까요?

악의를 가진 증인이 나타나서 어떤 사람에게 죄가 있다고 말하면 다툼에 연루된 두 당사자는 하나님 앞에, 그 당시 직무를 맡은 제사장과 재판관들 앞에 서야 합니다. 재판관들은 철저하게 심문하여, 그 증인이 거짓 증인이고 자기 동족 이스라엘 자손에 대해 거짓 증언을 한 것이 드러나면, 그가 상대에게 주려고 했던 것과 똑같은 벌을 그에게 주어야 합니다(신 19:16-19, 메시지).

나봇 사건에서 보듯이 최고 권력자가 주도면밀하게 거짓 증언을 꾸밀 때 재판관들이 그 일을 철저하게 심문하여 진실을 밝혀낸다는 것은 말처럼 쉬운 일이 아닙니다. 오히려 재판관들이 권력자의 손발 노릇을 하는 경우가 더 많지요. 그래서 나봇의 억울한 죽음이 생긴 것입니다. 그러나 그것으로 끝이 아닙니다. 아합왕과 이세벨은 비참한

최후를 맞이하게 됩니다. 하나님께서 직접 그들을 심판하신 것입니다.

그렇습니다. 만일 사람의 법정에서 공의를 세우지 못한다면, 하나님이 직접 나서서 그들을 역사의 법정에 세웁니다. 그래서 오늘 본문에서 분명히 밝히셨듯이 거짓 증언을 통해 상대에게 주려고 했던 것과 똑같은 벌을 받게 하십니다. 나봇 사건에 관련된 모든 불의한 사람을 심판하십니다. 그렇게 하나님께서 다스리는 나라를 세워가십니다.

따라서 우리가 만일 하나님 백성이라면 언제 어디서나 진실만을 말해야 합니다. 사실 보통 사람에게는 법정에서 위증할 기회가 거의 주어지지 않습니다. 하지만 법정이 아니라 일상생활에서 얼마나 위증을 남발하는지 모릅니다. 그것을 가볍게 생각하면 안 됩니다. 하나님은 어떤 종류의 위증도 결코 가볍게 생각하지 않으시기 때문입니다.

□ 은혜 나누기

혹시 그동안 가볍게 생각해 온 거짓말이 있다면 이 시간 솔직하게 고백해 봅시다.

□ 공동 기도

하나님 아버지, 그동안 우리는 하나님의 말씀에 온전히 순종하지 못했습니다. 우리의 입술이 정직하지 못했습니다. 우리의 부족한 모습을 용서해 주세요. 이제 다시는 우리 입에서 거짓말이 나오지 않게 해주세요. 다른 사람을 해치려는 악한 마음은 절대로 품지 않게 해주시고, 언제나 하나님과 사람 앞에 정직한 모습으로 살게 해주세요. 예수님의 이름으로 기도합니다. 아멘.

9월 다섯째주 하나님 백성의 전쟁

□ 주님의 기도 주님이 가르쳐주신 기도로 가정예배를 시작합니다.

□ 찬송 부르기 351장(믿는 사람들은 주의 군사니)

□ 성경 읽기 신명기 20:10-12(10-18)

※ 개역개정판

10네가 어떤 성읍으로 나아가서 치려 할 때에는 그 성읍에 먼저 화평을 선언하라. 11그 성읍이 만일 화평하기로 회답하고 너를 향하여 성문을 열거든 그 모든 주민들에게 네비 조공을 바치고 너를 섬기게 할 것이요 12만일 너와 화평하기를 거부하고 너를 대적하여 싸우려 하거든 너는 그 성읍을 에워쌀 것이며.

※ 메시지성경

여러분이 어떤 성읍에 다가가 공격하고자 할 때에는, 먼저 "평화를 원합니까?" 하고 큰소리로 말하십시오. 그들이 "평화를 원합니다!" 하고 여러분에게 성읍을 개방하면, 그곳 사람들을 강제노역자로 삼아 여러분을 위해 일하게 하십시오. 그러나 그들이 평화 제안을 받아들이지 않고 전쟁을 고집하면, 곧바로 공격하십시오.

□ 말씀 나누기

무슨 일이든 가장 적절한 때가 있습니다. 태어날 때와 죽을 때가 있습니다. 심을 때와 거둘 때가 있습니다(전 3:2). 그때를 결정하시는 분은 하나님이십니다. 전쟁할 때와 평화할 때도 역시 마찬가지입니다. 이스라엘 백성이 누구와 싸워야 할지 아니면 평화롭게 지내야 할지를 하나님이 결정하십니다. 하나님의 백성은 반드시 하나님의 결정에 따라야 합니다. 만일 전쟁해야 할 때 나아가 싸우려고 하지 않거나 그 반대로 평화해야 할 때 싸우려고 덤벼들다가는 큰일 납니다.

출애굽 세대 이스라엘 백성을 보십시오. 그들은 가나안 땅에 들어가라는 하나님의 명령에 순종하지 않았습니다. 오히려 자기들이 직접 정탐하고 난 후에 들어갈지를 결정하겠다고 고집부렸습니다. 그러다가 결국에는 스스로 낙심하여 주저앉고는 하나님을 원망했지요. 하나님이 그들에게 40년 광야 생활의 벌을 내리자 그제야 뒤늦게 가나안으로 올라가겠다고 호들갑을 떱니다. 싸우지 말라는 하나님의 명령을 거역하고 굳이 올라갔다가 보기 좋게 패배하고 말지요(신 1:34-46).

광야 세대는 부모 세대의 실패를 반복하지 말아야 합니다. 전쟁해야 할 때와 평화해야 할 때를 잘 구분해야 합니다. 누구하고 싸워야 할지 또한 싸운다면 어떻게 싸워야 할지 하나님의 가르침에 따라서 온전히 순종해야 합니다. 이스라엘 백성은 전쟁을 통해서도 하나님의 백성다운 모습을 드러내야 합니다.

진멸을 위한 전쟁

모세는 이스라엘 백성이 약속의 땅에 들어가서 치르게 될 두 가지 종류의 전쟁이 있을 것이라 말합니다. 그 첫 번째는 가나안 족속을 약속의 땅에서 완전히 쫓아내는 전쟁입니다.

> 오직 네 하나님 여호와께서 네게 기업으로 주시는 이 민족들의 성읍에서는 호흡 있는 자를 하나도 살리지 말지니 곧 헷 족속과 아모리 족속과 가나안 족속과 브리스 족속과 히위 족속과 여부스 족속을 네가 진멸하되 네 하나님 여호와께서 네게 명령하신 대로 하라(신 20:16-17).

신명기를 읽다 보면 '진멸'이란 말을 자주 목격하게 됩니다(신 2:34;

7:2). '진멸'(殄滅)이란 말 그대로 모조리 죽인다는 뜻입니다. 오늘 본문의 "호흡 있는 자를 하나도 살리지 말라"라는 말씀이 바로 '진멸'에 대한 설명입니다. 다시 말해서 남녀노소 가리지 말고 모두 죽이라는 것입니다. 아무리 전쟁의 상황을 고려한다고 하더라도 오늘날의 윤리기준으로는 쉽게 받아들일 수 없는 일입니다. 하나님은 왜 그렇게 잔인한 일을 이스라엘 백성에게 요구하시는 것일까요?

그 이유는 분명합니다. 가나안은 오로지 하나님 백성에게만 허락된 땅이기 때문입니다. 그곳에는 우상숭배자가 있으면 안 됩니다. 단지 가나안 땅을 정복하기 위해서 치르는 전쟁이라면 굳이 그렇게까지 모두 없앨 필요가 없습니다. 오히려 그들을 살려두어 종으로 삼는 게 더 경제적입니다. 그러나 어떤 이유로든 가나안 족속들을 남겨 놓는다면 그들에 의해 이스라엘 백성이 우상숭배의 유혹에 넘어가게 될 것을 하나님은 아셨습니다. 그래서 진멸법을 명령하신 것입니다.

그렇게 해야 그들이 자기 신들과 어울려서 행하던 역겨운 짓을 여러분에게 가르쳐서, 여러분이 하나님께 죄를 짓게 되는 일이 없을 것입니다(신 20:18, 메시지).

하나님은 가나안 족속들의 역겨운 생활 방식을 심판하기 위해서 이스라엘 백성을 선택하셨습니다. 그런데 약속의 땅에 들어가서 만일 이스라엘 백성이 하나님이 싫어하시는 짓을 똑같이 따라 한다면 어떻게 되겠습니까? 따라서 아예 처음부터 우상숭배의 뿌리를 남겨두지 말아야 합니다. 그 방법이 바로 '진멸'입니다. 물론 죽이는 게 전부는 아닙니다. '추방'도 여기에 포함됩니다. 어쨌든지 우상숭배자를 약속의 땅에서 완전히 쫓아내기만 하면 됩니다.

하나님은 오로지 하나님의 백성만이 약속의 땅에서 살아가기를 기대하십니다. 그렇다면 혹시라도 가나안에 살던 족속 중에서 하나님을 믿겠다고 하는 사람이 생긴다면 어떻게 해야 할까요? 예외 없이 진멸해야 할까요? 아닙니다. 그들도 얼마든지 이스라엘 백성과 함께 살 수 있습니다. 여리고 성에 살던 라합과 그의 가족들을 보십시오. 하나님을 믿으면 누구든지 구원 받은 하나님의 백성이 될 수 있습니다.

평화를 위한 전쟁

약속의 땅을 차지하는 '진멸의 전쟁'이 끝나면 이번에는 이스라엘 주변의 나라들과 크고 작은 전쟁을 치르게 될 것입니다. 그때는 어떻게 해야 할까요?

> 네가 어떤 성읍으로 나아가서 치려 할 때에는 그 성읍에 먼저 화평을 선언하라. 그 성읍이 만일 화평하기로 회답하고 너를 향하여 성문을 열거든 그 모든 주민들에게 네게 조공을 바치고 너를 섬기게 할 것이요(신 19:10-11).

여기에 등장하는 '어떤 성읍'은 하나님이 이스라엘 백성에게 분배해주신 가나안 땅에서 멀리 떨어진 성읍을 의미합니다(15절). 사실 그들이 먼저 시비를 걸어오지 않는다면 굳이 전쟁을 벌일 필요가 없습니다. 이스라엘 백성이 에돔과 모압과 암몬 족속의 땅을 지날 때 하나님은 그들과 싸우지 말라고 하셨습니다. 왜냐면 그곳은 하나님이 이스라엘 백성에게 주기로 약속하신 땅이 아니었기 때문입니다(신 2:5, 9, 19). 그래서 먼 길을 돌아가는 불편을 감수해야 했습니다. 그렇습니다. 피할 수만 있다면 전쟁은 일단 피하고 볼 일입니다. 그것이 상책입니다.

그러나 주변 나라들이 가나안 땅을 침입해서 괴롭히거나 무고한 생명을 빼앗는다면 이야기가 달라집니다. 강력한 군사적인 대응이 필요합니다. 하지만 그럴 때도 전쟁이 아니라 평화에 무게 중심을 두어야 합니다. 우선 전쟁을 벌이기 전에 먼저 상대방에게 "평화를 원합니까?"라고 큰 소리로 물어봐야 합니다. 만일 평화를 원한다면 굳이 싸우려고 할 필요가 없습니다. 반면 끝까지 저항한다면 굵고 짧게 싸움을 끝내야 합니다. 무력으로 확실하게 제압하고 난 후에 더 이상 전쟁이 일어나지 않도록 해야 합니다.

그렇지만 무력 사용은 언제나 최후의 수단으로 삼아야 합니다. 주변 나라를 망하게 하는 것을 전쟁의 목적으로 삼는 나라는 언젠가 반드시 망하게 되어 있습니다. 인류 역사를 통해 등장한 제국들의 한결같은 흥망성쇠가 그 진실을 우리에게 증언합니다. 따라서 가능하다면 전쟁하지 않는 게 가장 좋습니다. 어쩔 수 없이 치러야 하는 전쟁이라 할지라도 평화를 그 궁극적인 목적으로 삼아야 합니다. 하나님의 백성은 전쟁이 아니라 평화를 사랑하는 사람이어야 합니다.

□ 은혜 나누기

약속의 땅은 우상숭배가 끼어들 틈이 없어야 합니다. 그렇다면 지금 우리 가정은 과연 약속의 땅이라고 말할 수 있을까요? 함께 이야기해 봅시다.

□ 공동 기도

하나님 아버지, 어떤 상황에서도 하나님의 백성으로서 우리의 정체성을 잊지 않게 해주세요. 특별히 하나님이 싫어하시는 우상숭배와 타협하는 일이 생기지 않게 해주세요. 그리하여 우리가 살아가는 삶의 자리를 하나님이 다스리시는 약속의 땅으로 만들어 가게 해주세요. 예수님의 이름으로 기도합니다. 아멘.

하나님 백성의 순종

(10~12월)

10월 첫째주 **불효자 처리법**

□ 주님의 기도 주님이 가르쳐주신 기도로 가정예배를 시작합니다.

□ 찬송 부르기 375장(나는 갈 길 모르니)

□ 성경 읽기 신명기 21:18-19(18-21)

　※ 개역개정판

　18사람에게 완악하고 패역한 아들이 있어 그의 아버지의 말이나 그 어머니의 말을 순종하지 아니하고 부모가 징계하여도 순종하지 아니하거든 19그의 부모가 그를 끌고 성문에 이르러 그 성읍 장로들에게 나아가서.

　※ 메시지성경

　어떤 사람에게 부모의 말을 전혀 듣지 않고 반항하는 고집 센 아들이 있어, 부모가 아무리 타일러도 말을 듣지 않을 경우, 부모는 그를 강제로라도 성문에 있는 지도자들 앞으로 끌고 가서.

□ 말씀 나누기

　요즘처럼 자식이 귀하게 대접받는 시대가 과연 언제 있었을까 싶습니다. 한 집 건너서 한 아이를 낳는 형편이니 귀한 존재인 것은 틀림없습니다. 그래서인지 사람들은 너도나도 아이를 '금쪽'같이 생각하여 대우합니다. 아이를 귀하게 여기는 것은 결코 잘못된 일이 아닙니다.

　문제는 귀하게만 여기다가 올바른 훈육(訓育)의 시기를 놓친다는 것입니다. 좋은 습관을 지니도록 하려면 잘못된 습관에 빠지지 않도록 하는 것이 중요한데, 잘못한 일을 했을 때 아무도 고쳐주려고 하지 않습니다. 그래서 가정에서는 부모의 말에 순종하지 않고, 학교에서는 선생님에게 함부로 대드는 버릇 없는 아이가 만들어지는 것입니다.

가만히 생각해 보면 어느 시대나 그렇게 반항하는 자식은 있었습니다. 현재 부모 세대도 어렸을 때 다 그런 시기를 거쳤습니다. 오늘날과 다른 점이 하나 있다면 그때는 '어른의 권위'가 살아있었다는 사실입니다. 부모나 선생님의 권위가 존중되었고, 하다못해 동네 어른의 꾸지람도 효력을 발휘하곤 했습니다.

신앙의 세대 계승을 완성하기 위해서는 무엇보다 신앙의 권위가 확실하게 세워져 있어야 합니다. 가정에서는 부모가 '믿음의 세대주' 역할을 해야 하고, 교회에서는 어른들이 '믿음의 선배' 역할을 잘 감당해야 합니다. 특히 부모를 공경하지 않는 불효자에 대해서는 신앙 공동체가 함께 책임지는 모습을 보여야 합니다.

불효하는 자식

부모와 자녀의 관계는 모든 인간관계의 출발입니다. 부모를 공경하지 않으면서 다른 사람과 바른 관계를 맺을 수 없습니다. 그래서 하나님은 "네 부모를 공경하라"(출 20:12a)라는 말씀을 십계명에 포함해 놓으신 것입니다. 그만큼 중요하다는 뜻입니다. 하나님의 백성이라면 마땅히 부모를 공경해야 합니다.

그러나 부모를 공경하는 효자보다 부모의 말씀을 거역하는 불효자가 훨씬 더 많은 것이 우리의 현실입니다. 하나님의 백성이라고 해서 크게 다르지 않습니다. 어떤 사람이 불효자이고 또한 그를 어떻게 처리해야 할까요? 오늘 본문은 우선 불효자의 기준을 다음과 같이 설명합니다.

사람에게 완악하고 패역한 아들이 있어 그의 아버지의 말이나 그 어머니의 말을 순종하지 아니하고 부모가 징계하여도 순종하지 아니하거든(신 21:18).

"완악하고 패역하다"를 메시지 성경은 "부모의 말을 전혀 듣지 않고 반항한다"로 풀이합니다. 성인이 되고 난 후에는 얼마든지 자기의 주관에 따라서 살아갈 수 있습니다. 그러나 적어도 부모의 돌봄을 받는 동안에는 부모의 말을 따라야 합니다. 그것이 인간관계의 가장 기본적인 예의입니다. 그런데 불효자는 아버지의 말이나 어머니의 말을 순종하지 않습니다.

그것은 단지 부모의 말을 고분고분히 따르지 않는다는 정도의 의미가 아닙니다. '순종하다' 혹은 '공경하다'에 해당하는 히브리어 동사 '카바드'(kabad)는 본래 '무겁게 하다'(to be heavy)라는 뜻입니다. 부모를 무겁게 여기면 부모의 말씀에 순종하게 되어 있습니다. 그런데 불효자는 부모를 가볍게 생각합니다. 그래서 부모의 말씀을 우습게 여기고 따르지 않게 되는 것이지요.

한 걸음 더 나아가서 불효자는 '부모의 징계'를 받아들이지 않습니다. 이 부분을 메시지 성경은 "부모가 아무리 타일러도 말을 듣지 않는다"로 풀이합니다. 그 이유가 무엇일까요? 단지 고집이 센 탓일까요? 아닙니다. 부모의 권위를 무시하기 때문입니다. 물론 그렇게 된 나름의 이유가 있을지 모릅니다. 그러나 무엇이 되었든지 부모의 권위를 인정하지 않는 사람은 무조건 불효자입니다.

자녀는 부모를 선택할 권리가 없습니다. 싫든 좋든 자녀는 부모를 있는 그대로 받아들여야 합니다. 자녀를 세상에 태어나게 해주었다는 것만으로도 부모의 권위는 마땅히 존중되어야 합니다. 물론 부모가 자녀의 기대에 미치지 못할 수도 있습니다. 그러나 그렇다고 해서 부모의 자격이 없어지는 것은 아닙니다. 어떤 이유로든 부모를 공경하지 않는 자녀는 하나님의 명령을 거역하는 불효자입니다.

불효자의 처벌

이 외에도 불효자의 여러 가지 예가 성경에 기록되어 있습니다. 그 중에 부모를 구타하는 자식(출 21:15), 부모에게 저주하는 자식(레 20:9)도 있습니다. 그런 불효자에 대해서 과연 어떤 처벌이 내려져야 할까요? 놀라지 마십시오. 반드시 죽이라고 합니다. 만일 구약의 율법이 오늘날 그대로 시행된다면 집집이 사형선고를 받아야 할 자식이 참 많을 것입니다.

그런데 오늘 본문에서 우리는 한 가지 특별한 강조점을 발견하게 됩니다. 불효자의 문제는 단지 한 가정의 일이 아니라 공동체의 일로 다루어야 한다는 사실입니다.

> 부모는 그를 강제로라도 성문에 있는 지도자들 앞으로 끌고 가서, "우리 아들 녀석은 고집 센 반항아입니다. 우리가 하는 말을 한 마디도 들으려 하지 않습니다. 게다가 먹보이고 술꾼입니다"하고 말하십시오. 그러면 성읍의 모든 사람이 그에게 돌을 던져 죽여야 합니다. 여러분은 여러분 가운데서 더러운 악을 말끔히 제거해야 합니다. 온 이스라엘이 그 일어난 일을 듣고 두려워할 것입니다(신 21:19-21, 메시지).

하나님은 부모에게 순종하지 않는 자녀를 이처럼 심각하게 생각하십니다. 공동체가 모두 나서서 단호하게 징계해야 할 만큼 아주 무거운 죄로 여기십니다. 부모에게 순종하지 않는 자녀는 단지 부모를 거역하는 죄를 짓는 것만이 아니기 때문입니다. 하나님이 부모에게 허락하신 '바른 권위'를 인정하지 않는 죄를 범하고 있는 것입니다. 부모의 권위를 가볍게 여기고 우습게 여기는 사람이 어떻게 하나님의 권위에 순종할 수 있겠습니까?

물론 이 규례를 오늘날 그대로 적용한다는 것은 불가능한 일입니다. 그러나 불효의 문제를 이렇게 심각하게 생각해야 할 이유가 있습니다. 부모를 거역하는 자녀는 단순히 그 가정의 문제로만 남지 않습니다. 그 죄는 다른 가정으로 퍼져나가게 되어 있습니다. 그렇게 공동체 전체를 오염시키는 것입니다. 그러면 공동체의 질서가 무너지는 것은 시간문제입니다. 따라서 그 죄를 공동체가 심각하게 다뤄야 합니다.

부모 세대가 아무리 신실한 신앙인이었다고 하더라도 만일 그 자녀 세대가 부모를 공경하지 않는다면 그들은 결국 약속의 땅에서 쫓겨나게 되어 있습니다. 부모를 공경하지 않는 사람은 하나님의 백성이 아니기 때문입니다. 따라서 부모 공경을 개인적인 윤리의 차원으로 다루면 안 됩니다. 믿음의 공동체가 약속의 땅에서 계속 살아남을 수 있는지가 달린 아주 심각한 문제입니다.

□ 은혜 나누기

불효자 처리법을 우리의 현실에 어떻게 적용할 수 있을지 함께 이야기해 봅시다.

□ 공동 기도

하나님 아버지, 우리 가정은 부모가 자녀를 사랑하고 자녀는 부모를 공경하는 가정이 되게 해주세요. 부모는 자녀에게 바른 삶의 모범을 보여주게 하시고, 자녀는 부모의 권위를 인정하여 존경하며 따르게 해주세요. 그리하여 하나님이 다스리는 작은 천국이 우리 가정에 이루어지게 해주세요. 예수님의 이름으로 기도합니다. 아멘.

10월 둘째주 배려에 대한 규례

□ 주님의 기도 주님이 가르쳐주신 기도로 가정예배를 시작합니다.

□ 찬송 부르기 292장(주 없이 살 수 없네)

□ 성경 읽기 신명기 22:1-2(1-8)

※ 개역개정판

1네 형제의 소나 양이 길 잃은 것을 보거든 못 본 체하지 말고 너는 반드시 그 것들을 끌어다가 네 형제에게 돌릴 것이요 2네 형제가 네게서 멀거나 또는 네 가 그를 알지 못하거든 그 짐승을 네 집으로 끌고 가서 네 형제가 찾기까지 네 게 두었다가 그에게 돌려줄지니.

※ 메시지성경

동족의 소나 양이 줄이 풀려 돌아다니는 것을 보거든, 못 본 척 고개를 돌리지 마십시오. 그 짐승을 본래 있던 자리로 즉시 돌려보내십시오. 여러분의 동족 이스라엘 사람이 가까이에 없거나 여러분이 그 짐승의 주인을 알지 못하겠거 든, 그 짐승을 집으로 끌고 가서 잘 보살피십시오. 그러다가 여러분의 동족이 그 짐승에 대해 물어 오면, 그때 그에게 돌려주십시오.

□ 말씀 나누기

한 사람의 인격이 얼마나 성숙한지는 다른 사람에 대한 배려를 보 면 알 수 있습니다. 예를 들어 공공장소에서 문을 열고 들어갈 때 뒤에 따라 들어오는 사람이 혹시라도 불편하지 않도록 신경 써주는 것이 배려입니다. 어떤 말을 할 때 상대방의 기분이 상하지 않도록 가려서 하고, 어떤 행동을 할 때도 주변 사람에게 피해가 가지 않도록 조심하는 것이 배려입니다. 하지만 이기적인 사람은 다른 사람을 전혀 생각하지 않습니다. 단지 자기 편한 대로 아무렇게나 말하고 행동합니다.

어릴 적에는 누구나 다 이기적입니다. 갓난아기가 부모를 배려하는 일은 없습니다. 한밤중에 배가 고파서 깨어났는데 피곤하게 잠을 자는 엄마 아빠의 모습을 보고서 아침까지 참고 기다려 줄 아기가 있겠습니까? 배가 채워질 때까지 시끄럽게 울어대지요. 그러나 한 해, 두 해 나이를 먹어가면서 조금씩 부모의 입장을 헤아리기 시작합니다. 그렇게 다른 사람에 대해서 배려심을 갖게 되는 것입니다.

따라서 공감 능력이나 배려심이 부족하다는 것은 엄밀하게 말하자면 지능이 제대로 발달하지 않았다는 뜻이 됩니다. 상대방을 배려하는 것이 결국에는 자신에게 그대로 되돌아온다는 사실을 아직도 깨닫지 못하고 있으니 말입니다.

이웃에 대한 배려
하나님의 백성다움은 이웃에 대한 배려를 통해서 드러납니다.
네 형제의 소나 양이 길 잃은 것을 보거든 못 본 체하지 말고 너는 반드시 그것들을 끌어다가 네 형제에게 돌릴 것이요(신 22:1).

여기에서 '네 형제'는 한 부모에게서 태어난 형제가 아니라 이스라엘 동족을 가리키는 말입니다. 더러는 잘 알고 지내는 가까운 이웃일 수도 있지만, 대부분은 개인적인 친분이 없는 사람입니다. 그렇지만 약속의 땅에서 함께 살아가는 이스라엘 동족이라는 사실은 분명합니다. 아무튼 동족이 기르는 소나 양이 길 잃고 헤매는 모습을 우연히 목격하게 된 것입니다.

우리말로는 '길을 잃다'로 번역되어 있지만, 이에 해당하는 히브리어 동사 '나다흐'(nadach)는 본래 '쫓기다'(driven away)라는 뜻입니다 (겔 34:16). 그러니까 어쩌다가 길을 잃고 헤매는 것이 아니라 사나운 들짐승에게 쫓겨서 도망치고 있는 상황입니다. 그럴 때 어떻게 해야 할까요? 내 소유가 아닌데 굳이 나서서 챙길 필요가 있을까 하는 생각이 들 수 있습니다. 게다가 당장에 내가 책임지고 돌보아야 할 가축이 있다면 더더욱 주저하게 될 것입니다.

그런데 하나님은 분명히 말씀하십니다. "못 본 체하지 말라." 메시지 성경은 "못 본 척 고개를 돌리지 말라"고 풀이합니다. 그런 상황을 목격하지 않아서 모르고 있었다면 굳이 책임져야 할 이유도 없습니다. 그러나 직접 목격했다면 그때는 달라질 수밖에 없지요. 그래서 사람들은 귀찮은 일이라 생각하면 보고도 못 본 척하고 넘어가곤 합니다. 하나님은 그런 일이 벌어지지 않도록 명령하고 계시는 것입니다.

그게 전부가 아닙니다. 한 걸음 더 나아가서 그 짐승을 본래의 주인에게 돌려주라고 하십니다. 만일 그 주인이 누구인지 알지 못한다면 어떻게 해야 할까요? 그 짐승을 자기 집으로 데리고 가서 잘 보살펴 주어야 합니다. 그러다가 나중에 주인이 찾으러 오면 기꺼이 돌려주면 됩니다. 값나가는 소나 양뿐만 아니라 나귀도 그렇게 해주어야 합니다(4절). 사울이 아버지의 잃어버린 나귀들을 찾아다니던 장면이 바로 이런 상황을 잘 반영하고 있습니다(삼상 9장).

사울은 나귀들을 찾기 위해서 아주 먼 지역을 마다하지 않고 다닙니다. 가능한 모든 방법을 동원합니다. 그럴 수 있었던 것은 아버지의 안타까운 마음에 공감하고 있었기 때문입니다. 그러다가 사울은 사무엘을 만나게 되었고, 결국 이스라엘의 초대 왕으로 기름 부음을 받습니다. 물론 잃어버린 나귀들도 찾게 됩니다. 하나님의 가르쳐주신 대로 그동안 누군가가 잘 돌보아 주고 있었던 것입니다. 이것이 바로 하나님의 백성다운 모습입니다.

배려는 이처럼 상대방에 대한 공감에서부터 비롯됩니다. 그런 마음을 가진 사람이 한 가정이나 공동체의 지도자가 되어야 합니다. 그럴 때 그곳에 하나님이 다스리는 나라가 세워질 수 있는 것입니다.

생명에 대한 배려

이웃에 대한 배려는 생명에 대한 기본적인 경외심에서부터 출발합니다.

길을 가다가 나무에나 땅에 있는 새의 보금자리에 새 새끼나 알이 있고 어미 새가 그의 새끼나 알을 품은 것을 보거든 그 어미 새와 새끼를 아울러 취하지 말고 어미는 반드시 놓아 줄 것이요 새끼는 취하여도 되나니 그리하면 네가 복을 누리고 장수하리라(신 22:6-7).

우리말 속담에 "꿩 먹고 알 먹는다"라는 말이 있습니다. 한 가지 일을 통해서 두 가지 이상의 이익을 보게 되는 것을 비유적으로 표현하는 말입니다. 사람들은 두 가지를 한꺼번에 얻었으니 횡재했다고 생각할지 모릅니다. 그러나 그 말을 한번 가만히 곱씹어 보십시오. 그러면 그것은 어미 새와 품고 있던 알을 한꺼번에 모두 죽여 씨를 말려버리는 아주 잔인한 행동이라는 사실을 알게 될 것입니다. 이미 멸종이 되었거나 멸종 위기를 겪고 있는 생명체들이 지구상에 점점 많아지는 이유입니다. 그러고도 인간 혼자서 잘 먹고 잘살 수 있다고 생각한다면 큰 오산입니다.

하나님이 창조하신 생명체 중에 불필요한 것은 하나도 없습니다. 무엇이든 나름의 가치와 역할과 사명을 가지고 살아가게 하셨습니다. 그리고 그 모든 생명체가 잘 어울릴 수 있도록 관리하는 책임을 인간에게 맡기셨습니다. 그런데 어미 새와 새끼 새를 한꺼번에 잡았다고 좋아하고, 어미 새가 품던 알을 덤으로 얻게 된 것을 횡재라고 생각해서야 되겠습니까? 생명에 대한 경외심이 있다면 당연히 어미 새를 놓아주어야지요. 그렇게 함께 더불어 살아가는 세상을 만들어야지요.

이와 같은 하나님의 관심은 "암소나 암양을 그 새끼와 같은 날에 잡지 마라"(레 22:28, 메시지)라는 말씀에도 잘 드러납니다. 하나님이 창조하신 생명을 배려하는 마음이 없기에 다른 사람을 배려하는 마음을 가지지 못하는 것입니다. 그것은 결국 죄의 문제로 귀결됩니다. 오로지 자기만 생각하고 자기 배만 채우려는 이기적인 탐욕이 이 세상을 점점 더 삭막하고 냉혹한 땅으로 만들어 가는 것입니다.

하나님의 백성은 이웃에 대한 배려심과 생명에 대한 경외심을 품으며 살아가는 사람입니다. 그들을 통해 이 세상에 하나님이 다스리는 '그 나라'가 이루어질 것입니다.

□ 은혜 나누기

나는 가족들을 얼마나 배려하고 있습니까? 배려하는 마음을 점수로 매겨본다면 과연 몇 점쯤 될까요?

□ 공동 기도

하나님 아버지, 인색하고 이기적인 우리의 마음을 용서해 주세요. 이웃은 물론이고 가까운 가족에게도 넉넉한 마음을 품지 못했습니다. 때로는 귀찮다는 이유로, 때로는 손해 보기 싫다는 이유로 보고도 못 본 척해온 일이 참 많았습니다. 한 영혼과 한 생명을 귀하게 여기는 하나님의 마음을 품을 수 있도록 우리의 마음 밭을 말씀의 쟁기로 갈아엎어 주세요. 예수님의 이름으로 기도합니다. 아멘.

10월 셋째주 경제생활에 대한 규례

□ 주님의 기도 주님이 가르쳐주신 기도로 가정예배를 시작합니다.

□ 찬송 부르기 595장(나 맡은 본분은)

□ 성경 읽기 신명기 23:19-20(17-20)

※ 개역개정판

19네가 형제에게 꾸어주거든 이자를 받지 말지니 곧 돈의 이자, 식물의 이자,

이자를 낼 만한 모든 것의 이자를 받지 말 것이라. 20타국인에게 네가 꾸어주

면 이자를 받아도 되거니와 네 형제에게 꾸어주거든 이자를 받지 말라. 그리

하면 네 하나님 여호와께서 네가 들어가서 차지할 땅에서 네 손으로 하는 범사

에 복을 내리시리라.

※ 메시지성경

여러분의 친족에게 꾸어준 것이 있거든 이자를 받지 마십시오. 돈이든 양식이

든 옷이든, 이자를 받을 수 있는 그 어떤 것에도 이자를 받지 마십시오. 외국

인에게는 이자를 받아도 되지만, 여러분의 형제에게는 이자를 받아서는 안 됩

니다. 그래야 하나님 여러분의 하나님께서 여러분이 하는 모든 일과, 여러분

이 들어가 차지할 땅에 복을 주실 것입니다.

□ 말씀 나누기

우리 속담에 "개 같이 벌어서 정승같이 쓴다"라는 말이 있습니다.

어떤 식으로 돈을 벌든지 그것을 훌륭하고 값지게 써야 한다는 뜻입니

다. 그러나 가만히 곱씹어 생각해 보면 이 속담에는 문제점이 참 많습

니다. 우선 "개 같이 번다"라는 말은 어떤 수단과 방법으로든 돈을 많이 벌기만 하면 최고라는 뜻으로 읽힙니다. 게다가 돈이 곧 계급이 되는 요즘 같은 세상에 "정승같이 쓴다"라는 말은 돈 있다고 갑질하는 사람을 생각나게 합니다.

물론 먹고살기 위해서는 반드시 돈이 있어야 합니다. 그래서 사람들은 돈을 벌기 위해서 직업을 가지려고 합니다. 이왕이면 적게 일하면서 돈을 많이 벌 수 있는 그런 직장을 다니면 참 좋겠지요. 그러나 돈은 수단이지 목적이 아닙니다. 과정이야 어떻든 돈을 많이 벌기만 하면 다 좋은 게 아닙니다. 합당한 방법으로 돈을 벌어서 유익한 일에 쓸 줄 아는 사람이 진정으로 행복한 사람입니다.

사도 바울은 믿음의 아들 디모데에게 이렇게 편지했습니다. "돈을 사랑함이 일만 악의 뿌리가 되나니 이것을 탐내는 자들은 미혹을 받아 믿음에서 떠나 많은 근심으로써 자기를 찔렀도다"(딤전 6:10). 그렇습니다. 돈을 사랑의 대상으로 삼다가는 정말 큰일 납니다. 돈을 탐내는 사람은 결국 믿음의 길을 떠나갈 수밖에 없기 때문입니다. 경제생활을 통해서도 '하나님의 백성다움'이 드러나야 합니다.

개 같은 자의 소득

하나님은 개 같이 번 사람이 드리는 헌금을 원하지 않으십니다.

창기가 번 돈과 개 같은 자의 소득은 어떤 서원하는 일로든지 네 하나님 여호와의 전에 가져오지 말라. 이 둘은 다 네 하나님 여호와께 가증한 것임이니라 (신 23:18).

'창기'(娼妓)는 몸을 팔아서 돈을 버는 직업을 가진 사람입니다. 아마도 인류 역사상 가장 오래된 직업일 것입니다. 물론 오죽했으면 그럴까 싶기도 하지만, 하나님은 그것을 역겨워한다고 분명히 말씀하십니다. 그렇게 번 돈으로 아무리 많은 헌금을 드린다고 하더라도 하나님은 그것을 기뻐하지도 받지도 않으십니다. 왜냐면 하나님은 제물과 함께 그의 삶을 받으시기 때문입니다.

하나님은 아벨이 바친 제물은 받으셨지만, 가인이 바친 제물은 받지 않으셨습니다. 제물에 어떤 문제가 있어서가 아닙니다. 제물을 바친 사람에게 문제가 있었기 때문입니다. 그것을 성경은 이렇게 표현합니다. "여호와께서 아벨과 그의 제물은 받으셨으나 가인과 그의 제물은 받지 아니하신지라"(창 4:5b-6a). 하나님은 우리가 얼마나 많은 제물을 바치는지에는 별로 관심이 없으십니다. 오히려 그 제물에 담긴 우리의 삶을 눈여겨보십니다.

그런데 하나님이 '개 같은 자의 소득'을 역겨워하신다고 해서 그 사람 자체를 역겨워하신다고 생각하면 안 됩니다. 하나님은 여전히 그들을 사랑하십니다. 그들이 삶을 고치고 돌아오기만 하면 언제든지 하나님의 백성으로 받아주십니다. 여리고 성에 살던 라합을 보십시오. 그녀는 비록 기생 출신이었지만 하나님을 믿음으로 이스라엘 백성이 되었고 다윗의 조상이 되지 않았습니까.

베다니에 살던 마리아 역시 몸을 팔아서 먹고살던 죄인이었습니다. 그러나 예수님을 만난 후에 그녀의 삶은 180도 달라졌습니다. 마리아가 향유 담은 옥합을 깨뜨려 예수님께 부어드린 것은 과거의 삶을 완전히 청산한다는 상징적인 의미였습니다. 사실 옥합은 그녀의 전 재산이었고 삶을 지탱하는 유일한 보람이었습니다. 지금까지 수많은 남자를 상대해서 번 돈으로 모아 온 향유입니다. 그런데 그것을 아낌없이 주님께 쏟아부은 것입니다. 예수님은 그녀의 거룩한 낭비를 '많은 죄를 용서받은 사람의 사랑'이라 인정해 주셨습니다(눅 7:47).

하나님의 백성은 어떻게든 돈만 많이 벌면 최고라고 생각해서는 안 됩니다. 그것은 하나님을 알지 못하는 세상 사람들의 사고방식입니다. "적은 소득이 의를 겸하면 많은 소득이 불의를 겸한 것보다 낫다"(잠 16:8)라고 말씀하셨습니다. 정당한 방법으로 땀 흘려 얻은 재물이 진정한 복이 되는 것입니다.

이자 소득에 대하여

형제에게 돈을 빌려줄 때도 '하나님의 백성다움'이 드러나야 합니다.

네가 형제에게 꾸어주거든 이자를 받지 말지니 곧 돈의 이자, 식물의 이자,
이자를 낼 만한 모든 것의 이자를 받지 말 것이라(신 23:19).

누군가에게 돈을 빌려주면 자연스럽게 채권자와 채무자의 관계가 형성됩니다. 돈을 빌렸으면 반드시 갚아야 합니다. 그런데 하나님은 아예 이자를 받지 말라고 하십니다. 이것은 사실 경제 체제의 뿌리를 뒤흔드는 말씀입니다. 현대 자본주의 사회에서는 개인이나 금융권으로부터 돈을 빌리고 이자와 원금을 갚는 것으로 경제가 운용되고 있기 때문입니다. 그렇다면 우리는 성경의 가르침 대로 살지 못하고 있는 것일까요?

이자를 받아도 되는 사람이 있습니다. 그들은 타국인, 즉 외국인입니다.

타국인에게 네가 꾸어주면 이자를 받아도 되거니와 네 형제에게 꾸어주거든
이자를 받지 말라. 그리하면 네 하나님 여호와께서 네가 들어가서 차지할 땅
에서 네 손으로 하는 범사에 복을 내리시리라(신 23:20).

'형제'에게 꾸어주면 이자를 받아서는 안 되고, '타국인'에게 꾸어주었을 때는 이자를 받아도 된다고 합니다. 이 말씀은 우리를 더 혼란스럽게 만듭니다. 외국인에 대한 차별 대우처럼 느껴지기 때문입니다. '이자' 문제에 관해서 우리는 레위기 말씀의 도움을 받을 필요가

있습니다.

네 형제가 가난하게 되어 빈손으로 네 곁에 있거든 너는 그를 도와 거류민이나 동거인처럼 너와 함께 생활하게 하되 너는 그에게 이자를 받지 말고 네 하나님을 경외하여 네 형제로 너와 함께 생활하게 할 것인즉 너는 그에게 이자를 위하여 돈을 꾸어주지 말고 이익을 위하여 네 양식을 꾸어주지 말라(레 25: 35-37).

여기에서 우리는 '이자'에 대한 가르침이 가난하게 된 형제를 구제하기 위한 특별한 지침이라는 사실을 알게 됩니다. 그러니까 일상적인 경제활동에서 돈을 빌리고 빌려주는 일까지 이 말씀을 확대하여 적용할 필요는 없습니다. '거류민'이나 '동거인' 역시 그들과 함께 살고 있던 가난한 타국인입니다. 그들에게도 이자를 받지 말라고 하셨습니다.

자, 그렇다면 오늘 본문에서 이자를 받아도 된다고 언급한 '타국인'은 과연 누구일까요? 그들은 상업을 목적으로 이스라엘에 온 외국인입니다. 다시 말해서 생활이 어려워서가 아니라 더 많은 이윤을 남기려고 자본을 빌리려고 하는 사람들입니다. 그들에게 이자를 받는 것은 극히 정당한 일입니다.

그와 마찬가지로 가난하게 된 형제가 아니라면 오히려 이자를 받는 것이 더 자연스러운 일입니다. 그래야 경제 체제가 운용될 수 있습니다. 그렇지만 가난하게 된 형제에게까지 이자를 받으려고 해서는 안 됩니다. 그들의 경제적인 어려움을 돈벌이의 수단으로 삼으려고 해서는 안 된다는 것입니다. 오히려 그들이 자립할 수 있도록 도와주고 세워주어야 합니다. 그것이 하나님의 백성다운 태도입니다.

그런데 이 세상은 하나님의 가르침과 정반대로 돌아갑니다. 돈 많은 사람은 싼 이자로 더 많은 돈을 쉽게 빌릴 수 있지만, 가난한 사람은 비싼 이자를 물고도 돈을 빌리기가 쉽지 않습니다. 그래서 부자는 더 부자가 되고, 가난한 사람은 더 가난하게 됩니다. 하나님은 당신의 백성과 함께 이와 같은 부조리한 세상을 바로 잡으려고 하십니다. 경제적인 약자를 배려하고 돌보는 것은 바로 그 일의 출발입니다.

▫ 은혜 나누기
나는 어떤 목적으로 돈을 버는지 함께 나누어 봅시다.

▫ 공동 기도
하나님 아버지, 우리의 마음에 돈을 사랑하는 욕심의 뿌리가 자라지 않게 해주세요. 하나님이 주신 것으로 만족하게 하시고, 만일 남보다 조금이라도 많이 가지고 있다면 그것을 가난한 이웃에게 나누어 줄 수 있는 넉넉한 마음을 가지게 해주세요. 예수님의 이름으로 기도합니다. 아멘.

10월 넷째주 담보물에 대한 규례

- 주님의 기도 주님이 가르쳐주신 기도로 가정예배를 시작합니다.
- 찬송 부르기 216장(성자의 귀한 몸)
- 성경 읽기 신명기 24:10-13(6, 10-15)

  ※ 개역개정판

  10네 이웃에게 무엇을 꾸어줄 때에 너는 그의 집에 들어가서 전당물을 취하지 말고 11너는 밖에 서 있고 네게 꾸는 자가 전당물을 밖으로 가지고 나와서 네게 줄 것이며 12그가 가난한 자이면 너는 그의 전당물을 가지고 자지 말고 13해 질 때에 그 전당물을 반드시 그에게 돌려줄 것이라. 그리하면 그가 그 옷을 입고 자며 너를 위하여 축복하리니 그 일이 네 하나님 여호와 앞에서 네 공의로움이 되리라.

  ※ 메시지성경

  이웃에게 무엇을 꾸어줄 경우, 담보물을 잡으려고 그의 집에 들어가지 마십시오. 여러분은 밖에서 기다리고, 여러분에게 담보를 제공하는 사람이 담보물을 가지고 밖으로 나오게 하십시오. 그가 가난한 사람이면, 그의 겉옷을 덮고 자지 마십시오. 해가 질 무렵에는 그것을 돌려주어, 그가 자기 겉옷을 덮고 자면서 여러분을 축복할 수 있게 하십시오. 그렇게 하는 것이 하나님 여러분의 하나님께서 보시기에 의로운 행위입니다.

- 말씀 나누기

  앞 장에서 우리는 경제생활에 대한 가르침을 살펴보았습니다. 보통 사람들은 어떤 방법으로든 돈을 많이 벌기만 하면 최고라고 생각합니다. 그러나 그것은 하나님을 알지 못하는 세상 사람들의 사고방식입니다. 하나님의 백성은 그들과 달라야 합니다. 어떤 경우에도 결코 돈을 사랑의 대상이나 삶의 목적으로 삼으면 안 됩니다. 오로지 정당한 방법으로 땀 흘려 얻은 재물만이 진정한 복이 됩니다.

이와 같은 전제에서 하나님은 이자 소득의 문제를 다루십니다. 누군가에게 돈을 빌렸다면 반드시 갚아야 하고, 모두 갚을 때까지 원금에 대한 이자를 내는 게 마땅한 일입니다. 그러나 가난하게 된 형제에게까지 이자를 받으려고 해서는 안 된다고 하나님은 말씀하십니다. 다시 말해서 그들의 경제적인 어려움을 이용하여 돈을 벌려고 하지 말라는 것입니다.

만일 능력이 된다면 돌려받을 것을 기대하지 않고 필요한 대로 넉넉히 꾸어주면 좋겠지만, 예나 지금이나 그럴 수 있을 만큼 넉넉한 사람은 거의 없습니다. 그리고 무조건 퍼주는 것이 항상 좋은 일이라고 말할 수도 없습니다. 다른 사람에게 빌린 돈에 대해서는 분명히 책임을 지게 해야 합니다. 그것이 경제적인 정의를 세우는 길입니다.

담보물의 조건

그러기 위해서는 빌린 돈을 반드시 갚겠다는 약속의 보증으로 담보물이 필요합니다. 요즘에는 집이나 땅 같은 부동산을 담보물로 하여 은행에서 돈을 빌리지만, 이 말씀이 선포되던 당시의 가난한 사람에게 그런 게 있을 리가 없습니다. 그렇다면 무엇을 담보물로 삼아야 할까요?

맷돌 전체나 그 위짝을 담보물로 잡지 마십시오. 그것은 누군가의 생명을 빼앗는 것입니다(신 24:6, 메시지).

우선 담보물로 삼지 말아야 할 것으로 하나님은 '맷돌'을 언급하십니다. '맷돌'은 당시 가정에서 일상적으로 사용하는 곡식을 빻는 도구입니다(민 11:8). 만일 맷돌이 없다면 단 하루도 먹고 살 수 없습니다. 그런데 맷돌 전체를 담보물로 가져간다면 어떻게 되겠습니까? 그 위짝을 가져가는 것 역시 맷돌을 사용할 수 없게 하기는 마찬가지입니다. 그것은 누군가의 생명을 빼앗는 아주 못된 일입니다.

아무리 빌린 돈을 반드시 갚아야 하기에 심리적인 압박을 주기 위해서라지만, 그런 식으로 해서는 안 됩니다. 차라리 빌려준 돈을 받지 못하는 한이 있더라도 생존에 꼭 필요한 물건을 담보물로 잡아둘 수는 없는 일입니다. 그렇다면 무엇을 담보물로 잡아둘 수 있을까요?

그가 가난한 자이면 너는 그의 전당물을 가지고 자지 말고 해 질 때에 그 전당물을 반드시 그에게 돌려줄 것이라. 그리하면 그가 그 옷을 입고 자며 너를 위하여 축복하리니 그 일이 네 하나님 여호와 앞에서 네 공의로움이 되리라 (신 24:12-13).

여기에 보면 가난한 사람에게 '전당물', 즉 '담보물'로 챙겨둔 것이 있다면 해 질 무렵에 반드시 돌려주어야 한다고 그럽니다. 아니, 무엇을 담보물로 잡았기에 그래야 하는 것일까요? 그것은 뜻밖에도 '옷'이었습니다. 더 정확하게 표현하면 '겉옷'(cloak)입니다. 이것은 낮에는 걸쳐 입는 용도로 사용하지만, 밤에는 이불처럼 덮고 자는 데 사용되었습니다(출 22:27).

만일 이 옷이 없다면 어떻게 될까요? 밤이면 기온이 급격히 떨어지는 그곳 환경에서 생명의 위협을 느낄 수밖에 없겠지요. 따라서 '겉옷'은 앞에서 언급한 '맷돌'과 크게 다르지 않습니다. 그것을 담보물로 제공하는 당사자에게는 생명이 달려 있을 만큼 소중하지만, 그것을 받은 사람에게는 사실상 별로 가치가 없는 것들입니다. 그런데도 굳이 담보물로 잡아야 하는가 싶습니다.

담보물의 선택

바로 이 대목에서 하나님은 담보물을 선택하는 당사자는 돈을 빌려주는 사람이 아니라 돈을 빌리는 사람이어야 한다는 점을 강조하십니다.

이웃에게 무엇을 꾸어줄 경우, 담보물을 잡으려고 그의 집에 들어가지 마십시오. 여러분은 밖에서 기다리고, 여러분에게 담보를 제공하는 사람이 담보물을 가지고 밖으로 나오게 하십시오(신 24:10-11, 메시지).

돈을 빌려주는 채권자와 돈을 빌리는 채무자 사이는 사람들이 흔히 말하는 '갑을 관계'가 될 수밖에 없습니다. 그러나 하나님은 "가난한 자에게 돈을 꾸어준다고 해서 그에게 채권자같이 하면 안 된다"(출 22:25)라고 분명히 말씀하십니다. 돈을 빌려준다고 해서 돈을 빌리는 사람에게 어떤 요구든지 할 수 있는 권리가 생긴다고 생각하면 안 된다는 것입니다. 단지 경제적인 도움이 필요한 형제에게 '하나님의 손'이 되어 줄 뿐입니다. 그 형제를 도우라고 하나님이 우리에게 경제적인 여유를 주신 것입니다.

담보물을 결정하는 것 역시 마찬가지입니다. 채무자가 약속한 대로 돈을 갚지 못하는 경우를 대비해서 사람들은 그에 버금가는 값나가는 물건을 선택하려고 할 것입니다. 그러나 하나님은 담보물을 잡으려고 직접 집에 들어가지 말고 밖에서 기다리라고 하십니다. 그리고 돈을 빌리는 사람이 집에서 무엇을 가지고 나오든지 그것을 담보물로 받으라고 하십니다. 다시 말해서 채무자가 담보물을 결정하도록 하신 것입니다.

그런데 만일 그 물건이 담보물로서 별로 가치가 없는 것이라면 어떻게 해야 할까요? 그래도 무조건 받아야 합니다. 왜냐면 정말 중요한 건 물건의 가치가 아니라 약속의 가치이기 때문입니다. 그 약속은 당사자 사이에서만 이루어지는 게 아닙니다. 하나님 백성 사이에서 이루어지는 약속은 하나님 앞에서 이루어지는 맹세입니다. 그렇기에 담보물로 받은 겉옷이라고 할지라도 주저하지 않고 그날 저녁에 되돌려 줄 수 있는 것입니다. 그런다고 해서 빌린 돈을 갚지 않는 일은 벌어지지 않기 때문입니다.

만에 하나라도 채무자가 약속을 지키지 않는다면 어떻게 할까요? 그때도 돈을 받아내겠다고 멱살잡이하는 채권자처럼 사납게 굴면 안 됩니다. 오히려 결정적인 순간에 가난한 형제를 도와줄 수 있었다는 사실로 만족해야 합니다. 그러면 하나님께서 대신 갚아주십니다. 그리고 도움을 받은 형제를 통해서 언젠가 결정적인 순간에 어떤 식으로든 도움을 받게 될 것입니다. 바로 그것이 하나님의 통치를 받아들인 하나님의 백성이 가꾸어 가는 신앙 공동체의 아름다운 모습입니다.

▢ 은혜 나누기
오늘 말씀을 묵상하면서 느낀 점이 있다면 함께 나누어 봅시다.

▢ 공동 기도
하나님 아버지, 우리를 향한 하나님의 사랑이 풍성하신 것처럼 우리도 서로를 향한 사랑이 풍성하게 해주세요. 돈에 대한 욕심 때문에 우리의 도움이 필요한 형제에게 인색한 마음을 가지는 일이 없게 해주세요. 나누면 나눌수록 더욱 풍성해지는 하나님의 은혜와 복을 누리면서 살게 해주세요. 예수님의 이름으로 기도합니다. 아멘.

11월 첫째주 감사와 신앙고백

☐ 주님의 기도 주님이 가르쳐주신 기도로 가정예배를 시작합니다.

☐ 찬송 부르기 590장(논밭에 오곡백과)

☐ 성경 읽기 신명기 26:2-3(1-11)

※ 개역개정판

2네 하나님 여호와께서 네게 주신 땅에서 그 토지의 모든 소산의 맏물을 거둔 후에 그것을 가져다가 광주리에 담고 네 하나님 여호와께서 그의 이름을 두시려고 택하신 곳으로 그것을 가지고 가서 3그때의 제사장에게 나아가 그에게 이르기를 내가 오늘 당신의 하나님 여호와께 아뢰나이다. 내가 여호와께서 우리에게 주시겠다고 우리 조상들에게 맹세하신 땅에 이르렀나이다 할 것이요.

※ 메시지성경

하나님 여러분의 하나님께서 여러분에게 주신 땅에서 거둔 모든 첫 열매 가운데 얼마를 가져다가 바구니에 담아, 하나님 여러분의 하나님께서 예배받으시려고 따로 정해 주신 곳으로 가야 합니다. 그때에 그곳에 있는 제사장에게 가서, "하나님께서 우리에게 주시겠다고 우리 조상에게 약속하신 땅에 내가 들어온 것을, 오늘 하나님 당신의 하나님께 아룁니다"하고 말하십시오.

☐ 말씀 나누기

시각 장애와 청각 장애를 가졌음에도 불구하고 대학에 진학하여 인문계 학사 학위를 받은 최초의 인물이 있습니다. 바로 헬렌 켈러(Helen Keller)입니다. 물론 그녀에게는 앤 설리번(Anne Sullivan)이라는 훌륭한 선생님이 있었지만, 그녀를 결정적으로 일으켜 세운 것은 하나님을 향한 믿음이었습니다. 『사흘만 볼 수 있다면』(*Three Days to See*)이라는 자서전에서 그녀는 자신의 소박한 소망을 다음과 같이 이야기합니다.

> 내가 만약 사흘 동안만 볼 수 있다면, 첫날에는 나를 가르쳐준 설리번 선생님을 찾아가 그분의 얼굴을 바라보겠습니다. 그리고 산으로 가서 아름다운 꽃과 풀과 빛나는 노을을 보고 싶습니다. 둘째 날엔 새벽에 일찍 일어나 먼동이 터 오는 모습을 보고 싶습니다. 저녁에는 영롱하게 빛나는 하늘의 별을 보겠습니다. 셋째 날엔 아침 일찍 큰길로 나가 부지런히 출근하는 사람들의 활기찬 표정을 보고 싶습니다. 점심때는 아름다운 영화를 보고, 저녁때는 화려한 네온사인과 진열장의 상품들을 구경하고 집에 돌아와, 3일 동안 눈을 뜨게 해주신 하나님께 감사의 기도를 드리고 싶습니다.

과연 그녀의 소망이 이루어졌을까요? 아닙니다. 이루어지지 않았습니다. 그렇다고 하나님을 원망했을까요? 아닙니다. 하나님을 향한 그녀의 감사는 사라지지 않았습니다. 왜입니까? 그녀는 감사의 사람이었기 때문입니다. '감사'는 믿음의 열매이지 환경이나 조건의 열매가 아닙니다. 하나님의 백성은 감사를 통해 자신의 정체성을 드러냅니다.

감사의 방법

이스라엘 백성은 이제 곧 가나안 땅에 들어가서 농사를 지으며 살게 될 것입니다. 그때 어떻게 하나님께 감사해야 하는지 구체적인 방법을 오늘 본문에서 일러주십니다.

네 하나님 여호와께서 네게 주신 땅에서 그 토지의 모든 소산의 맏물을 거둔 후에 그것을 가져다가 광주리에 담고 네 하나님 여호와께서 그의 이름을 두시려고 택하신 곳으로 그것을 가지고 가서 그때의 제사장에게 나아가 그에게 이르기를 내가 오늘 당신의 하나님 여호와께 아뢰나이다 내가 여호와께서 우리에게 주시겠다고 우리 조상들에게 맹세하신 땅에 이르렀나이다 할 것이요(신 26:2-3).

농사를 지으면 많든지 적든지 열매를 거두게 될 것입니다. 그 열매 가운데 얼마를 바구니에 담아서 하나님 앞으로 가져가야 합니다. 그러면서 이렇게 신고해야 합니다. "하나님께서 우리에게 주시겠다고 조상에게 약속하신 땅에 내가 들어온 것을, 오늘 하나님께 아룁니다!"(신 26:3, 메시지) 무슨 뜻입니까? 이 땅을 주신 분이 하나님이시기에 이 열매를 주신 분도 하나님이시라는 고백입니다.

그렇습니다. 하나님의 은혜를 체험하여 아는 사람만이 하나님께 감사할 수 있습니다. '은혜'가 무엇입니까? 받을 자격이 없는 사람에게 하나님께서 주시는 뜻밖의 선물입니다. 이스라엘 백성은 가나안 땅을 소유할 자격이 없었습니다. 그런데 어찌 된 일인지 하나님께서 그 땅을 주시겠다고 조상에게 약속하셨고, 실제로 그들에게 선물로 주셨습니다. 그것은 그들이 당연히 누려야 할 권리가 아니라 그들을 향한 하나님의 특별한 은혜입니다. '은혜'를 '은혜'로 인정할 때만 감사가 우러나오게 되는 것입니다.

하지만 말로만의 감사는 진정한 감사가 아닙니다. 하나님이 허락해 주신 소산의 '맏물'(first-fruits)을 따로 떼어두어야 합니다. 그리고 그것을 가지고 '하나님께서 당신의 이름을 두시려고 택하신 곳'으로 나아가야 합니다. 솔로몬이 '성전'을 세우기 전까지 그곳은 바로 '성막'이었습니다. 하나님은 성막에서 드리는 예배를 받으시겠다고 약속하셨습니다. 다시 말해서 감사의 예물을 가지고 하나님께 직접 나아가 드려야 한다는 말씀입니다.

사도 바울은 로마교회 성도들에게 "너희 몸을 하나님이 기뻐하시는 거룩한 산 제물로 드리라"(롬 12:1)라고 권면했습니다. 여기에서 '산 제물'(a living sacrifice)이란 물론 매일의 삶, 일상의 삶을 하나님께 드리는 제물로 삼아야 한다는 의미입니다. 아무리 그렇다고 해도 하나님께 직접 나아가서 예배를 드리지 않으면서 '산 제물'이 될 수는 없습니다.

그래서 하나님은 이스라엘 백성에게 세 가지 절기를 지키라고 말씀하시면서 특별히 두 가지 점을 강조하셨습니다. "빈손으로 나오지 말라"(출 23:15)는 것과 "모든 남자가 하나님께 보이라"(출 23:17)는 것입니다. "네 보물이 있는 그곳에 네 마음도 있다"(마 6:21)라는 주님의 말씀처럼 빈손으로 드리는 예배에 진심이 담길 수 없습니다. 또한 '모든 남자', 즉 '가장'(家長)이 나오면 모든 가족이 따라 나오게 되어 있습니다. 그렇게 몸과 마음을 다해서 예배할 때 우리는 최고의 감사를 하나님께 드릴 수 있는 것입니다.

신앙의 고백

바로 이 대목에서 구약 성경이 담고 있는 가장 오래된 '신앙고백'이 등장합니다. 그것은 오늘날 그리스도인이 고백하는 '사도신경'과 아주 비슷합니다.

> 너는 또 네 하나님 여호와 앞에 아뢰기를 내 조상은 방랑하는 아람 사람으로서 애굽에 내려가 거기에서 소수로 거류하였더니 거기에서 크고 강하고 번성한 민족이 되었는데 애굽 사람이 우리를 학대하며 우리를 괴롭히며 우리에게 중노동을 시키므로 우리가 우리 조상의 하나님 여호와께 부르짖었더니 여호와

께서 우리 음성을 들으시고… 강한 손과 편 팔과 큰 위엄과 이적과 기사로 우리를 애굽에서 인도하여 내시고 이곳으로 인도하사 이 땅 곧 젖과 꿀이 흐르는 땅을 주셨나이다(신 26:5-9).

이 신앙고백에는 이스라엘의 역사가 그대로 녹아 있습니다. 우선 그들의 조상이 본래 '방랑하는 아람 사람'이었음을 밝힙니다. 그러다가 이집트에 들어가서 학대 받으며 종살이하던 민족이 되었는데, 그들의 처지를 불쌍히 여기신 하나님께서 그들을 구원하여 젖과 꿀이 흐르는 약속의 땅에 들어와서 살게 하셨음을 이야기합니다. 그래서 그들이 이 자리에 서게 되었다고 하면서 추수한 열매를 하나님께 드리라는 것이지요. 이것은 구약의 하나님 백성이 예배할 때마다 빠지지 않고 반드시 고백해야 했던 내용입니다.

"개구리 올챙이 적 생각 못 한다"라는 속담이 있습니다. 마치 처음부터 잘난 듯이 뽐내는 사람을 가리켜서 하는 말입니다. 자신의 부족했던 과거의 모습을 망각하면 또한 하나님의 은혜를 망각하게 됩니다. 그런 사람에게서 진정한 감사를 기대할 수 없습니다. 하나님의 백성은 초라했던 자기 모습을 절대로 잊어버리면 안 됩니다. 그래서 바울은 "오늘의 내가 있게 된 것은 오로지 하나님의 은혜"(고전 15:10)라고 고백합니다.

매사에 하나님의 은혜를 기억하고 인정할 때만 우리는 감사의 사람이 될 수 있습니다. 진정한 감사는 반드시 하나님께 드리는 예물을 동반하게 되어 있습니다. 빈손으로 하나님 앞에 나오는 사람, 아니 예배하는 자리에 나오지 않는 사람을 하나님의 백성이라 말할 수 없는 이유입니다.

□ 은혜 나누기

나는 하나님의 은혜에 진심으로 감사하면서 살아가는지 함께 나누어 봅시다.

□ 공동 기도

하나님 아버지, 우리의 입에서 언제나 감사가 그치지 않게 해주세요. 우리의 일상적인 삶을 통해서도 하나님을 향한 감사가 흘러나오게 해주세요. 무엇보다 하나님 앞에 나와서 우리의 몸과 마음을 드리는 예배를 통해서 하나님 백성으로서 우리의 정체성이 드러나게 해주세요. 예수님의 이름으로 기도합니다. 아멘.

11월 둘째주 돌 위에 새긴 말씀

□ 주님의 기도 주님이 가르쳐주신 기도로 가정예배를 시작합니다.

□ 찬송 부르기 546장(주님 약속하신 말씀 위에 서)

□ 성경 읽기 신명기 27:2-3(1-8)

※ 개역개정판

2너희가 요단을 건너 네 하나님 여호와께서 네게 주시는 땅에 들어가는 날에 큰 돌들을 세우고 석회를 바르라. 3요단을 건넌 후에 이 율법의 모든 말씀을 그 위에 기록하라. 그리하면 네 하나님 여호와께서 네게 주시는 땅 곧 젖과 꿀이 흐르는 땅에 네가 들어가기를 네 조상들의 하나님 여호와께서 네게 말씀하신 대로 하리라.

※ 메시지성경

요단 강을 건너, 하나님 여러분의 하나님께서 여러분에게 주시는 땅에 들어가는 날, 여러분은 큰 돌들을 세우고 거기에 회반죽을 입히십시오. 강을 건너자 마자, 이 모든 계시의 말씀을 그 돌들 위에 기록하십시오. 그러면 여러분은 하나님 여러분의 하나님께서 여러분에게 주시는 땅, 하나님 여러분의 조상의 하나님께서 여러분에게 약속하신 젖과 꿀이 흐르는 땅에 들어가게 될 것입니다.

□ 말씀 나누기

사람의 기억에는 한계가 있습니다. 젊은 날 아무리 뛰어난 암기력을 가지고 있었다고 해도 세월 앞에 장사는 없는 법입니다. 세월이 흐르면서 그 능력은 점점 떨어지게 되어 있습니다. 지극히 자연스러운 현상입니다. 그래서 나이가 들수록 메모하는 습관이 필요합니다. 중요한 약속은 반드시 기록해 두어야 합니다. 그러지 않으면 약속을 지키지 않는 신용불량자가 되기 십상입니다. 어떤 새로운 아이디어가 떠올랐을 때 그 즉시 기록해 두어야 합니다. 나중에 그것을 다시 생각해 내기란 거의 불가능합니다.

지금까지 하나님은 모세의 마지막 설교를 통해서 당신의 백성이 약속의 땅에 들어가서 어떻게 살아가야 할지 가르쳐 주셨습니다. 그 현장에서 하나님의 말씀을 직접 경청하고 있던 광야 세대 이스라엘 백성은 대부분 젊은이였습니다. 한창 기억력이 좋을 때입니다. 그러나 그들도 조만간 나이를 먹게 될 것입니다. 게다가 가나안에 정착하여 바쁘게 살다 보면 하나님의 말씀에 대한 기억이 가물가물해질 것이 분명합니다.

그러다 보면 결국에는 하나님 백성이라는 자신의 정체성을 잊어버리게 되겠지요. 앞(16강)에서 우리는 그것을 '영적인 건망증'이라고 표현했습니다. 그것이 얼마나 치명적인지 잘 아시는 하나님께서 예방하는 방법을 일러주십니다.

세겜에서 드리는 예배

하나님은 이스라엘 백성이 가나안 땅에 들어가자마자 가장 먼저 해야 할 일이 있다고 말씀하십니다.

> 너희가 요단을 건너 네 하나님 여호와께서 네게 주시는 땅에 들어가는 날에 큰 돌들을 세우고 석회를 바르라. 요단을 건넌 후에 이 율법의 모든 말씀을 그 위에 기록하라(신 27:2-3).

하나님은 이스라엘 백성이 요단강을 건너서 약속의 땅에 들어가는 바로 '그날'에 큰 돌들을 세우고, 거기에 회반죽을 입히고, 그 위에 하나님의 말씀을 기록하라고 명령하십니다. 그래서였는지 여호수아는 요단강 가운데서 가져온 열두 개의 돌을 '길갈'에 세워둡니다(수 4:20). 그러나 그 위에 회반죽을 입히거나 말씀을 새기지는 않습니다. 그렇다면 여호수아가 하나님의 명령을 제대로 지키지 않은 걸까요?

아닙니다. 길갈에 세워진 열두 개의 돌들은 마치 출애굽 세대 이스라엘 백성이 홍해를 건넜듯이 광야 세대 이스라엘 백성이 극적으로 요단강을 건넜다는 사실을 후대에 알려주기 위한 상징물이었습니다(수 4:21-24). 말씀을 새긴 돌들을 세워 두어야 할 구체적인 장소는 하나님께서 따로 일러두셨습니다.

> 너희가 요단을 건너거든 내가 오늘 너희에게 명령하는 이 돌들을 에발산에 세우고 그 위에 석회를 바를 것이며 또 거기서 네 하나님 여호와를 위하여 제단 곧 돌단을 쌓되 그것에 쇠 연장을 대지 말지니라(신 27:4-5).

에발산은 가나안 땅의 중심부인 세겜에 있는 산입니다. 세겜은 이스라엘 백성이 요단강을 건넜던 지점에서 제법 멀리 떨어져 있었습니다. 그런데 왜 하필 그곳까지 가야 했을까요? 거기에는 그럴 만한 중요한 이유가 있습니다.

갈대아 우르를 떠날 때 아브람은 어디로 가야 하는지 정확한 목적지를 알지 못했습니다. 단지 "내가 네게 보여줄 땅으로 가라"(창 12:1)는 하나님의 명령에 순종하여 무작정 떠났을 뿐입니다. 그러다가 세겜 땅 모레 상수리나무에 이르렀을 때 하나님은 "이 땅을 네 자손에게 주리라"(창 12:7)고 약속하셨습니다. 그러자 아브람은 그곳에서 제단을 쌓고 하나님께 예배를 드렸습니다.

이때부터 세겜은 '약속의 땅'을 상징하는 장소가 되었습니다. 야곱이 20년간의 객지 생활을 마치고 고향으로 돌아오자마자 세겜에 제단을 쌓았던 것도 바로 그 때문입니다(창 33:19-20). 그러니까 세겜에 와서 제단을 쌓고 하나님께 예배드리기 전까지는 아직 '약속의 땅'에 도착하지 않은 것과 같습니다. 바로 그런 이유로 이스라엘 백성은 반드시 세겜으로 가야 했던 것입니다.

그렇습니다. 약속의 땅은 하나님의 백성이 하나님께 예배하며 살아가는 곳입니다. 그러기 위해서 하나님이 이스라엘 백성에게 그 땅을 선물로 허락해 주신 것입니다. 모세가 파라오에게 끈질기게 요구한 것도 바로 하나님께 드리는 예배였습니다(출 7:16; 8:27). '예배'는 하나님 백성의 정체성을 드러내는 첫걸음입니다.

예배로 새기는 말씀

그런데 세겜의 에발산으로 가서 희생 제물을 드리는 제단을 쌓는 것이 전부가 아니었습니다. 이스라엘 백성은 하나님의 말씀을 새긴 돌들을 그곳에 세워야 했습니다.

> 너는 다듬지 않은 돌로 네 하나님 여호와의 제단을 쌓고 그 위에 네 하나님 여호와께 번제를 드릴 것이며 또 화목제를 드리고 거기에서 먹으며 네 하나님 여호와 앞에서 즐거워하라. 너는 이 율법의 모든 말씀을 그 돌들 위에 분명하고 정확하게 기록할지니라(신 27:6-8).

여기에 보면 '번제'와 '화목제'가 나옵니다. 번제는 하나님과의 관계를 회복하기 위하여 드리는 희생 제물이고, 화목제는 다른 사람과의 관계를 회복하기 위하여 드리는 희생 제물입니다. 따라서 번제는 희생 제물을 완전히 태워서 드리지만, 화목제는 적당히 익혀서 예배드리는 사람들과 함께 나누어 먹습니다.

희생 제물과 함께 빠뜨리지 말아야 할 것이 있습니다. 바로 하나님의 말씀입니다. 제단을 쌓은 곳에 반드시 말씀을 새긴 돌들을 세워 두어야 하는 이유입니다. 요즘은 우리가 원하기만 하면 어디서든 성경을 펴서 읽을 수 있지만, 당시에는 그럴 수가 없었습니다. 하나님의 말씀을 읽으려면 제단을 쌓은 곳으로 가야 했습니다. 예배와 말씀은 마치 동전의 양면과 같아서 따로 떼어서 생각할 수 없습니다. 예나 지금이나 예배를 소홀히 생각하는 사람 치고 하나님의 말씀을 소중하게 생각하는 사람은 없습니다.

하나님은 예레미야 선지자를 통해서 하나님의 말씀을 '돌판'이 아니라 '마음 판'에 새겨두실 것을 약속하셨습니다(렘 31:33). 돌에 새긴 말씀도 세월 따라 희미해질 수 있습니다. 실제로 이스라엘 백성은 하나님을 잊어버리고 우상숭배에 빠지고 말았습니다. 그러니 차라리 마음 판에 새겨두어야 합니다. 어떻게 그럴 수 있을까요? 우리가 하나님 앞에 나와서 예배를 드리면 됩니다. 그럴 때마다 하나님은 우리의 마음 판에 말씀을 새겨 넣으십니다.

영과 진리로 하나님께 예배를 드리지 않고서는 우리 마음에 하나님의 말씀이 새겨질 수 없습니다. 어떤 상황에서도 하나님의 말씀을 잊지 않는 사람이 바로 하나님의 백성입니다.

□ 은혜 나누기

내 마음 판에 새겨진 하나님의 말씀이 있다면 함께 나누어 봅시다.

□ 공동 기도

하나님 아버지, 우리 가정에서 드리는 예배가 중단되지 않게 해주세요. 이런저런 사정으로 인해 잠시 중단했다고 하더라도 다시 시작할 수 있도록 용기를 주세요. 그리고 하나님께 예배를 드릴 때마다 우리의 마음에 새겨 주시는 하나님의 말씀을 듣게 해주시고, 그 말씀 위에 굳게 서서 우리에게 주어진 자리에서 힘 있게 살아가게 해주세요. 예수님의 이름으로 기도합니다. 아멘.

11월 셋째주 순종함으로 받는 복

□ 주님의 기도 주님이 가르쳐주신 기도로 가정예배를 시작합니다.

□ 찬송 부르기 384장(나의 갈 길 다 가도록)

□ 성경 읽기 신명기 28:1-3, 6(1-14)

※ 개역개정판

1네가 네 하나님 여호와의 말씀을 삼가 듣고 내가 오늘 네게 명령하는 그의 모든 명령을 지켜 행하면 네 하나님 여호와께서 너를 세계 모든 민족 위에 뛰어나게 하실 것이라. 2네가 네 하나님 여호와의 말씀을 청종하면 이 모든 복이 네게 임하며 네게 이르리니 3성읍에서도 복을 받고 들에서도 복을 받을 것이며… 6네가 들어와도 복을 받고 나가도 복을 받을 것이니라.

※ 메시지성경

여러분이 하나님 여러분의 하나님의 말씀을 잘 듣고, 내가 오늘 여러분에게 명령하는 그분의 모든 계명을 마음을 다해 지키면, 하나님 여러분의 하나님께서 여러분을 세상 모든 민족 위에 높이 두실 것입니다. 여러분이 하나님 여러분의 하나님의 말씀에 응답했으므로, 이 모든 복이 여러분에게 내려서, 여러분 너머로 퍼져 나갈 것입니다. 하나님의 복이 도시에 내릴 것입니다. 하나님의 복이 시골에 내릴 것입니다. … 여러분이 들어와도 하나님의 복이 내리고 여러분이 나가도 하나님의 복이 내릴 것입니다.

□ 말씀 나누기

하나님은 우리에게 복을 주는 것을 좋아하실까요 아니면 벌을 주는 것을 좋아하실까요? 물론 하나님은 복을 주는 걸 좋아하십니다. 하나님은 우리를 사랑하시는 분이기 때문입니다. 이와 같은 하나님의 관심은 태초에 인간을 창조하시던 장면에서부터 분명하게 드러납니다.

> 하나님께서 사람을 남자와 여자로 창조하셨다. 하나님께서 그들에게 복을 주시며 말씀하셨다. "자녀를 낳고, 번성하여라! 온 땅에 가득하여라! 땅을 돌보아라! 바다의 물고기와 공중의 새와 땅 위에 사는 온갖 생물을 돌보아라!"(창 1:27-28, 메시지)

우리 인간은 하나님이 약속하신 복을 마음껏 누리며 살아가도록 창조되었습니다. 그러지 않았다면 하나님이 군이 인간을 창조하실 이유가 없습니다. 아브라함을 불러내시는 장면에서도 역시 똑같은 이야기가 반복됩니다.

> "내가 너를 큰 민족이 되게 하고 너에게 복을 주겠다. 내가 네 이름을 떨치게 할 것이니 너는 복의 근원이 될 것이다. … 세상 모든 민족이 너로 인하여 복을 받을 것이다"(창 12:2-3, 메시지).

아브라함에게 복을 주시는 것은 그를 통해 모든 민족이 복을 받게 하기 위해서입니다. 따라서 이 세상 사람들은 모두 하나님이 주시는 복을 누리며 살아야 마땅합니다. 그런데 실제로는 그러지 못하지요. 그 이유가 무엇일까요?

복 받을 자격

왜냐면 하나님은 아무에게나 복을 주시지는 않기 때문입니다. 오로지 복 받을 자격이 있는 사람에게만 복을 주십니다.

> 네가 네 하나님 여호와의 말씀을 삼가 듣고 내가 오늘 네게 명령하는 그의 모든 명령을 지켜 행하면 네 하나님 여호와께서 너를 세계 모든 민족 위에 뛰어나게 하실 것이라. 네가 네 하나님 여호와의 말씀을 청종하면 이 모든 복이

네게 임하며 네게 이르리니(신 28:1-2).

하나님의 복을 받을 수 있는 자격은 아주 단순합니다. 하나님의 말씀을 잘 듣고 그 명령대로 지켜 행하기만 하면 됩니다. 이것을 한 단어로 줄이면 '청종'(聽從)이 됩니다. 듣고(聽) 순종(從)하는 것입니다. 하나님의 말씀을 듣기만 해서는 안 됩니다. 들은 대로 따라서 행해야 합니다. 그런데 잘 새겨듣지 않으면 그대로 행할 수가 없지요. 그래서 '듣기'와 '따르기'는 필요충분조건입니다. 어느 하나만으로는 충분하지 않습니다.

게다가 하나님의 복은 오직 하나님의 백성에게만 약속된 것입니다. 하나님을 믿지 않는 사람들에게까지 복을 주겠다고 약속하지 않으셨습니다. 그렇다면 이 말씀을 듣고 있는 광야 세대 이스라엘 백성은 과연 어떨까요? 그들도 하나님의 백성일까요? 물론 지금은 그렇다고 말할 수 있습니다. 모세를 통하여 선포되는 하나님의 말씀을 경청하여 듣고 있기 때문입니다.

문제는 약속의 땅에 들어가고 난 후입니다. 그곳에서 하나님의 말씀에 따라서 실제로 살아가야 합니다. 그래야만 하나님의 백성으로서 약속된 복을 누릴 수 있습니다. 따라서 하나님 백성의 정체성을 지키는 것이야말로 하나님이 주시는 복을 받을 수 있는 유일한 길입니다. 그럴 때 하나님은 이스라엘을 높이 세워주시겠다고 말씀하십니다. 세계 모든 민족 위에 뛰어나게 하실 것이라 약속하십니다.

그런데 '뛰어난 민족'이라고 해서 경제적으로나 군사적으로 세계를 지배하는 초강대국이 된다는 뜻으로 생각하면 안 됩니다. 앞부분에 이미 이에 대한 설명이 기록되어 있습니다.

하나님께서는 친히 약속하신 대로, 오늘 여러분을 그분의 소중한 보배로 받아들이시고, 그분의 계명을 지키는 백성, 손수 만드신 다른 모든 민족들 위에 높이 세워진 백성, 칭찬을 받으며 명성과 영예를 얻는 백성이 되게 하시겠다고 거듭 단언하셨습니다. 그분께서 약속하신 대로, 여러분은 하나님 여러분의 하나님께 거룩한 백성입니다(신 26:18-19, 메시지).

'거룩한 백성'(聖民)이 바로 '뛰어난 민족'입니다. 그들은 이 세상에서 하나님의 뜻을 펼치기 위해서 특별히 구별되어 선택된 하나님의 백성입니다. 그들이 하나님을 잘 받들어 섬기고 하나님의 계명을 잘 지켜나갈 때 하나님과 세상 사람에게 칭찬받으며 명성과 영예를 얻게 될 것이라 약속하십니다. 따라서 하나님의 백성이라는 정체성이 확고해야 합니다. 그러지 않으면서 하나님이 주시는 복을 받을 것으로 기대해서는 안 됩니다.

따라오는 복

하나님의 말씀에 순종할 때 받게 되는 구체적인 복이 뒤에 길게 설명됩니다(28:3-14). 그중에 "대적이 너를 치러 한 길로 들어왔다가 일곱 길로 도망하리라"(7절), "네가 꾸어줄지라도 꾸지 아니할 것이라"(12절), "너를 머리가 되고 꼬리가 되지 않게 하실 것이라"(13절)는 약속의 말씀이 들어 있습니다. 그 모두 우리에게 아주 익숙한 큰 격려와 힘이 되는 말씀입니다.

그러나 그보다는 하나님이 주시는 복의 특성, 즉 하나님의 복은 우리가 어디에 있든지 따라온다는 사실을 먼저 잘 이해할 필요가 있습니다.

네가 네 하나님 여호와의 말씀을 청종하면 이 모든 복이 네게 임하며 네게 이르리니 성읍에서도 복을 받고 들에서도 복을 받을 것이며… 네가 들어와도 복을 받고 나가도 복을 받을 것이니라(신 28:2-3, 6).

하나님이 주시는 복은 하나님의 말씀을 청종하는 사람이 살아가는 곳이라면 어디라도 따라오게 되어 있습니다. 그래서 '성읍', 즉 '도시'

에서도 복을 받을 수 있고, '들', 즉 '시골'에서도 복을 받을 수 있는 것입니다(3절). 물론 그들이 몸담고 살아가는 가정에도 임하게 됩니다. 그래서 자녀와 토지의 소산과 짐승의 새끼가 복을 받게 됩니다(4절). 광주리와 떡 반죽 그릇도 복을 받게 됩니다(5절). 심지어 들어와도 복을 받고, 나가도 복을 받게 됩니다(6절).

그러니까 복을 받겠다고 굳이 여기저기 찾아다닐 필요가 없습니다. 우리에게 주어진 삶의 자리에서 오직 하나님의 말씀에 따라서 살아가기만 하면 됩니다. 그러면 그곳으로 복이 찾아옵니다. 이것은 예수님의 가르침, "너희는 먼저 그의 나라와 그의 의를 구하라. 그리하면 이 모든 것을 너희에게 더하시리라"(마 6:33)라는 말씀과 조금도 다르지 않습니다. 정말 그렇습니다. 하나님의 말씀에 순종함으로써 하나님의 백성이라는 정체성을 잘 지켜나가는 것이 먼저입니다. 그러면 하나님이 약속하신 복이 우리를 따라다닙니다. 그래서 우리는 복 있는 사람이 되는 것입니다.

□ 은혜 나누기

나는 하나님이 주시는 어떤 복을 받고 있는지 함께 이야기해 봅시다.

□ 공동 기도

하나님 아버지, 우리 가정에 하나님이 약속하신 복이 임하게 해주세요. 우리가 어디로 가든지 복이 따라오는 인생이 되게 해주세요. 그러기 위해서 먼저 하나님의 말씀을 잘 경청하게 하시고 또한 그 말씀대로 순종하며 살아가게 해주세요. 그리하여 복 있는 사람, 복 있는 가정이 되게 해주세요. 예수님의 이름으로 기도합니다. 아멘.

11월 넷째주 불순종함으로 받는 저주

- □ 주님의 기도 주님이 가르쳐주신 기도로 가정예배를 시작합니다.
- □ 찬송 부르기 273장(나 주를 멀리 떠났다)
- □ 성경 읽기 신명기 28:15-16, 19(15-68); 11:26-28

   ※ 개역개정판

   15네가 만일 네 하나님 여호와의 말씀을 순종하지 아니하여 내가 오늘 네게 명령하는 그의 모든 명령과 규례를 지켜 행하지 아니하면 이 모든 저주가 네게 임하여 네게 이를 것이니 16네가 성읍에서도 저주를 받으며 들에서도 저주를 받을 것이요… 19네가 들어와도 저주를 받고 나가도 저주를 받으리라.

   ※ 메시지성경

   여러분이 하나님 여러분의 하나님의 말씀을 잘 듣지 않고, 내가 오늘 명령하는 계명과 규례를 부지런히 지키지 않으면, 이 모든 저주가 여러분에게 쏟아져 내릴 것입니다. 하나님의 저주가 도시에 내릴 것입니다. 하나님의 저주가 시골에 내릴 것입니다. … 여러분이 들어와도 하나님의 저주가 내리고 여러분이 나가도 하나님의 저주가 내릴 것입니다.

- □ 말씀 나누기

   사람들은 누구나 복을 기대합니다. 우리가 열심히 신앙생활하는 이유도 어쩌면 그 때문인지 모릅니다. 하나님이 주시는 복을 받는 방법은, 지난 시간에 묵상한 말씀처럼, 아주 단순합니다. 하나님의 말씀을 청종(聽從)하는 것입니다. 하나님이 가르쳐주신 말씀을 잘 듣고 행하기만 하면 됩니다. 그러면 하나님의 백성에게 약속해 주신 모든 복이 임하게 됩니다.

게다가 하나님이 주시는 복은 우리를 따라온다고 했습니다. 우리가 어디에서 살든지 그곳까지 따라옵니다. 따라서 복을 받겠다고 여기저기 두리번거리며 찾아다니는 수고를 할 필요가 없습니다. 우리에게 주어진 삶의 자리에서 오직 하나님의 말씀에 순종하며 살아가기만 하면 됩니다. 그러면 어디에서든 하나님이 부어주시는 복을 마음껏 누리며 살 수 있습니다.

물론 이 세상 모든 사람이 이와 같은 하나님의 복을 받게 되는 것은 아닙니다. 그 복은 하나님을 믿는 사람들에게만 약속된 것이기 때문입니다. 또한 하나님을 믿는다고 해서 당연히 그 복을 받게 되는 것도 아닙니다. 오로지 말씀을 청종하는 사람들만 그 복을 받을 수 있습니다. 그렇다면 하나님의 말씀에 불순종하는 하나님의 백성은 과연 어떻게 될까요?

선택의 책임

안타깝지만 그들은 복이 아니라 저주를 받게 됩니다. 하나님의 말씀에 순종하지 않는 사람에게까지 복이 임하는 것은 아니기 때문입니다. 복과 저주는 그것을 선택하는 당사자의 책임입니다. 이것에 대해서 하나님은 이미 앞에서 자세히 설명하셨습니다.

> 내가 오늘 복과 저주를 너희 앞에 두나니 너희가 만일 내가 오늘 너희에게 명하는 너희의 하나님 여호와의 명령을 들으면 복이 될 것이요 너희가 만일 내가 오늘 너희에게 명령하는 도에서 돌이켜 떠나 너희의 하나님 여호와의 명령을 듣지 아니하고 본래 알지 못하던 다른 신들을 따르면 저주를 받으리라(신 11:26-28).

하나님은 이스라엘 백성 앞에 '복'과 '저주'를 두겠다고 말씀하십니다. 지금 그들은 복과 저주의 갈림길에 서 있습니다. 어느 길이든 하나를 선택해야 합니다. 물론 하나님의 기대는 그들이 복의 길을 선택하는 것입니다. 사실 어려운 일도 아닙니다. 하나님의 명령에 순종하여 따르기만 하면 됩니다. 순종하지 않는다면 그들은 결국 하나님이 아닌 다른 신들을 선택하게 될 것입니다. 그러면 그들에게 하나님의 저주가 임하게 됩니다. 자, 그렇다면 저주는 누구의 책임입니까? 저주의 길을 선택한 본인의 책임입니다.

만일 그들이 하나님을 몰랐다거나 하나님을 믿지 않던 사람이라면 이해할 수 있습니다. 그러나 그들은 처음부터 하나님을 믿는 하나님의 백성이었습니다. 부모 세대는 구원의 은혜를 직접 체험했고, 자녀 세대는 그 신앙을 고스란히 물려받았습니다. 그런데 왜 하나님의 명령에 불순종하게 된다는 것인지 궁금증이 생깁니다. 그 해답을 메시지 성경의 풀이에서 얻을 수 있습니다.

> 내가 오늘 여러분에게 명령하는 하나님 여러분의 하나님의 계명을 순종하는 마음으로 듣고 따르면, 복을 받을 것입니다(신 11:22, 메시지).

여기에서 "순종하는 마음으로 듣고"(listen obediently)라는 표현이 눈에 띕니다. 이것은 하나님의 말씀을 듣는 태도와 자세에서부터 순종과 불순종이 결정된다는 뉘앙스를 담고 있습니다. 다시 말해서 순종할 생각으로 말씀을 듣는다면 실제로 그 말씀대로 따르게 될 테지만, 처음부터 순종할 생각이 없이 대충 말씀을 듣는다면 결국 그 말씀대로 순종하지 못하게 된다는 것입니다. 따라서 하나님의 말씀을 대하는 태도를 살펴보면 그 사람이 복과 저주의 갈림길에서 어느 길로 가게 될지 짐작할 수 있습니다.

불순종의 결과

하나님의 백성이 하나님의 말씀에 불순종할 때 과연 어떤 저주를 받게 될까요? 그 자세한 내용이 뒤에 길게 이어집니다(28:15-68).

네가 만일 네 하나님 여호와의 말씀을 순종하지 아니하여 내가 오늘 네게 명령하는 그의 모든 명령과 규례를 지켜 행하지 아니하면 이 모든 저주가 네게 임하며 네게 이를 것이니 네가 성읍에서도 저주를 받으며 들에서도 저주를 받을 것이요… 네가 들어와도 저주를 받고 나가도 저주를 받으리라(신28:15-16, 19).

지난 시간에 묵상한 '순종함으로 받는 복'의 내용을 완전히 거꾸로 뒤집어 놓았습니다. 한가지 공통점은 하나님이 주시는 복과 마찬가지로 하나님의 저주 역시 어디라도 따라오게 되어 있다는 사실입니다. 그래서 '성읍', 즉 '도시'에서도 저주를 받고, '들', 즉 '시골'에서도 저주를 받게 됩니다. 물론 그들이 몸담고 살아가는 가정에도 저주가 임하게 됩니다. 그래서 자녀와 토지의 소산과 짐승의 새끼가 저주를 받게 됩니다. 들어와도 저주를 받고, 나가도 저주를 받게 됩니다.

그러니까 하나님의 저주를 피하겠다고 도망 다녀 보아야 아무 소용없습니다. 저주를 피할 수 있는 곳은 이 세상 어디에도 없기 때문입니다. 게다가 복에 관한 말씀은 겨우 14절에 불과하지만, 저주의 말씀은 그것의 다섯 배 이상이나 됩니다. 그중에서 이스라엘 백성에게 가장 뼈아픈 저주는 아마도 약속의 땅에서 진멸하게 될 것이라는 말씀일 것입니다.

여호와께서 너희에게 선을 행하시고 너희를 번성하게 하시기를 기뻐하시던 것같이 이제는 여호와께서 너희를 망하게 하시며 멸하시기를 기뻐하시리니 너희가 들어가 차지할 땅에서 뽑힐 것이요 여호와께서 너를 땅 이 끝에서 저 끝까지 만민 중에 흩으시리니(신 28:63-64).

하나님은 이스라엘 백성을 약속의 땅에서 뿌리째 뽑아 만민 중에 흩어버리겠다고 하십니다. 하긴 약속의 땅은 오로지 하나님의 백성에게만 약속된 곳이니, 하나님의 백성이라는 정체성을 잃어버리면 그곳에서 쫓겨나는 것이 마땅합니다. 아무리 그렇더라도 아직 약속의 땅에 들어가지도 않았는데 왜 벌써 이렇게까지 심한 말씀을 하실까요?

바로 거기에 하나님의 애절한 마음이 드러납니다. 그만큼 당신의 백성이 저주의 대상이 되지 않기를 간절하게 원하시는 것입니다. 저주 받고 싶지 않다면 다른 길은 없습니다. 하나님의 말씀을 청종하면 됩니다. 그러나 이스라엘 백성은 하나님의 경고를 심각하게 받아들이지 않았습니다. 그래서 결국 하나님의 저주가 성취되고 말았습니다.

우리는 기억해야 합니다. 복과 저주는 우리의 선택에 달려 있다는 사실을 그리고 그에 따른 책임 역시 우리의 몫이 된다는 사실을…. 이스라엘의 잘못된 역사를 우리의 삶에서 반복하지 않도록 정신을 차려야 하겠습니다.

□ 은혜 나누기

저주의 말씀에 담겨 있는 하나님의 속마음에 대해서 함께 이야기해 봅시다.

□ 공동 기도

하나님 아버지, 우리가 인생의 갈림길에 서게 되었을 때 저주의 길이 아니라 복의 길을 선택하게 해주세요. 하나님의 말씀에 불순종하면 평생 하나님의 저주가 우리의 뒤를 따른다고 하셨는데, 그 경고를 결코 가볍게 생각하지 않게 해주세요. 언제나 하나님의 말씀에 귀 기울이며 그 말씀에 순종함으로써 하나님이 약속하신 복을 마음껏 누리는 우리 가정이 되게 도와주세요. 예수님의 이름으로 기도합니다. 아멘.

12월 첫째주 모압 땅 계약 갱신

□ 주님의 기도 주님이 가르쳐주신 기도로 가정예배를 시작합니다.

□ 찬송 부르기 520장(듣는 사람마다 복음 전하여)

□ 성경 읽기 신명기 29:1, 14-15(29:1-30:20)

※ 개역개정판

1 호렙에서 이스라엘 자손과 세우신 언약 외에 여호와께서 모세에게 명령하여 모압 땅에서 그들과 세우신 언약의 말씀은 이러하니라… 14 내가 이 언약과 맹세를 너희에게만 세우는 것이 아니라 15 오늘 우리 하나님 여호와 앞에서 우리와 함께 여기 서 있는 자와 오늘 우리와 함께 여기 있지 아니한 자에게까지이니.

※ 메시지성경

이것은 하나님께서 호렙에서 이스라엘 백성과 맺으신 언약에 덧붙여, 모압 땅에서 모세에게 명령하여 그들과 맺으신 언약의 말씀이라. … 나는 이 언약과 맹세를 여러분하고만 맺는 것이 아닙니다. 나는 오늘 하나님 우리 하나님 앞에 서 있는 여러분하고만 이 언약을 맺는 것이 아니라, 오늘 이 자리에 있지 않는 사람들과도 맺는 것입니다.

□ 말씀 나누기

'하나님의 백성'을 다른 말로 '하나님과 계약을 맺은 사람들'이라고 풀이할 수 있습니다. 우리말 성경은 '계약'(契約)이라는 말보다 '언약'(言約)이라는 말을 더 좋아하지만, 이에 해당하는 히브리어 '브리트'(berith)는 단지 말로만의 약속을 의미하지 않습니다. 오히려 두 당사자가 서로 계약(covenant)을 맺고 특별한 관계에 들어가는 것을 의미합니다. 그러고 보면 성경은 하나님께서 사람들과 계약을 맺으시는 이야기로 가득 채워져 있습니다.

하나님은 노아와 '무지개 계약'을 맺으시고 그의 후손과 더불어 이 세상을 구원하는 일을 새롭게 시작하셨습니다(창 9:11). 또한 하나님은 아브라함과 '횃불 계약'을 맺으시고 그를 믿음의 조상으로 삼으셨습니다(창 15:18). 그런 다음에 그의 후손들과도 차례대로 계약을 맺으셨습니다. 마침내 이집트에서 탈출한 히브리인들과 단체로 시내산(호렙산)에서 계약을 맺으시고 그들을 하나님의 백성으로 삼으셨습니다. 그들이 바로 출애굽 세대 이스라엘 백성입니다.

따라서 하나님의 백성이 되려면 반드시 하나님과 계약을 맺어야 합니다. 광야 세대 이스라엘 백성도 마찬가지입니다. 지금 그들은 약속의 땅에 들어가려고 준비하는 중입니다. 그런데 왜 그곳에 들어가려고 합니까? 잘 먹고 잘살기 위해서인가요? 아닙니다. 약속의 땅에서 하나님의 백성으로 살아가기 위해서입니다.

그러려면 먼저 하나님과 계약을 맺어야 합니다. 그리고 지금까지 모세를 통해서 배운 가르침에 따라서 살기 시작해야 합니다. 출애굽 세대가 그랬듯이 이제 그들도 본격적으로 하나님의 백성으로 출발하려고 하는 대목입니다.

계약의 갱신

여기에서 우리는 '계약의 갱신'이라는 말을 다시 한번 곱씹어 생각해 볼 필요가 있습니다. 전세나 월세 같은 임대차 계약의 경우에는 그 기간을 연장하기 위해서는 조건을 새롭게 합의하여 반드시 계약서를 다시 작성해야 합니다. 그것을 우리는 '계약 갱신(更新, renewal)'이라고 표현합니다. 그러나 하나님과의 계약은 평생 한 번으로 충분합니다. 그것은 마치 우리가 세례를 받았다면 다시는 받을 필요가 없는 것과 같습니다.

자, 그렇다면 신앙생활에 있어서 '계약의 갱신'은 언제 필요할까요? 그것은 부모 세대의 신앙이 자녀 세대에게 이어질 때입니다. 신앙은 자동으로 세습될 수 있는 게 아닙니다. 당사자의 결심과 믿음이 반드시 있어야 합니다.

이것은 하나님께서 호렙에서 이스라엘 백성과 맺으신 언약에 덧붙여, 모압 땅에서 모세에게 명령하여 그들과 맺으신 언약의 말씀이다(신 29:1, 메시지).

호렙산(시내산) 계약은 하나님께서 출애굽 세대 이스라엘 백성과 맺으신 것입니다. 그 계약의 효력은 출애굽 세대가 수명을 다함으로써 끝나버렸습니다. 그러나 하나님의 약속이 완전히 사라진 것은 아닙니다. 만일 그다음 세대가 새로운 주체가 되어 하나님과 계약 관계에 들어간다면 부모 세대에게 주셨던 하나님의 약속은 그들을 통해서 계속해서 이어질 수 있습니다. 그런 의미에서 지금 광야 세대 이스라엘 백성은 바로 그 중요한 시점에 놓여 있는 것입니다.

하나님과 계약을 맺기 위해서는 먼저 하나님이 가르쳐주신 말씀을 따르기로 동의해야 합니다. 출애굽 세대 이스라엘 백성을 보십시오. 그들은 하나님과 시내산(호렙산) 계약을 실제로 체결하기(출 24장)에 앞서서 모세로부터 십계명(출 20장)을 비롯해서 율법의 말씀을 먼저 배웁니다(출 21-23장). 그 말씀 속에 그들을 향한 하나님의 기대가 담겨 있습니다. 하나님의 백성으로 살아가려면 하나님의 뜻을 잘 알아야 합니다.

광야 세대 이스라엘 백성 역시 마찬가지입니다. 그들은 지금까지 십계명의 말씀(신 5장)과 여러 가지 율법에 대하여 더욱 자세하게 배워 왔습니다. 그리고 나서 이제는 그 말씀에 따라서 살겠다고 하나님 앞에서 공개적으로 약속해야 합니다. 그것이 바로 광야 세대가 모압 평지에서 체결한 '계약의 갱신'입니다. 그러면 그들에게 어떤 일이 생길까요? 하나님께서 출애굽 세대 이스라엘 백성에게 약속하신 모든 말씀이 광야 세대 이스라엘 백성에게 그대로 전수됩니다.

그러니까 계약의 대상은 달라지지만, 계약의 내용은 조금도 달라지지 않습니다. 그런 방식으로 앞선 세대가 경험한 구원의 역사를 다음 세대가 공유하게 되고, 이스라엘은 계속해서 하나님의 백성이라는 정체성을 이어갈 수 있는 것입니다.

계약의 확장

그런데 하나님의 관심은 단지 이스라엘 백성에게 머무르지 않습니다. 이스라엘을 넘어서서 모든 민족을 당신의 백성으로 삼기를 원하십니다. 광야 세대 이스라엘 백성이 하나님과 계약 갱신을 하는 장면부터 주의 깊게 살펴보겠습니다.

> 오늘 여러분은 하나님 여러분 앞에 모두 나와 섰습니다. 각 지파의 우두머리, 여러분의 지도자, 관리, 이스라엘의 모든 사람, 곧 여러분의 아이와 아내와 여러분의 진에 장작과 물을 날라다 주는 외국인에 이르기까지 다 나와서, 하나님 여러분의 하나님께서 오늘 여러분과 맺으시는 엄숙한 언약에 참여하고 있습니다(신 29:10-12, 메시지).

여기에서 우리는 대리인을 통해서는 절대로 하나님과 계약 관계에 들어갈 수 없다는 사실을 알게 됩니다. 반드시 계약의 당사자가 직접 하나님 앞에 나와 서 있어야 합니다. 아무리 공적인 책임으로 인해 분주한 우두머리(heads), 지도자(leaders), 관리(officials)라고 하더라도 예외는 아닙니다. 아이와 아내도 마찬가지입니다. 아버지나 남편이 그들을 대신하여 선서했다고 해서 그에 딸린 가족들이 자동으로 하나님 백성의 명단에 올라가는 게 아닙니다.

심지어 집에서 장작을 패거나 물을 긷는 외국인 노동자도 스스로 계약 갱신에 참여하게 해야 합니다. 약속의 땅에서는 주인이 부리는 허드렛일꾼도 하나님 백성이기 때문입니다. 바로 그것이 하나님께서 다스리는 이스라엘과 그렇지 않은 주변 나라들의 결정적인 차이점입니다. 한 걸음 더 나아가서 하나님은 이 세상 모든 사람을 당신의 계약 백성으로 삼기를 원하십니다.

> 나는 이 언약과 맹세를 여러분하고만 맺는 것이 아닙니다. 나는 오늘 하나님 우리 하나님 앞에 서 있는 여러분하고만 이 언약을 맺는 것이 아니라, 오늘 이 자리에 있지 않는 사람들과도 맺는 것입니다(신 29:14-15, 메시지).

'오늘 이 자리에 있지 않는 사람들'이 누구입니까? 아직 하나님을 믿지 않는 사람들입니다. 아니, 아직 이 세상에 태어나지 않은 사람들입니다. 하나님은 그들과도 계약을 맺고 당신의 백성으로 삼으려고 하십니다. 바로 이와 같은 하나님의 소원으로 인해서 신약 시대 하나님의 백성인 '교회'가 탄생하게 되었고, 지금 우리도 하나님의 계약 백성으로 살아갈 수 있게 된 것입니다.

하나님 백성이 되는 다른 길은 없습니다. 오직 믿음을 통해서 하나님과 계약 관계에 들어가야 합니다. 그래야 출애굽 세대에게 약속하신 복의 말씀이 오늘날 우리에게 그대로 이루어지는 것입니다. 우리 가정의 다음 세대가 믿음의 대를 이어갈 수 있도록 이 시간 성령님의 도움을 간구해야 하겠습니다.

□ 은혜 나누기

우리 가정의 모든 세대가 하나님의 계약 백성이 되었나요? 함께 이야기해 봅시다.

□ 공동 기도

하나님 아버지, 우리 가정에 믿음의 대가 끊기지 않게 해주세요. 부모의 믿음이 자녀의 믿음으로 고스란히 이어지게 해주세요. 그리하여 오래전부터 하나님의 백성에게 약속하신 모든 복이 우리 가정에 그대로 임하게 해주세요. 예수님의 이름으로 기도합니다. 아멘.

12월 둘째주 **모세의 후계자**

□ 주님의 기도 주님이 가르쳐주신 기도로 가정예배를 시작합니다.

□ 찬송 부르기 382장(너 근심 걱정 말아라)

□ 성경 읽기 신명기 31:7-8(1-8)

※ 개역개정판

7모세가 여호수아를 불러 온 이스라엘의 목전에서 그에게 이르되 너는 강하고 담대하라 너는 이 백성을 거느리고 여호와께서 그들의 조상에게 주리라고 맹세하신 땅에 들어가서 그들에게 그 땅을 차지하게 하라 8그리하면 여호와 그가 네 앞에서 가시며 너와 함께하사 너를 떠나지 아니하시며 버리지 아니하시리니 너는 두려워하지 말라 놀라지 말라.

※ 메시지성경

모세가 여호수아를 불러, 온 이스라엘이 지켜보는 앞에서 그에게 말했다. "힘을 내시오. 용기를 내시오. 그대는 이 백성과 함께 하나님께서 그들 조상에게 주시겠다고 약속하신 땅으로 들어가서, 그들이 저 땅을 자랑스럽게 차지하게 하시오. 하나님께서 그대보다 앞서 성큼성큼 힘차게 걸어가시고, 그대와 함께하십니다. 그대를 버리지도 않으시고, 떠나지도 않으실 것이요. 두려워하지 마시오. 염려하지 마시오."

□ 말씀 나누기

모세는 하나님의 백성을 이집트에서 인도해 낸 위대한 지도자입니다. 그의 탁월한 지도력이 아니었다면 지난 40년간의 광야 생활을 견

더내지 못했을 것입니다. 그와 같은 공로에도 불구하고 하나님은 광야 세대를 이끌고 약속의 땅에 들어가는 일은 모세를 대신하여 다른 지도자에게 맡기기로 하셨습니다. 하나님께서 모세의 후계자로 지목하여 세우신 사람은 바로 여호수아였습니다(민 17:18-20).

그런데 왜 하필 여호수아일까요? 열두 명의 정탐꾼 중에 긍정적인 보고를 했던 사람은 사실 여호수아만이 아니었습니다. 그 외에 갈렙도 있었습니다. 이 두 사람은 출애굽 세대로서 약속의 땅에 들어갈 수 있었던 유일한 생존자들입니다. 나이나 인품이나 인생의 경험으로 볼 때 여호수아보다는 갈렙이 모세의 뒤를 이을 지도자로 더 잘 어울립니다. 그러나 어찌 된 일인지 하나님은 갈렙이 아니라 여호수아를 선택하셨습니다. 그 이유가 무엇이었을까요?

순종의 사람

여호수아에게 붙여진 별명에서 그 이유를 발견할 수 있습니다.
여호와의 종 모세가 죽은 후에 여호와께서 모세의 수종자 눈의 아들 여호수아에게 말씀하여 이르시되(수 1:1).

여호수아는 '모세의 수종자'였습니다. '수종자'(隨從者)란 본래 '뒤를 쫓아다니며 섬기는 사람'이란 뜻입니다. 그러니까 여호수아는 '모세의 종'이 되어서 늘 그림자처럼 그를 수행하며 섬기는 역할을 했습니다. 그렇게 극진하게 모세를 섬긴 이유가 무엇일까요? 그 이유는 단하나, 모세가 '하나님의 종'이었기 때문입니다. 그래서 모세가 하나님의 명령을 전달하면 여호수아는 두말하지 않고 즉시 그 명령을 시행했습니다(수 11:15). 그렇게 함으로써 여호수아는 결과적으로 하나님의 말씀에 순종했던 것입니다.

이와 같은 여호수아의 기본적인 자세는 아말렉과의 전투에서 잘 드러납니다.

> 모세가 여호수아에게 이르되 우리를 위하여 사람들을 택하여 나가서 아말렉
> 과 싸우라. 내일 내가 하나님의 지팡이를 손에 잡고 산꼭대기에 서리라. 여호
> 수아가 모세의 말대로 행하여 아말렉과 싸우고(출 17:9-10a).

시내산을 얼마 남겨두지 않았을 때의 일입니다. 시나이반도에서 강도질을 일삼던 아말렉 족속의 기습 공격을 받게 되자 모세는 여호수아에게 나가서 싸우라고 명령합니다. 그들은 훈련된 군사도 없었고 변변한 무기도 없었습니다. 그런 상태로 아말렉 족속과 싸우러 나간다는 건 사실 자살행위나 다름없었습니다. 그렇지만 여호수아는 "모세의 말대로 행하여" 나가서 싸웁니다. 그리고 모세의 기도와 합작하여 대승을 거두게 되지요.

바로 이때부터 여호수아는 모세의 수종자가 되었습니다. 그가 아말렉과의 전투에서 멋지게 승리했기 때문일까요? 아닙니다. 모세의 명령에 '즉시' 순종했기 때문입니다. 그 후로도 여호수아는 철저히 '모세의 수종자'로 살았습니다. 그것이 하나님을 섬기는 그의 방식이었습니다. 그러다가 결국 여호수아는 모세의 후계자로 하나님의 선택을 받게 되었던 것입니다.

자, 그렇다면 하나님께서 여호수아를 모세의 후계자로 세우신 이유가 무엇입니까? 그는 '순종의 사람'이었기 때문입니다. 순종이 왜 그렇게 중요할까요? 광야 세대 이스라엘 백성을 이끌고 약속의 땅으로 들어가는 사명을 감당하기 위해서는 그 무엇보다 하나님의 말씀에 '절대 순종'하는 자세가 필요했기 때문입니다. 진정한 '리더십'(leader-ship)은 '팔로워십'(follower-ship)으로부터 시작됩니다. 하나님 말씀을 잘 따르는 사람만이 하나님 백성을 잘 인도할 수 있습니다.

모세의 권면

오늘 본문에서 모세는 자신이 이스라엘 백성과 함께 요단강을 건너 약속의 땅에 들어가지 못한다는 사실을 공개적으로 밝히면서, 그를 대신하여 여호수아가 새로운 지도자가 될 것을 선포합니다. 그리고 나서 온 이스라엘 백성이 보는 앞에서 다음과 같이 여호수아를 권면합니다.

… "힘을 내시오. 용기를 내시오. 그대는 이 백성과 함께 하나님께서 그들 조상에게 주시겠다고 약속하신 땅으로 들어가서, 그들이 저 땅을 자랑스럽게 차지하게 하시오. 하나님께서 그대보다 앞서 성큼성큼 힘차게 걸어가시고, 그대와 함께하십니다. 그대를 버리지도 않으시고, 떠나지도 않으실 것이요. 두려워하지 마시오. 염려하지 마시오"(신 31:7-8, 메시지).

이 말씀은 이스라엘 백성에게 권면한 바로 앞의 내용(신 31:5-6)과 크게 다르지 않습니다. 이제 모세를 대신하는 세워지는 새로운 지도자를 따라가야 할 이스라엘 백성에게나 약속의 땅으로 이스라엘 백성을 인도해야 할 책임을 맡게 된 여호수아에게나 똑같은 말씀이 주어졌다는 사실에 우리는 주목해야 합니다.

그 내용이 무엇입니까? 하나님께서 그들보다 앞장서서 약속의 땅에 들어가신다는 것입니다. 그리고 어떤 경우에도 그들을 버리지 않으신다는 약속입니다. 다시 말해서 모세에서 여호수아로 지도자가 바뀐다고 하더라도 이스라엘 백성의 진정한 지도자이신 하나님은 그대로라는 선언입니다. 이것은 지도자의 교체에 대해서 불안한 마음을 갖고 있던 이스라엘 백성에게도 또한 자신에게 주어진 막중한 책임을 잘 감당할 수 있을지 두려워하던 여호수아에게도 꼭 필요한 말씀이었습니다.

모세가 죽고 난 후에 이번에는 하나님께서 직접 여호수아에게 나타나서서 이와 똑같은 말씀을 주십니다.

> "내가 모세와 함께했던 것같이 너와 함께할 것이다. 나는 너를 포기하지 않으며 너를 떠나지 않겠다. 힘을 내어라! 용기를 내어라! 너는 이 백성을 인도하여 내가 그들의 조상에게 주기로 약속한 땅을 유산으로 받게 할 것이다"(수 1:5-6, 메시지).

이 말씀이 여호수아에게 얼마나 큰 힘이 되었을까요? 여호수아가 광야 세대 이스라엘 백성을 이끌고 약속의 땅에 들어갈 수 있었던 것은 그들의 믿음이 완벽하거나 대단했기 때문이 아닙니다. 이와 같은 하나님의 굳은 의지와 결심이 있었기 때문입니다. 그렇습니다. 약속의 땅에 들어가려면 하나님을 앞장세워야 합니다. 하나님이 손수 싸우시게 해야 합니다. 하나님 빼놓고 자기 힘과 지략을 앞세우면 반드시 지게 되어 있습니다.

따라서 하나님의 백성은 어떤 경우에도 하나님보다 앞서려고 해서는 안 됩니다. 오히려 하나님이 그들보다 앞장서게 해야 합니다. 그들이 해야 할 일이 있다면 오로지 하나님의 말씀에 철저하게 순종하며 따라가는 것입니다. 바로 그것이 약속의 땅에 들어가는 비결입니다.

□ 은혜 나누기

때때로 우리의 마음에 두려움이 생기는 이유가 무엇일까, 함께 이야기해 봅시다.

□ 공동 기도

하나님 아버지, 우리 가정은 언제나 하나님을 앞세우는 가정이 되게 해주세요. 오직 하나님의 말씀에 순종하며 하나님이 이끄시는 대로 따라가게 해주세요. 그리하여 하나님이 약속하신 땅에 들어가게 해주세요. 예수님의 이름으로 기도합니다. 아멘.

12월 셋째주 율법 낭독의 규례

□ 주님의 기도 주님이 가르쳐주신 기도로 가정예배를 시작합니다.

□ 찬송 부르기 199장(나의 사랑하는 책)

□ 성경 읽기 신명기 31:9-11(9-13)

※ 개역개정판

9또 모세가 이 율법을 써서 여호와의 언약궤를 메는 레위 자손 제사장들과 이 스라엘 모든 장로에게 주고 10모세가 그들에게 명령하여 이르기를 매 칠 년 끝 해 곧 면제년의 초막절에 11온 이스라엘이 네 하나님 여호와 앞 그가 택하 신 곳에 모일 때에 이 율법을 낭독하여 온 이스라엘에게 듣게 할지니.

※ 메시지성경

모세가 이 계시의 말씀을 기록하여, 하나님의 언약궤를 나르는 레위 자손 제 사장과 이스라엘의 모든 지도자에게 주었다. 그리고 그들에게 명령을 내렸 다. "일곱째 해, 곧 모든 빚을 면제해 주는 해가 끝날 무렵인 초막절 순례 기간 에, 온 이스라엘이 하나님 여러분의 하나님을 뵈려고 그분께서 정해 주신 곳 으로 나아올 때에, 여러분은 이 계시의 말씀을 온 이스라엘에게 읽어 주어, 모두가 듣게 하십시오."

□ 말씀 나누기

출애굽 세대 이스라엘 백성을 이끌어 온 지도자로서 모세는 광야 세대 이스라엘 백성에게 믿음을 전수하는 일에 온 힘을 쏟았습니다. 하나님 백성을 향한 마지막 고별 설교도 모두 끝냈습니다. 모압 땅 계약 갱신도 은혜롭게 잘 마쳤습니다. 모세의 뒤를 이을 후계자도 세워졌고, 그에게 간절한 마음을 담아 권면의 말씀을 남겼습니다. 광야 세대 이스라엘 백성을 위해서 모세가 할 수 있는 일을 다한 것입니다. 이제 역사의 무대에서 퇴장하는 일만 남았습니다.

그런데 바로 이 대목에서 모세는 마치 사족처럼 이스라엘 백성에게 한 가지 권면의 말씀을 덧붙입니다. 40년간 지켜오던 지도자의 자리를 내려놓고 은퇴하기에 아직도 아쉬움이 남아 있는 것일까요? 아니면 이스라엘 백성이 자신을 잊어버리는 것을 두려워했을까요? 아닙니다. 모세는 그런 일들에 대해서는 조금도 관심이 없었습니다. 단지 이스라엘 백성이 하나님의 말씀을 잊어버리지나 않을까 걱정스러웠습니다. 그래서 정말 마지막으로 '율법 낭독의 규례'를 선포했던 것입니다.

율법 낭독의 명령

모세의 은퇴 준비는 모압 평지에서 광야 세대 이스라엘 백성에게 전했던 말씀을 기록으로 남기는 것이었습니다.

> 모세가 이 계시의 말씀을 기록하여, 하나님의 언약궤를 나르는 레위 자손 제사장과 이스라엘의 모든 지도자에게 주었다(신 31:9, 메시지).

'이 계시의 말씀'(this Revelation)은 지금까지 모세가 선포한 '고별설교'를 가리킵니다. 하나님의 백성을 향한 가르침을 이런 식으로 표현한 것입니다. 이때 책으로 기록된 말씀이 바로 오늘날 '신명기'에 해당하는 것입니다. 먼 훗날 요시야 왕이 성전 보수 공사를 진행하다가 발견한 바로 그 율법책입니다(왕하 22:8). 모세는 그것을 기록으로 남겨서 레위 자손 '제사장'과 이스라엘 '지도자'에게 맡깁니다.

여기에서 우리는 하나님의 말씀을 보관하는 것은 영적인 지도자와 공동체의 지도자가 공동으로 책임져야 하는 일이라는 사실을 알게 됩니다. 판결하기 어려운 문제가 생겼을 때 그 사건을 당시 직무를 맡은 레위인 제사장들과 재판관에게 가져가서 문의하라고 한 것도 바로 그 때문입니다(신 17:9). 그들은 하나님의 말씀을 공동으로 책임지고 있는 사람들로서 율법의 뜻에 따라 좌로나 우로나 치우치지 않고 바르게 판단해야 합니다.

그러나 그것은 재판을 통해 시시비비를 가려야 하는 특수한 경우의 이야기입니다. '계시의 말씀'은 꼭 그럴 때만 필요한 것은 아니지요. 하나님 백성의 정체성을 잃어버리지 않으려면 일상적인 생활 속에서 그 말씀을 쉽게 접할 수 있어야 합니다. 그때가 언제입니까? 하나님께 예배를 드릴 때입니다.

> "일곱째 해, 곧 모든 빚을 면제해 주는 해가 끝날 무렵인 초막절 순례 기간에, 온 이스라엘이 하나님 여러분의 하나님을 뵈려고 그분께서 정해 주신 곳으로 나아올 때에, 여러분은 이 계시의 말씀을 온 이스라엘에게 읽어 주어, 모두가 듣게 하십시오"(신 31:10-11, 메시지).

여기에서 '면제년'은 7년마다 돌아오는 '안식년'을 의미합니다. 그해 초막절(장막절) 순례 기간 일주일 동안 이스라엘 백성은 하나님이 택하신 성소에 모여서 예배를 드려야 하는데, 그때 잊지 말고 해야 할 일이 있습니다. 그것은 '이 계시의 말씀'을 남녀노소 모든 이스라엘 사람에게 읽어 주는 것입니다. 이것이 바로 '율법 낭독의 규례'입니다. 이때 신명기의 말씀을 통째로 읽었던 것으로 보입니다.

물론 7년에 한 번 읽는 것으로는 충분하지 않을 것입니다. 그래서 앞에서 우리가 이미 살펴본 것처럼 세겜의 에발산에 제단을 쌓은 후에 그곳에 하나님의 말씀을 새긴 돌들을 세우라고 명령하셨습니다(신 27:6-8). 그것은 제사장이나 지도자를 위해서가 아니라 일반 백성들을 위한 배려였습니다. 그 돌들에 역시 신명기의 말씀이 기록되었을 것입니다. 그렇게 함으로써 그곳에 와서 희생 제물을 드리며 예배하는 사람들이 하나님의 말씀을 접할 수 있게 했던 것입니다.

율법 낭독의 이유

그런데 이렇게 하나님의 말씀을 낭독하게 하는 이유가 무엇일까요? 그것을 통해서 어떤 일들을 기대할 수 있을까요?

> … 그들에게 듣고 배우고 네 하나님 여호와를 경외하며 이 율법의 모든 말씀을 지켜 행하게 하고 또 너희가 요단을 건너가서 차지할 땅에 거주할 동안에 이 말씀을 알지 못하는 그들의 자녀에게 듣고 네 하나님 여호와 경외하기를 배우게 할지니라(신 31:12-13).

이 말씀을 자세히 살펴보면 네 가지 동사가 등장한다는 사실을 알게 됩니다. '듣고'(listen), '배우고'(learn), '경외하고'(fear), '지켜 행하는'(observe) 것입니다. 이 순서에 중요한 의미가 담겨 있습니다. 하나님의 말씀을 잘 들어야 그들을 향한 하나님의 뜻과 기대가 무엇인지 배울 수 있습니다. 그래야 하나님을 경외하는 법을 알게 되고 또한 그것을 지켜 행할 수 있게 되는 것입니다. 따라서 하나님 말씀을 듣는 것이 먼저입니다. 그러기 위해서 예배할 때마다 누군가가 율법을 낭독해야 하는 것입니다.

율법 낭독은 특별히 다음 세대에게 하나님을 믿고 따르는 신앙생활을 가르치기 위해서 가장 효과적인 방법입니다. 광야 세대는 모압 평지에서 모세를 통하여 하나님의 말씀을 자세하게 배웠습니다. 그러나 그들의 자녀들은 그 말씀을 알지 못한 채 태어날 것입니다. 누군가가 그들에게 하나님의 말씀을 가르쳐주어야 합니다. 그러지 않으면 그들은 하나님을 왜 경외해야 하는지, 어떻게 경외할 수 있는지 알지 못할 것입니다. 누가 자녀에게 가르쳐주어야 할까요? 물론 일차적인 책임은 부모에게 있습니다.

> 오늘 내가 너게 명하는 이 말씀을 너는 마음에 새기고 네 자녀에게 부지런히 가르치며 집에 앉았을 때에든지 길을 갈 때에든지 누워 있을 때에든지 일어날 때에든지 이 말씀을 강론할 것이며(신 6:6-7).

다음 세대를 위한 신앙 교육은 우선 가정에서 이루어져야 합니다. 부모가 자녀에게 부지런히 가르쳐야 합니다. 그러기 위해서 부모가 먼저 하나님의 말씀을 마음에 새겨야 합니다. 그리고 삶의 모든 과정을 말씀을 가르치는 기회로 삼아야 합니다. 공적인 예배의 자리에서는 율법을 낭독하여서 들려주어야 합니다. 그렇게 다음 세대에게 신앙을 가르치는 일을 공동체가 함께 책임지고 감당해야 합니다.

사도 바울은 "믿음은 들음에서 나며 들음은 그리스도의 말씀으로 말미암았다"(롬 10:17)라고 말했습니다. 정말 그렇습니다. 부모 세대로부터 한 번도 하나님의 말씀을 들어보지 못한 자녀 세대가 어떻게 하나님을 믿을 수 있겠습니까? 하나님 백성의 흥망성쇠는 말씀을 청종하는 일에 달려 있습니다. 말씀 앞에 옷깃을 여미는 가정과 공동체는 절대로 망하지 않습니다.

□ 은혜 나누기

일상생활에서 하나님의 말씀을 자주 접하게 하는 좋은 방법에 대해서 함께 이야기해 봅시다.

□ 공동 기도

하나님 아버지, 우리 가정은 하나님의 말씀을 늘 가까이하는 가정이 되게 해주세요. 가정예배와 일상적인 대화를 통해서 하나님의 말씀에 대한 묵상을 풍성하게 나눌 수 있게 해주세요. 그리하여 부모의 믿음이 자녀에게 잘 이어질 수 있게 해주세요. 예수님의 이름으로 기도합니다. 아멘.

12월 넷째주 모세의 축복

- 주님의 기도 주님이 가르쳐주신 기도로 가정예배를 시작합니다.
- 찬송 부르기 357장(주 믿는 사람 일어나)
- 성경 읽기 신명기 33:26-27, 29(1-29)

※ 개역개정판

26여수룬이여 하나님 같은 이가 없도다. 그가 너를 도우시려고 하늘을 타고 궁창에서 위엄을 나타내시는도다 27영원하신 하나님이 네 처소가 되시니 그의 영원하신 팔이 네 아래에 있도다. 그가 네 앞에서 대적을 쫓으시며 멸하라 하시도다... 29이스라엘이여 너는 행복한 사람이로다 여호와의 구원을 너같이 얻은 백성이 누구냐 그는 너를 돕는 방패시요 네 영광의 칼이시로다 네 대적이 네게 복종하리니 네가 그들의 높은 곳을 밟으리로다.

※ 메시지성경

여수룬아, 하나님 같은 분은 없다. 그분께서 너를 구하시려 하늘을 가르고 오시며 구름으로 자기 위엄을 두르신다. 예부터 계시는 하나님은 너의 안식처, 영원하신 두 팔이 그 기초를 떠받치신다. 그분께서 원수들을 네 앞에서 쫓아내시며 "멸하여라!" 명령하셨다. … 이스라엘아! 너와 같이 복된 이가 누구겠느냐? 하나님께 구원받은 백성아! 그분은 너를 지키는 방패, 승리를 안기시는 칼. 네 원수들이 배로 기어서 네게 나아오고 너는 그들의 등을 밟고 행진할 것이다.

부모가 자녀에게 해줄 수 있는 가장 큰 특권이자 마땅한 의무는 바로 '축복'입니다. 축복(祝福)이란 말 그대로 '복을 빈다'라는 뜻입니다. 자녀가 복 받는 것을 싫어할 부모가 어디에 있겠습니까. 모두 잘되기를 바라지요. 그렇다면 기회가 있을 때마다 축복해야 합니다. 그리고 하나님 안에서 살아가도록 늘 권면해야 합니다. 하나님을 떠나서는 그 누구도 진정한 복을 받을 수 없기 때문입니다.

지금까지 모세는 광야 세대 이스라엘 백성에게 믿음을 전해주기 위해서 그가 할 수 있는 모든 일을 했습니다. 고별 설교도 마무리했고, 모압 땅 계약 갱신도 잘 마쳤습니다. 여호수아를 그의 후계자로 세웠고, 지금까지 전한 하나님의 말씀을 기록으로 남겼습니다. 그리고 율법 낭독의 규례까지 가르쳤습니다. 그러면 이제 충분하지 않을까요? 아닙니다. 마지막으로 축복 기도가 남아 있습니다.

맞춤 축복 기도

야곱이 임종을 앞두고 열두 아들에게 남긴 축복의 내용이 달랐습니다(창 49장). 모세의 축복 역시 지파에 따라서 내용이 각각 다릅니다. 그 속에는 지금까지의 역사에 대한 반성과 앞으로의 삶에 대한 소망이 동시에 담겨 있습니다. 르우벤 지파와 유다 지파를 예로 들어보겠습니다.

르우벤은 죽지 아니하고 살기를 원하며 그 사람 수가 적지 아니하기를 원하나이다(신 33:6).

르우벤은 본래 장자(長子) 지파입니다. 그런데 그동안 지도력을 발휘하지 못했습니다. 그 이유는 르우벤 자신이 지은 죄로 거슬러 올라갑니다. 그가 아버지의 첩과 동침함으로써 아버지의 침상을 더럽혔던 것입니다(창 49:4). 그뿐만이 아닙니다. 르우벤 지파는 가데스 바네아에서 모세를 제거하기 위해 고라 당과 손을 잡고 쿠데타를 일으켰던 장본인이었습니다(민 16:1-2). 그로 인해서 장자 지파의 역할을 제대로 감당하지 못했던 것이지요.

그들을 위해서 모세는 이렇게 기도합니다. "르우벤은 그 수가 줄어들어 겨우겨우 살겠지만 죽지 않고 살게 해주십시오"(신 33:6, 메시지). 이것을 어떻게 축복이라고 말할 수 있을까 싶습니다. 실제로 르우벤 지파는 요단강을 건너 가나안 땅에 들어가지 못하고 동쪽의 변방에 정착하게 됩니다. 자연스럽게 그들의 숫자는 점점 줄어들었습니다. 장자 지파로서는 참으로 아쉬운 일입니다만, 그나마 하나님 백성으로서 남아 있다는 사실이 축복입니다.

그에 비해서 유다 지파에 대한 축복은 차원이 다릅니다.

유다에 대한 축복은 이러하니라. 일렀으되 여호와여 유다의 음성을 들으시고 그의 백성에게로 인도하시오며 그의 손으로 자기를 위하여 싸우게 하시고 주께서 도우사 그가 그 대적을 치게 하시기를 원하나이다(신 33:7).

유다 지파에서 위대한 인물이 아직은 등장하지 않았습니다. 물론 갈렙의 순종이 감동적이긴 했지만, 이스라엘 전체를 이끌어갈 만한 지도력을 보이지는 못했습니다. 오히려 그보다 젊은 여호수아가 모세의 후계자가 되었습니다. 그러나 어찌 된 일인지 모세의 축복은 유다 지파에 대해서 아주 호의적입니다. 여기에는 하나님의 마음과 구원의 계획이 담겨 있습니다.

우선 "유다의 음성을 들어달라"는 내용이 그렇습니다. 성경에는 유독 유다 지파 출신의 기도문이 많이 기록되어 있습니다. 다윗부터 시작해서 솔로몬, 아사, 여호사밧, 히스기야, 다니엘, 느헤미야가 모두 유다 지파입니다. 하나님은 그들의 기도를 들어주셨습니다. "그의 백성에게로 다시 인도해 달라"는 내용은 먼 훗날 바빌론 포로 생활을 염두에 둔 예언적인 축복입니다. 물론 모세가 그것을 미리 알고 있을 리가 없습니다. 하나님께서 그의 마음에 부어주신 대로 축복했을 뿐입니다.

여기에서 우리는 매우 중요한 교훈을 깨닫게 됩니다. 자녀를 위한 축복에는 부모의 개인적인 욕심이나 기대가 아니라 하나님의 마음이 담겨 있어야 한다는 사실입니다. 그러려면 평소에 자녀를 위한 기도를 쉬지 않아야 합니다. 그래야 하나님의 마음을 깨닫고 진정한 축복을 할 수 있습니다.

공통 축복 기도

이렇게 각 지파에 대해서 축복한 후에 모세는 마지막으로 그들을 모두 묶어서 함께 축복합니다.

> 여수룬이여 하나님 같은 이가 없도다. 그가 너를 도우시려고 하늘을 타고 궁창에서 위엄을 나타내시는도다. 영원하신 하나님이 네 처소가 되시니 그의 영원하신 팔이 네 아래에 있도다. 그가 네 앞에서 대적을 쫓으시며 멸하라 하시도다(신 33:26-27).

'여수룬'(Yeshurun)은 이스라엘의 또 다른 별명으로, '똑바른 사람'(upright one)이라는 뜻입니다. 그러니까 좌로나 우로나 기울어지지 않고 하나님을 향해서 똑바로 서 있는 백성이라는 뜻입니다. 이 말에는 이스라엘 백성을 향한 하나님의 기대가 담겨 있습니다. 하나님의 백성은 언제나 하나님과 바른 관계를 유지해야 합니다. 그래야 그들에게 약속한 모든 복이 임하게 됩니다.

그러기 위해서는 먼저 하나님이 어떤 분인지 확실히 알고 있어야 합니다. 이 세상에 하나님 같은 분은 없습니다! 하나님은 사람들이 만들어서 섬기는 우상들과 감히 비교할 수 없습니다. 하나님은 이스라엘 백성을 구원하기 위해서 하늘을 가르고 오시며 구름으로 자기 위엄을 두르시는 분입니다. 그리고 이미 약속하신 대로 가나안에 사는 대적을 쫓아내어 그 땅을 이스라엘 백성에게 넘겨주실 것입니다.

그러니 이스라엘은 참으로 '행복한 사람'입니다(신 33:29). 하나님 백성은 이미 차고 넘치는 복을 받았습니다. 하나님께서 그들을 이집트의 압제에서 구원해 주셨고 여기까지 인도해 오셨으니 말입니다. 약속의 땅에 들어가는 것도 단지 시간문제일 뿐입니다. 하나님의 복을 받기 위해서 그들이 해야 할 다른 일은 없습니다. 끝까지 하나님의 백성으로 남아 있기만 하면 됩니다. 하나님 앞에 '똑바른 사람'(여수룬)이 되기만 하면 됩니다. 그러면 나머지 일은 걱정할 것 없습니다. 하나님이 다 해결해 주십니다.

정말 그렇습니다. 다른 사람보다 더 많이 가져야만 복 받은 것이 아닙니다. 하나님 백성의 정체성을 잃어버리지 않고 언제나 하나님 안에서 행복하게 살아가는 것이야말로 진정한 의미의 복입니다. 바로 이것이 부모 세대가 자녀 세대를 위해 축복(祝福)하며 하나님께 늘 기도해야 하는 내용입니다.

□ 은혜 나누기

오늘 묵상한 말씀에 비추어 나는 복 받은 사람인지 함께 이야기해 봅시다.

□ 공동 기도

하나님 아버지, 우리를 하나님 믿는 가정으로 삼아주셔서 감사합니다. 하나님이 약속하신 복을 받기 위해서는 단지 하나님과 바른 관계를 유지하기만 하면 된다고 말씀하셨으니, 이제부터 오로지 하나님 안에서만 살아가게 해주세요. 그리하여 언제나 행복한 우리 가정을 만들어 가게 해주세요. 예수님의 이름으로 기도합니다. 아멘.

12월 다섯째주 모세의 죽음

- 주님의 기도 주님이 가르쳐주신 기도로 가정예배를 시작합니다.
- 찬송 부르기 488장(이 몸의 소망 무언가)
- 성경 읽기 신명기 34:5-8(1-12)

  ※ 개역개정판

  5이에 여호와의 종 모세가 여호와의 말씀대로 모압 땅에서 죽어 6벳브올 맞은 편 모압 땅에 있는 골짜기에 장사되었고 오늘까지 그의 묻힌 곳을 아는 자가 없느니라 7모세가 죽을 때 나이 백이십 세였으나 그의 눈이 흐리지 아니하였고 기력이 쇠하지 아니하였더라 8이스라엘 자손이 모압 평지에서 모세를 위하여 애곡하는 기간이 끝나도록 모세를 위하여 삼십 일을 애곡하니라.

  ※ 메시지성경

  하나님의 종 모세는 하나님께서 말씀하신 대로 모압 땅에서 죽었다. 하나님께서 그를 벳브올 맞은편 모압 땅 골짜기에 묻으셨는데, 오늘날까지 그가 묻힌 곳을 아는 사람이 아무도 없다. 모세가 죽을 때 백스무 살이었으나 그는 눈빛이 흐리지 않았고, 거뜬히 걸어 다닐 수 있었다. 이스라엘 백성은 모압 평야에서 모세를 생각하며 삼십 일 동안 슬피 울었다. 이렇게 모세를 위해 애도하는 기간이 끝났다.

- 말씀 나누기

  이제 신명기 묵상의 마지막 시간이 되었습니다. 신명기는 모세의 고별 설교로 시작하여 모세의 죽음으로 끝납니다. 사람이 한 번 죽는 것은 하나님이 정해 놓으신 이치입니다. 누구도 그것을 거역할 수 없습니다. 히브리서에 기록된 말씀처럼 누구나 한 번은 죽게 되며 그 후에는 자기 삶의 결과와 마주해야 합니다(히 9:27, 메시지). 모세도 다른 출애굽 세대 이스라엘 백성처럼 이제 죽음을 맞이하게 된 것입니다.

그런데 조금은 아쉽게 느껴집니다. 그동안 모세가 얼마나 많은 수고를 했는데, 약속의 땅을 목전에 두고 들어가지도 못하고 이렇게 죽어야 한다니 말입니다. 기왕이면 약속의 땅을 밟고 난 후에 데려가서도 좋을 텐데 하나님은 왜 그러지 않으신 것일까요? 모든 때는 하나님이 정하십니다. 그리고 거기에는 반드시 하나님의 뜻이 있습니다. 모세의 죽음도 역시 마찬가지입니다.

하나님의 실망

모세의 죽음과 관련하여 많은 사람이 오해하는 것이 하나 있습니다. 그것은 모세가 약속의 땅에 들어가지 못한 이유를 하나님의 진노 때문이라고 생각하는 것입니다. 그 오해부터 풀어야 하겠습니다. 오늘 본문에는 단순하게 이렇게 기록되어 있습니다.

> 여호와께서 그에게 이르시되 이는 내가 아브라함과 이삭과 야곱에게 맹세하여 그의 후손에게 주리라 한 땅이라. 내가 네 눈으로 보게 하였거니와 너는 그리로 건너가지 못하리라(신 34:4).

모세는 지금 느보산 꼭대기에서 맞은편의 가나안 땅을 바라보고 있습니다. 그곳이 그들의 조상에게 주리라 약속한 땅이라고 하나님은 말씀하십니다. 그러나 그 땅을 눈으로 보는 것이 전부이고 그리로 건너가지는 못할 것이라 하십니다. 모세는 이와 같은 하나님의 말씀을 어떻게 생각했을까요? '들어갈 수 없다면 차라리 보여주지나 말 것이지, 왜 사람 약 오르게 만드나….' 그렇게 생각했을까요?

아닙니다. 모세는 자신이 가나안 땅에 들어가지 못한다는 사실을 이미 잘 알고 있었습니다. 40년 광야 생활이 끝나갈 즈음에 일어난 이른바 '므리바 물 사건' 때 하나님께서 그에게 말씀하셨기 때문입니다. 그때 모세는 "반석에게 명령하여 물을 내라 하라!"(민 20:8)는 하나님의 명령을 귀담아듣지 않았습니다. 그와 비슷한 일이 르비딤 광야에서 있었기에 모세는 별생각 없이 지팡이로 반석을 내리쳤습니다(민 20:11). 한 번 쳐서 안 되니까 연거푸 두 번을 쳤지요.

물론 반석에서 물이 터져 나와 극적으로 식수 부족의 문제를 해결하기는 했지만, 모세는 결과적으로 하나님의 명령에 불순종한 꼴이 되고 말았습니다. 그때 하나님이 모세에게 이렇게 말씀하셨습니다.

여호와께서 모세와 아론에게 이르시되 너희가 나를 믿지 아니하고 이스라엘 자손의 목전에서 내 거룩함을 나타내지 아니한 고로 너희는 이 회중을 내가 그들에게 준 땅으로 인도하여 들이지 못하리라(민 20:12).

모세와 아론에 대한 하나님의 실망이 진하게 묻어나는 말씀입니다. "너희가 나를 신뢰하지(trust) 않고 이스라엘 백성 앞에서 나를 거룩한 경외심으로 대하지(treat) 않았다"(메시지). 하나님은 모세와 아론을 세워주기 위해서 특별한 이적을 준비해 놓으셨는데, 지난번과 다르지 않은 사건이 되고 말았던 것입니다. 하나님은 모세가 영적으로 둔감해졌다는 사실을 알아차리셨습니다. 그래서 약속의 땅으로 인도하여 들이는 사명을 다른 사람에게 맡기기로 작정하셨던 것입니다.

그 말씀에 따라 아론은 이미 호르산에서 죽었습니다(민 20:28). 그리고 이제는 모세가 느보산에서 죽을 차례가 된 것입니다. 그렇다면 모세는 하나님께 벌을 받아서 가나안 땅에 들어가지 못한 것일까요? 아닙니다. 물론 하나님의 기대에 미치지 못하는 모습에 하나님께서 실망하신 건 사실입니다. 그렇지만 그것 때문에 약속의 땅을 밟지 못하도록 벌을 내리신 것은 아닙니다. 하나님은 그렇게 속 좁은 분이 아니십니다.

모세의 사명

모세와 출애굽 세대 이스라엘 백성은 처음부터 공동 운명체였습니다. 본래 하나님의 계획은 모세가 출애굽 세대와 함께 약속의 땅에 들어가는 것이었지만, 이제는 달라졌습니다. 출애굽 세대는 그들의 불순종으로 인해 광야에서 소멸하고 말았습니다(민 14:35). 그렇다면 모세도 그들과 운명을 같이 해야 합니다. 모세의 사명은 광야 생활을 하는 동안 출애굽 세대를 잘 이끄는 것입니다. 이제 광야 세대가 약속의 땅으로 들어가야 할 때가 되었고, 그래서 모세를 불러 가신 것입니다.

실제로 모세는 병들어서 죽게 된 것이 아니었습니다.

모세가 죽을 때 나이 백이십 세였으나 그의 눈이 흐리지 아니하였고 기력이 쇠하지 아니하였더라(신 34:7).

"눈이 흐리지 않았다"를 메시지 성경은 "눈빛이 날카로웠다"(His eyesight was sharp)라고 표현합니다. 무슨 뜻입니까? 여전히 정신이 또렷하고 '총기'(聰氣)가 있었다는 뜻입니다. 또한 "기력이 쇠하지 않았다"를 메시지 성경은 "그의 발걸음이 스프링처럼 통통 튀었다"(He still walked with a spring in his step)로 풀이합니다. 그는 비록 120세 노인이었지만 육체적으로나 정신적으로 아무런 문제가 없었던 것입니다.

그런데 갑작스럽게 죽음을 맞이합니다. 하나님이 불러 가신 것입니다. 왜 그렇게 불러 가셨을까요? 그에게 맡기신 사명이 끝났기 때문입니다. 따라서 모세가 가나안 땅에 들어가지 못하고 죽은 것을 무언가 해야 할 일을 다 하지 못한 것으로 생각해서 아쉬워하면 안 됩니다. 모세는 벌을 받아서 약속의 땅에 들어가지 못한 게 아닙니다. 그가 해야 할 일을 다했기에 하나님이 불러 가신 것입니다.

사람들은 돈 많이 벌어 출세하면 성공한 인생이라고 말합니다. 그렇지만 성경은 하나님이 맡기신 사명을 다한 사람을 성공한 인생이라고 합니다. 하나님이 그를 통해 계획하신 일들을 완성하면 성공한 사람입니다. 그런 의미에서 모세는 성공한 사람이었습니다. 그는 출애굽 세대 이스라엘 백성을 이집트에서 인도해 내는 사명을 잘 수행했습니다. 그리고 광야 생활 40년 동안 그들을 잘 이끌어 왔습니다. 무엇보다 광야 세대 이스라엘 백성에게 하나님에 대한 바른 신앙을 이어주었습니다. 그것으로 충분히 성공한 인생입니다.

우리에게 맡기신 하나님의 사명이 무엇입니까? 우리는 그것을 어떻게 감당하고 있습니까? 우리 인생의 목표는 오래오래 건강하게 사는 게 아닙니다. 생명이 있는 동안 사명을 감당해야 합니다. 특별히 하나님의 백성으로서 우리의 사명은 다음 세대에게 신앙을 잘 계승해 주는 것입니다. 그 사명을 성공적으로 완수하는 우리 가정이 되기를 간절히 소망합니다.

□ 은혜 나누기
지금까지 신명기 말씀을 묵상해 오면서 느낀 점을 함께 나누어 봅시다.

□ 공동 기도
하나님 아버지, 우리 가정을 하나님의 백성으로 삼아주시고, 지난 한 해 동안 가정예배를 통해서 우리의 믿음이 함께 자라게 해주신 것을 감사합니다. 아직은 서투르고 부족하지만, 서로를 격려하면서 계속해서 하나님의 말씀에 순종하여 따르게 해주세요. 그리하여 우리 가정에 하나님이 다스리는 작은 천국이 이루어지게 해주세요. 예수님의 이름으로 기도합니다. 아멘.

절기, 가정 행사 때 드리는 가정예배

<설날 예배> 무엇을 선택할 것인가?(신 30:19-20)

<추석 예배> 광야의 만나 감사(신 8:1-10)

<추모 예배> 생명보다 귀한 사명(신 34:7-8)

설날 예배 무엇을 선택할 것인가?

□ 예식사 인도자

오늘 우리 민족의 고유 명절인 설날을 맞이하여 먼저 하나님 앞에 예배드리겠습니다.

□ 주님의 기도 주님이 가르쳐주신 기도로 설날 예배를 시작합니다.

□ 찬송 부르기 552장(아침 해가 돋을 때)

□ 기도하기 맡은이

사랑과 은혜가 충만하신 하나님 아버지, 우리 가정을 구원 받은 하나님의 백성으로 선택하여 주시고, 지금까지 변함없는 사랑으로 인도하여 주심을 감사드립니다. 오늘 우리 민족의 고유 명절인 설날을 맞이하여 우리가 함께 모여 먼저 하나님께 예배를 드리오니 주님의 은총을 베풀어 주옵소서. 이 시간 부모님의 은덕과 뜻을 기억하며 온 가족이 믿음 안에서 하나가 되는 복된 시간이 되게 하여 주옵소서. 우리 주 예수 그리스도의 이름으로 기도합니다. 아멘.

□ 성경 읽기 신명기 30:19-20

※ 개역개정판

19내가 오늘 하늘과 땅을 불러 너희에게 증거를 삼노라. 내가 생명과 사망과 복과 저주를 네 앞에 두었은즉 너와 네 자손이 살기 위하여 생명을 택하고 20네 하나님 여호와를 사랑하고 그의 말씀을 청종하며 또 그를 의지하라. 그는 네 생명이시오 네 장수이시니 여호와께서 네 조상 아브라함과 이삭과 야곱에게 주리라고 맹세하신 땅에 네가 거주하리라.

※ 메시지성경

나는 오늘 하늘과 땅을 불러 여러분 앞에 증인으로 세우고, 생명과 죽음, 복과 저주를 여러분 앞에 둡니다. 여러분과 여러분의 후손이 살려거든, 생명을 택하십시오. 하나님 여러분의 하나님을 사랑하고, 그분의 말씀을 순종하여 듣고, 그분을 꼭 품으십시오. 그렇습니다. 그분이 바로 생명이십니다. 여러분의 조상 아브라함과 이삭과 야곱에게 주겠다고 약속하신 그 땅에 계신 하나님 여러분의 하나님이야말로, 생명 그 자체입니다.

▢ 말씀 나누기

오늘은 음력으로 새해를 시작하는 날입니다. 양력으로는 이미 새해가 시작되었습니다. 그렇지만 우리 민족은 전통적으로 설날에 가족이 함께 모여서 조상에게 차례를 지내고 친척이나 이웃 어른들께 세배하면서 새로운 한 해를 맞이했습니다. 우리 그리스도인은 무엇을 하든지 가장 먼저 하나님께 예배를 드려야 합니다. 조상이나 어른께 인사하는 것이 세상의 예의이듯이, 하나님 아버지께 가장 먼저 예배를 드리며 인사하는 것이 그리스도인으로서 마땅한 예의이기 때문입니다.

올 한 해 동안 우리는 가정예배를 통해서 신명기 말씀을 묵상하고 있습니다. 신명기는 40년간의 광야 생활을 마치고 가나안 땅에 들어가기 바로 직전에 광야 세대 이스라엘 백성에게 남긴 모세의 고별 설교입니다. 오늘 본문은 그중에서도 결론 부분에 해당하는 말씀입니다.

선택의 기회

여기에서 모세는 '선택'의 문제를 강조하여 이야기합니다. 이스라엘 백성이 약속의 땅에 들어갔다고 해서 하루아침에 갑작스럽게 "고생 끝, 행복 시작!"의 상황이 만들어지는 건 아니지요. 그것은 그들의 선택에 달려 있습니다. 앞으로 그들이 무엇을 선택하느냐에 따라서 그 결과는 하늘과 땅만큼 달라질 것입니다.

우리 앞에 놓여 있는 새해도 마찬가지입니다. 새해가 되었다고 해서 자연스럽게 우리의 삶이 달라지는 것은 아닙니다. 새해는 하나님이 우리에게 허락해 주신 '새로운 기회'입니다. 그 기회를 통해서 우리가 과연 무엇을 선택하느냐에 따라서 앞으로 우리 인생의 모습이 달라질 것입니다. 자, 그렇다면 하나님은 이스라엘 백성에게 어떤 선택의 기회를 주셨을까요?

> 나는 오늘 하늘과 땅을 불러 여러분 앞에 증인으로 세우고, 생명과 죽음, 복과 저주를 여러분 앞에 둡니다. 여러분과 여러분의 후손이 살려거든, 생명을 택하십시오(신 30:19, 메시지).

이스라엘 백성이 지금 들어가려고 하는 가나안 땅은 오래전에 하나님께서 그들의 조상 아브라함과 이삭과 야곱에게 약속하신 땅입니다. 그 약속을 지금 지키시겠다고 말씀하십니다. 그러나 가나안 땅에 들어가게 된다고 해서 이제부터 제멋대로 살아도 괜찮다는 뜻은 아닙니다.

여기에는 하나님의 백성답게 살아가야 한다는 전제가 있습니다. 다시 말해서 그들이 하나님의 백성답게 살아가는 동안만 약속의 땅에서 생명과 복을 누리게 된다는 것입니다. 만일 그들이 하나님의 백성다움을 잊어버리고 하나님을 모르는 사람들과 똑같이 살게 된다면 그 땅은 생명과 복이 아니라 죽음과 저주의 땅이 될 수도 있습니다.

그것을 가리켜서 하나님은 "생명과 죽음, 복과 저주를 네 앞에 두었다"라고 말씀하십니다. 이 부분을 CEV(Contemporary English Version) 성경은 이렇게 풀이합니다. "오늘 나는 너에게 선택권을 준다. 너는 생명과 성공을 선택할 수도 있고, 죽음과 멸망을 선택할 수도 있다"(Today I am giving you a choice. You can choose life and success or death and disaster).

그런데 하나님은 왜 이런 식으로 말씀하실까요? 그냥 "모든 게 잘될 거야!", "괜찮을 거야!"라고 하지 않으시고 말입니다. 여기에는 다 이유가 있습니다. 그들의 잘못된 선택으로 실패를 맛보았던 쓰라린 과거의 경험이 있기 때문입니다. 출애굽 세대 이스라엘 백성이 바로 그 장본인이었습니다.

그들은 하나님의 명령에 순종하지 않았습니다. 오히려 가나안 땅을 먼저 탐색하는 선택권을 자기들에게 달라고 고집했습니다. 그러다가 결국에는 약속의 땅에 들어가지 못하게 되었고 지난 40년간의 불필요한 광야 생활을 해야 했던 것입니다.

생명의 선택

이스라엘 백성을 향한 하나님의 기대는 그들이 '죽음과 저주'가 아니라 '생명과 복'을 선택하는 것입니다. '생명과 복'을 선택하는 것이 물론 당연한 일입니다. 그러나 실제로 그것은 말처럼 쉬운 일이 아닙니다. 하나님은 생명을 선택하는 구체적인 내용을 세 가지로 말씀하십니다.

> 네 하나님 여호와를 사랑하고 그의 말씀을 청종하며 또 그를 의지하라 그는 네 생명이시오 네 장수이시니 여호와께서 네 조상 아브라함과 이삭과 야곱에게 주리라고 맹세하신 땅에 네가 거주하리라(신 30:20).

그 첫 번째는 '하나님을 사랑'하는 것입니다. 하나님을 사랑하지 않으면 다른 신들을 섬기게 되어 있습니다. 하나님보다 물질을 더 사랑하는 사람은 물질이라는 우상을 숭배하게 되고, 자신의 체면과 명예를 더 사랑하는 사람은 체면이라는 우상을 섬기게 되고, 자신의 출세와 성공을 더 사랑하는 사람들은 출세라는 우상을 선택하게 됩니다.

하나님을 믿는다는 것은 하나님을 가장 많이 사랑한다는 뜻입니다. 그래서 "너는 마음을 다하고 뜻을 다하고 힘을 다하여 네 하나님 여호와를 사랑하라"(신 6:5)고 하셨습니다. 우리의 마음과 생각 일부분만으로 하나님을 사랑하는 게 아닙니다. 우리의 시간과 능력 일부분만 사용하는 게 아닙니다. 모든 마음과 모든 뜻과 모든 힘을 다 소진하여 하나님을 사랑하는 것입니다. 그것이 바로 생명을 선택하는 길입니다.

두 번째는 하나님의 '말씀을 청종(聽從)'하는 것입니다. 사람들은 사랑하는 사람의 말을 듣게 되어 있습니다. 부모를 존경하고 사랑하는 자녀는 부모의 말씀에 귀를 기울이고 순종합니다. 부모의 말씀을 무시하고 거역하면서 부모를 사랑한다고 말할 수는 없습니다. 마찬가지로 하나님을 사랑하면 자연스럽게 하나님 말씀을 청종하게 됩니다. 하나님은 예배를 통해서 말씀하십니다. 따라서 하나님 말씀을 청종하는 사람은 하나님께 예배드리는 것을 좋아합니다.

마지막 세 번째는 '하나님을 의지'하는 것입니다. 아이들은 무슨 일만 생기면 엄마, 아빠를 찾습니다. 좋은 일이 생겨도, 다급하고 힘든 일이 생겨도 항상 엄마, 아빠를 먼저 찾습니다. 그러다가 나이가 들면서 점점 그 빈도가 줄어들게 되지요. 하나님을 의지하는 것도 그와 비슷합니다.

NIV 성경은 이 부분을 "하나님을 꼭 붙잡아라"(Hold fast to him)로 풀이합니다. 힘들고 어려울 때 사람들은 하나님을 꼭 붙잡습니다. 그러다가 문제가 해결되고 삶이 조금 넉넉해지면 하나님을 잡은 손이 점점 느슨해집니다. 그 반대로 문제가 없을 때 신앙생활을 잘하다가도 갑작스럽게 어려운 일을 당하면 낙심하여 시험에 들기도 하지요.

무슨 이유로든 하나님을 놓쳐버리면 생명을 놓치게 되는 것입니다.

올 한 해 동안 우리 가정은 하나님을 사랑하고, 하나님의 말씀을 청종하고, 하나님의 손을 놓치지 않게 되기를 바랍니다. 그렇게 함으로써 언제나 생명의 길을 선택하기를 간절히 소망합니다.

▫ 은혜 나누기

새해의 다짐에 대해서 각자 이야기해 봅시다.

▫ 공동 기도

하나님 아버지, 올해 우리 가정은 하나님을 더욱 사랑하고, 하나님의 말씀을 더욱 청종하고, 하나님을 더욱 의지하게 해주세요. 그리하여 우리에게 약속해 주신 땅에서 하나님이 부어주시는 생명과 은혜와 복을 마음껏 누리게 해주세요. 예수님의 이름으로 기도합니다. 아멘.

추석 예배 광야의 만나 감사

□ 예식사 인도자

오늘 우리 민족의 고유 명절인 추석을 맞이하여 우리 가정이 먼저 하나님 앞에 예배드리겠습니다.

□ 주님의 기도 주님이 가르쳐주신 기도로 추석 예배를 시작합니다.

□ 찬송 부르기 430장(주와 같이 길 가는 것)

□ 기도하기 맡은이

사랑과 은혜가 충만하신 하나님 아버지, 올해도 우리 가정을 선한 길로 이끌어 주시고, 우리 민족의 고유 명절인 추석을 맞이하여 우리 가족이 함께 예배할 수 있게 하시니 감사합니다. 지금까지 우리에게 베풀어 주신 하나님의 은혜에 감사하며 또한 부모님의 은덕에 감사하며 온 가족이 믿음 안에서 하나가 되는 복된 시간이 되게 하옵소서. 우리 주 예수 그리스도의 이름으로 기도합니다. 아멘.

□ 성경 읽기 신명기 8:3(1-10)

※ 개역개정판

너를 낮추시며 너를 주리게 하시며 또 너도 알지 못하며 네 조상들도 알지 못하던 만나를 네게 먹이신 것은 사람이 떡으로만 사는 것이 아니요 여호와의 입에서 나오는 모든 말씀으로 사는 줄을 네가 알게 하려 하심이니라.

※ 메시지성경

그분께서는 여러분에게 힘든 시기를 겪게 하시고, 여러분을 굶주리게도 하셨습니다. 그러고는 여러분도 모르고 여러분의 조상도 몰랐던 만나로 여러분을 먹여 주셨습니다. 이는 사람이 빵으로만 사는 것이 아니라 하나님의 입에서 나오는 모든 말씀으로 산다는 것을 여러분이 알게 하시려는 것입니다.

□ 말씀 나누기

오늘은 추석입니다. 우리나라에서는 전통적으로 추석에 햅쌀로 빚은 송편과 햇과일 등의 음식들을 장만하여 추수를 감사하면서 조상들께 차례를 지냅니다. 성경에 기록된 초막절(레 23:33-43)과 비슷한 절기라고 할 수 있습니다. 다른 점이 있다면 조상들께 차례를 드리는 대신에 우리는 하나님 아버지께 감사의 예배를 드린다는 것입니다. 물론 우리는 부모님의 은덕에 감사해야 합니다. 그러나 우리가 예배하는 대상은 오직 한 분, 하나님이십니다.

추석 명절에 우리는 감사의 의미에 대해서 다시 한번 생각하게 됩니다. 인생의 성숙도는 '나이'가 아니라 '감사'로 측정할 수 있습니다. 감사하는 만큼 그 사람은 성숙해 있는 것입니다. 신앙의 성숙도 역시 마찬가지입니다. 아무리 놀라운 기적을 체험하고 은혜를 받아 신앙생활을 시작했다고 하더라도 처음부터 감사하면서 사는 사람은 없습니다. 감사가 체질화되어 자연스럽게 몸에 배게 되려면 많은 시간과 훈련이 필요합니다.

감사의 훈련

이스라엘 백성을 보십시오. 그들이 이집트에서 탈출했을 때 하나님의 놀라운 이적과 권능을 체험했습니다. 열 가지 재앙도 직접 목격했고, 홍해가 갈라지는 역사의 현장에도 있었습니다. 물론 그 당시에는 구원 받은 감격에 춤을 추면서 하나님을 찬양하고 감사했지만, 오래가지 않았습니다.

모세가 홍해에서 이스라엘을 인도하매 그들이 나와서 수르 광야로 들어가서 거기서 사흘 길을 걸었으나 물을 얻지 못하고 마라에 이르렀더니 그 곳 물이 써서 마시지 못하겠으므로… 백성이 모세에게 원망하여 이르되 우리가 무엇을 마실까 하매(출 15:22-24).

홍해가 갈라지는 놀라운 이적을 본 지 며칠이나 지났습니까? 이제 겨우 사흘이 지났습니다. 아직도 그 감동과 흥분이 남아 있었을 때입니다. 그런데 광야에서 먹을 물을 얻지 못하자 그들은 기다렸다는 듯이 모세를 원망합니다. 모세는 하나님께서 세우신 지도자입니다. 모세를 원망한다는 것은 곧 하나님을 원망한다는 뜻입니다(출 16:8b). 물론 광야에서는 물이 필요합니다. 물이 없으면 살 수 없습니다.

그러나 그들은 하나님이 행하시는 놀라운 구원을 체험했습니다. 불과 3일 전의 일입니다. 바다를 가르시고 이스라엘 백성을 이집트 군사들의 손에서 구원하셨습니다. 그런 하나님께서 그들을 광야에서 목말라 죽게 내버려 두실까요? 그런데 단지 "마실 물이 없다"는 이유로, 아니 더 정확하게 말해서 "물이 쓰다"는 이유로 그들은 찬양과 감사를 잃어버리고 원망합니다. 불평합니다. 그게 인간의 본성입니다.

그러자 하나님은 모세의 기도에 응답하셔서 마라의 쓴 물을 단물로 바꾸어 주십니다(출 15:25). 마치 칭얼대고 짜증 내는 갓난아이를 달래주시듯이 그들의 필요를 채워주셨던 것입니다. 목마름의 문제가 해결되었으니 이제는 하나님께 감사하면서 살게 되었을까요? 아닙니다. 이번에는 먹을 것이 없다고 투덜대기 시작합니다.

이스라엘 자손 온 회중이 그 광야에서 모세와 아론을 원망하여… 이르되 우리가 애굽 땅에서 고기 가마 곁에 앉아 있던 때와 떡을 배불리 먹던 때에 여호와의 손에 죽었더라면 좋았을 것을 너희가 이 광야로 우리를 인도해 내어 이 온 회중이 주려 죽게 하는도다(출 16:2-3).

이집트에서는 고기 가마 곁에 앉아서 고기를 실컷 먹었는데, 밥도 마음껏 퍼먹을 수 있었는데 광야에 나와서 굶어 죽게 되었다는 겁니다. 정말 그랬을까요? 이집트에서 그들은 노예였습니다. 남의 밑에서 종노릇하고 있었습니다. 매일 같이 중노동에 시달리고 있었습니다. 견디다 못해 하나님께 구원해달라고 부르짖으며 기도하지 않았습니까. 그래서 하나님께서 그들을 구원해 주신 것입니다.

그런데 이제 와서 차라리 이집트에 있었을 때가 좋았다고 하면서 불평하고 있는 겁니다. 이것을 배은망덕(背恩忘德)이라고 합니다. 은혜를 잊어버리고 배신하는 것입니다. 이와 같은 이스라엘 백성의 모습을 보면서 감사는 하루아침에 습득되는 것이 아니라는 사실을 우리는 알게 됩니다. 감사의 사람이 되려면 많은 시간과 훈련이 필요합니다.

만나의 훈련

바로 이 대목에서 하나님은 이스라엘 백성에게 '만나'를 약속하셨습니다.

> 그 때에 여호와께서 모세에게 이르시되 내가 너희를 위하여 하늘에서 양식을 비같이 내리리니 백성이 나가서 일용할 것을 날마다 거둘 것이라 이같이 하여 그들이 내 율법을 준행하나 아니하나 내가 시험하리라(출 16:4).

여기에서 '하늘에서 비같이 내리는 양식'이 바로 '만나'였습니다. 이스라엘 백성은 그것이 무엇인지 알 수 없었습니다. 그러나 그들은 적어도 그것이 누구에게서 온 것인지 알았습니다. 바로 하나님께서 약속하신 대로 은혜의 비같이 내려 주신 '일용(日用)할 양식'이었던 것입니다.

이때부터 먹기 시작한 만나는 놀랍게도 이스라엘 백성이 광야 생활 40년을 마치고 가나안 땅에 들어갈 때까지 하루도 빼놓지 않고 매일 먹었습니다. 그들이 어디로 가든지 늘 만나가 따라왔습니다. 날이 덥든지 춥든지 늘 아침에 텐트 밖에 나가보면 만나가 소복이 내려 있었습니다. 그것을 거두어다가 음식을 만들어 먹기만 하면 되는 겁니다. 세상에 이런 기적은 없습니다. 이스라엘 백성은 매일 기적을 먹으며 살았던 것입니다.

그러나 이것은 이스라엘 백성에 대한 훈련이었습니다. '만나'는 한 꺼번에 많이 거둔다고 해서 여러 날 두고 먹을 수 있는 것이 아니었습니다. "하루에 먹을 만큼만 거두라"고 했습니다(출 16:16). 그런데 더러는 많이 거두어 몰래 숨겨둔 사람들도 있었습니다. 그 만나는 어떻게 되었습니까? 벌레가 생기고 냄새가 나서 결국 먹지 못하게 되었지요. 이를 통해서 하나님은 '일용할 양식'에 감사하는 훈련과 함께 하나님의 말씀에 순종하는 훈련을 시켰던 것입니다.

그때의 일을 회상하며 모세는 오늘 본문에서 이렇게 말합니다.
너를 낮추시며 너를 주리게 하시며 또 너도 알지 못하며 네 조상들도 알지 못하던 만나를 네게 먹이신 것은 사람이 떡으로만 사는 것이 아니요 여호와의 입에서 나오는 모든 말씀으로 사는 줄을 네가 알게 하려 하심이니라(신 8:3).

그렇습니다. 우리가 얼마나 많은 것을 먹어야 감사하게 될까요? 우리가 얼마나 넓고 좋은 집에서 살아야 감사하게 될까요? 우리가 예금통장에 얼마나 많은 돈을 쌓아두어야 감사하게 될까요? 하나님의 입에서 나오는 말씀에 순종하여 살 때 범사에 감사하는 삶이 가능해집니다. 바로 이 비밀을 가르쳐 주시기 위해서 하나님은 이스라엘 백성에게 '만나'를 먹이신 것입니다.

하나님께서 우리 가정에 허락하신 '만나'에 언제나 감사하면서 살아가는 우리 가정이 되기를 간절히 소망합니다.

□ 은혜 나누기

올 한 해 동안 가장 감사한 일이 무엇이었는지 함께 나누어 봅시다.

□ 공동 기도

하나님 아버지, 오늘 추석을 맞이하여 온 가족이 함께 모여 기쁨을 나누게 하시니 감사합니다. 감사가 우리 가정의 전통이요 좋은 습관이 되게 해주세요. 작은 일에도 감사하고 큰일에도 감사하며 살게 해주세요. 그리하여 하나님이 베풀어주시는 복을 마음껏 누리며 살게 해주세요. 예수님의 이름으로 기도합니다. 아멘.

추모 예배 생명보다 귀한 사명

□ 예식사 인도자

우리의 OOO(아버님, 어머님 등의 호칭 사용) 고(故) OOO씨(장로, 권사, 집사, 성도)의 O주기 추모일을 맞이하여 추모 예식을 시작하겠습니다.

□ 주님의 기도 주님이 가르쳐주신 기도로 추모 예배를 시작합니다.

□ 찬송 부르기 487장(어두운 후에 빛이 오며) (486, 488, 235장)

□ 기도하기 맡은이

영원부터 영원까지 살아 계셔서 인간의 생사화복을 주관하시는 하나님 아버지, 오늘은 우리의 OOO(아버님, 어머님 등의 호칭 사용) 고(故) OOO씨(장로, 권사, 집사, 성도)를 하나님께서 불러 가신 날을 맞아 그날을 기억하고 추모하기 위하여 가족이 함께 모였습니다. 이 시간 우리를 불쌍히 여겨 주사 주님의 위로와 평강으로 채워주옵소서.

이 시간 모든 순서를 성령께서 인도하여 주셔서 하나님께는 영광을 돌리고 우리는 새로운 은혜를 체험하는 시간이 되게 하여 주옵소서. 영원한 소망을 주시는 우리 주 예수 그리스도의 이름으로 기도합니다. 아멘.

□ 성경 읽기 신명기 34:7-8

※ 개역개정판

7 모세가 죽을 때 나이 백이십 세였으나 그의 눈이 흐리지 아니하였고 기력이 쇠하지 아니하였더라 8 이스라엘 자손이 모압 평지에서 모세를 위하여 애곡하는 기간이 끝나도록 모세를 위하여 삼십 일을 애곡하니라.

※ 메시지성경

모세가 죽을 때 백스무 살이었으나 그는 눈빛이 흐리지 않았고, 거뜬히 걸어 다닐 수 있었다. 이스라엘 백성은 모압 평야에서 모세를 생각하며 삼십 일 동안 슬피 울었다. 이렇게 모세를 위해 애도하는 기간이 끝났다.

□ 말씀 나누기

모든 사람에게는 예외 없이 처음과 마지막이 있습니다. 생일(生日)이 있듯이 분명히 사일(死日)도 있습니다. 누구나 죽음 앞에 서야 할 때가 반드시 옵니다. 그런 점에서 모든 인생은 공평합니다. 하나님은 분명히 말씀하셨습니다. "나는 알파와 오메가요, 처음과 마지막이다"(계 21:6). 무슨 뜻입니까? 인생의 시작과 끝을 정하시는 분은 하나님이라는 선언입니다. 하나님을 믿는 사람이라면 그 사실을 먼저 인정해야 합니다.

우리의 ○○○(아버님, 어머님)은 하나님께서 주신 생명을 가지고 이 세상에 태어나셨습니다. 또한 하나님께서 허락하신 평생의 시간을 살다가 하나님이 정한 때가 되어 가셨습니다. 우리도 지금 그분의 뒤를 따라가는 중입니다. 따라서 오늘 우리는 고인을 추모하기 위해 이 자리에 모였지만, 이 시간 정말 생각해야 할 것은 우리에게 남겨진 인생입니다. 고인은 이미 하나님이 예비해 놓으신 영원한 나라에 들어가셨지만, 우리는 아직 들어가지 못했기 때문입니다. 우리에게 허락된 시간이 다 지나가기 전에 우리가 마땅히 해야 할 일이 무엇인지 생각해 보아야 합니다.

오늘 본문은 모세의 죽음에 관한 이야기입니다. 모세는 그의 나이 80세에 하나님으로부터 소명(召命)을 받았습니다. 지난 40년 동안 이스라엘 백성을 약속의 땅으로 인도하는 사명(使命)을 감당해 왔습니다. 그러다가 가나안 땅을 목전에 두고 마지막 숨을 거둡니다. 그때 모세의 나이가 120세였습니다. 그렇게 오래도록 건강하게 살았으니 모두가 부러워할 만한 인생입니다. 그러나 얼마나 오래 살았느냐보다 무엇을 하며 살았느냐가 더 중요합니다.

모세의 생애

모세의 생애는 40년을 주기로 급격한 변화가 일어났습니다. 첫 번째 40년은 '이집트의 왕자'로 살았습니다. 그에게 부족함이라곤 조금도 없었습니다. 당시 초강대국이었던 이집트제국의 왕궁에서 최고의 대접을 받으면서 귀한 몸으로 살았습니다. 그러다가 어느 날 자신의 출생 비밀을 알게 됩니다. 그는 본래 이집트 왕자가 아니라 그곳에서 노예로 사는 히브리인 출신이라는 사실을 알게 된 것이지요.

모세는 자신이 가진 힘으로 동족을 구하려고 섣불리 나섰다가 오히려 살인죄를 저지르고 광야로 도망가는 신세가 됩니다. 그렇게 미디안 광야로 흘러 들어가서 '양치는 목자'가 되어 두 번째 40년을 보냅니다. 그곳에서 아내를 만나서 결혼하였고, 두 자녀를 낳아서 길렀습니다. 지극히 평범한 목자의 모습으로 살아가는 모세에게서 과거 이집트 왕자의 흔적은 찾을 수 없었습니다.

마지막 40년 동안 모세는 하나님의 부르심을 받고 '하나님 백성의 지도자'가 되어 살았습니다. 그것은 사실 모세가 원하던 인생은 아니었습니다. 처음에는 어떻게든 피하려고 했습니다. 그러나 하나님은 그의 등을 떠밀어서 지도자로 세우셨습니다. 이스라엘은 본래 '목이 곧은 백성'이었습니다(출 32:9). 하나님의 말씀에도 잘 순종하지 않는데 모세의 말을 들을 리가 없지요. 매사에 원망하고 불평하는 그런 무리를 이끌고 광야에서 40년을 살았습니다. 그리고 이제 느보산에서 그의 생애를 마치게 된 것입니다.

자, 그렇다면 모세의 인생에서 최고의 전성기는 언제였을까요? '이집트의 왕자'로 대접을 받으면 살던 때였을까요, 아니면 '양치는 목자'가 되어 평범한 행복을 맛보며 살던 때였을까요, 아니면 '하나님 백성의 지도자'가 되어 광야에서 고생하며 살던 때였을까요? 각자의 관점에 따라서 얼마든지 다르게 말할 수 있습니다. 그러나 하나님의 관점에서 볼 때 모세의 전성기는 마지막 세 번째 40년이었습니다. 왜냐면 하나님이 맡기신 사명에 따라 살던 시기였기 때문입니다.

모세는 출애굽 세대를 이끌고 가나안 땅에 들어가지는 못했습니다. 그 일은 여호수아와 광야 세대로 넘어갔습니다. 그렇게 본다면 모세는 '실패한 인생'이라 말할 수 있습니다. 과업을 완수하지 못한 셈이니 말입니다. 실제로 그렇게 평가하는 사람이 적지 않습니다. 모세가 약속의 땅을 밟지 못한 것을 하나님의 심판으로 생각하는 것이지요. 정말 그럴까요? 아닙니다. 과업을 완수했든지 하지 못했든지 하나님께서 맡기신 사명에 끝까지 충성을 다했으니 모세는 '성공한 인생'입니다.

모세의 사명

실제로 모세는 늙고 병들어서 죽게 된 것이 아니었습니다.

모세가 죽을 때 백스무 살이었으나 그는 눈빛이 흐리지 않았고, 거뜬히 걸어 다닐 수 있었다(신 34:7, 메시지).

모세는 죽을 때까지 "눈빛이 흐리지 않았다"(His eyesight was sharp)고 합니다. 무슨 뜻입니까? 여전히 정신이 또렷하고 '총기'(聰氣)가 있었다는 뜻입니다. 또한 "거뜬히 걸어 다닐 수 있었다"고 합니다. 메시지 성경의 영어 원문을 직역하면 "그의 발걸음이 스프링처럼 통통 튀었다"(He still walked with a spring in his step)가 됩니다. 비록 120세 노인이었지만 육체적으로나 정신적으로 아무런 문제가 없었던 것입니다.

그런데 모세는 갑작스럽게 죽음을 맞이합니다. 하나님이 그를 불러 가신 것입니다. 왜 그렇게 불러 가셨을까요? 그에게 맡기신 사명이 끝났기 때문입니다. 그의 사명은 출애굽 세대가 사라짐으로써 동시에 끝난 것입니다. 따라서 모세가 가나안 땅에 들어가지 못하고 죽은 것을 무언가 해야 할 일을 다 하지 못한 것으로 생각해서 아쉬워하면 안 됩니다. 모세는 벌을 받아서 약속의 땅에 들어가지 못한 게 아닙니다. 그가 해야 할 일을 다 했기에 하나님이 불러 가신 것입니다.

사람들은 돈 많이 벌어 출세하면 성공한 인생이라고 말합니다. 성경은 하나님이 맡기신 사명을 다한 사람을 성공한 인생이라고 합니다. 하나님이 그를 통해 계획하신 일들을 완수하면 성공한 사람입니다. 그런 의미에서 모세는 성공한 사람이었습니다. 그는 출애굽 세대 이스라엘 백성을 이집트에서 인도해 내는 사명을 잘 수행했습니다. 그리고 광야 생활 40년 동안 그들을 잘 이끌어왔습니다. 무엇보다 마지막 순간에 최선을 다해서 광야 세대 이스라엘 백성에게 하나님에 대한 바른 신앙을 전수해 주었습니다. 그것으로 충분히 성공한 인생입니다.

우리에게 맡기신 하나님의 사명이 무엇입니까? 우리는 그것을 어떻게 감당하고 있습니까? 오래오래 건강하게 사는 게 우리 인생의 목표가 아닙니다. 생명이 있는 동안 하나님이 맡기신 사명을 잘 감당해야 합니다. 사명이 생명보다 더욱 귀합니다. 특별히 하나님의 백성으로서 우리의 사명은 다음 세대에게 신앙을 잘 계승해 주는 것입니다. 고인이 남긴 신앙의 유산을 우리의 자녀에게 잘 이어주는 것입니다. 그 사명을 성공적으로 완수하는 우리 가정이 되기를 간절히 소망합니다.

□ 은혜 나누기

고인의 성품이나 그에 대한 좋은 추억들이 있다면 이 시간 함께 나누어 봅시다.

□ 공동 기도

인간의 생사화복을 주장하시는 하나님 아버지, 고인을 추모하는 이 예배를 통하여 우리가 하나님 나라를 바라보게 하시니 감사합니다. 우리의 마음에 사별의 아픔이 완전히 가시지 않았지만, 하늘의 소망으로 잘 이겨내게 하시고, 영원한 생명을 사모하며 끝까지 우리에게 맡겨주신 사명을 잘 감당하게 도와주세요. 우리에게 영생을 주시는 예수님의 이름으로 기도합니다. 아멘.